教師教育学

理論と実践をつなぐ
リアリスティック・アプローチ

F・コルトハーヘン［編著］

武田 信子［監訳］

Edited by Fred A. J. Korthagen

Linking Practice and Theory

The Pedagogy of
Realistic Teacher Education

学文社

LINKING PRACTICE AND THEORY
by Fred Korthagen, Jos Kessels, Bob Koster,
Bram Lagerwerf & Theo Wubbels.
Copyright©2001 Lawrence Erlbaum Associates, Inc.
All rights reserved.

Japanese translation rights arranged with
Routledge, Part of Taylor & Francis Group LLC
through The Asano Agency, Inc. in Tokyo.

日本語版への序

　教育者たちは，これまで何年も，教師教育においてより重要なことは何か，つまり，理論なのか実践なのか，という問題に取り組んできました。本書は，実践と理論がともに高い価値をもち，しかも両者が深くつながるようなアプローチを紹介しています。

　私がオランダで研究仲間と取り組んできた仕事はとても満足のいくもので，いまや多くの国に広がっています。本書が日本でも出版されることになったと聞き，私は誇りを感じ，光栄に思っています。

　一方，日本の教育システムは私の国とはかなり異なると聞いていますので，本書に著した考えが別の文脈でどのように用いられるのか，大変に興味深いと思います。これは刺激的な取り組みで，私は，私自身がここから多くのことが学べると期待しています。

　ここで，翻訳という大変な仕事に取り組んで下さった武田教授と翻訳者たちに感謝の意を表したいと思います。彼らは，異なる地域に暮らす人々の思考をつなぐことによって，教育の改善に重要な貢献をしたのです。私は彼らの努力に対する深い感謝の念を記したいと思います。

　私の希望は，この翻訳を通して，本書が，多くの日本の教師教育者たち，教師たち，そして，最後に何よりも大切な，未来への希望である子どもたちに，真実を見抜く力を与え，幸せな状態をもたらすことです。文化や教育システムは異なるとしても，本書の基本的な考え方が実際のところ本当に人間的で自然なものであると私は信じています。私の希望はこの考え方が，学びと教えについての見通しを与え，世界中の皆をつなぐ可能性をもつということなのです。

2009年10月10日

フレット・コルトハーヘン

訳者まえがき

　日本の教育は世界的にみて今も高水準にあるといえるだろう。教師の質も高い。しかし，近年，学校と子どもたちを取り巻く社会状況は年々厳しくなり，教師も子どもたちも多忙になり，精神的に追い詰められることも少なくない。教育の混乱状況は，多くの場合教師の力量の問題とされ，教員養成や研修の改善が試みられるが，展望は開けていない。急激な社会の変化に子どもたちの日常生活は変化しているが，学校も教師教育もそれを取り巻く価値観も急には変われずに，立ち往生しているかのようだ。

　それに対して，今，さまざまな新しい教育に関する情報が世界から押し寄せてくる。新しい方法，新しい学校運営，新しい研究課題。しかしただでさえ多忙な現場の教師たちは，むしろ，自分たちに子どもたちと接する時間を与えてほしい，先輩教師のハウツーを職員室のたわいのない雑談の中でもっと盗みたい，自分たちで工夫させてほしい，と望んでいる。「外から押し寄せてくるものは本当に役に立つの？」

　この本は，だから，そういった世界の情報の上に屋上屋を重ねようとして翻訳しようと思ったわけではない。教育も文化も政治も違うヨーロッパやアメリカの事例を賛美して取り入れようという主張をするのではなくて，こういう風に発想して自分たちの教育を変えてきた人たちがいるけれど，日本ではどうしようか，日本で本当に役に立つ情報にこれを転換するにはどうしたらいいのだろうか，と皆で相談したいと思って，その材料のひとつとして翻訳したのである。

　教員一人ひとりが頑張るのではなくて，教育に携わる大学の先生や現場の先生や学校に関心のあるすべての人たちが，温かい目で学校教育を眺めて，温かい手で学校教育を作っていくために，外の世界に目を向けて，まず教師教育でこんな工夫をしているところもある，ということを知っていただきたいと思っ

訳者まえがき

たのである。

　本書の執筆されたオランダにおいても，かつては教師と子どもたちがストレスを抱え，学校教育は閉塞的な状況にあった。しかし「教育の自由」が保証され，大人たちが，子どもたちを通わせたい学校を創るようにしていくことで，教育に風が通った。従来の堅実な教育と，時代と子どもたちに合った新しい教育がバランスを取りながら，多様な学校環境に合わせて変化している。小学校には教師の残業も生徒の宿題もほとんどない。先生も生徒もゆったり時間を過ごしているが，学力は日本とほぼ変わらない。教師教育には工夫が凝らされ，若手とベテランがそれぞれの持ち味を生かして協働する姿がみられている。教師教育機関と現場の学校がともに教師教育を考えている。教員志望者が多くないので，質という面で多々問題を抱えているのは事実だけれど，そういうことも踏まえたうえで，外の世界をのぞいてみて，日本では何をどうすればいいのか，考えてみたいと思ったわけである。

　教育は社会の要であり，個人の礎である。教育は，子どもたちを幸せな社会の責任ある一員として心身ともに健康に育てていく役割を担う。それを作り，支えていくのが教師であり，その教師を育て，伸ばすのが教師教育である。しかし，教師教育学の成立は世界的にみてもさほど古いことではない。著者コルトハーヘン氏の指摘するように，理論と実践が乖離している時代が長く続き，次に理論偏重か実践偏重かという二者択一の動きがみられ，今やっと双方のバランスをどうとるかを考える時代となった。日本ではまだ，教師教育学（本書において，教師教育学とは，教員養成・教員研修・教師教育者の専門性開発をさす言葉として使われている），ということばも市民権を得ているとはいえない状態であるので，本書がその嚆矢となるとよいと思う。

2010年2月

監訳者　武田　信子

目　次

日本語版への序　　i
訳者まえがき　　iii

序 ………………………………………………………………… 1

第1章　教師教育：難しい課題 ……………… Fred Korthagen… 8

1.1　はじめに　　8
1.2　教員養成の歴史　　9
1.3　教師教育の伝統的なアプローチに関する諸問題　　12
1.4　変革の問題　　15
1.5　教師教育者という立場の難しさ　　19
1.6　新しいパラダイムに向けて　　23
1.7　ひとつの例としての数学教育　　28
1.8　リアリスティックな教師教育　　30
1.9　本書の概要　　31

第2章　実践からの学び …… Fred Korthagen & Theo Wubbels… 35

2.1　はじめに　　35
2.2　リアリスティックな教師教育プログラムの一例　　38
2.3　教えることについての学びの
　　　プロセスにおいて用いられる教育学　　43
2.4　先入観　　46
2.5　情報処理のあまり合理的ではない方法とゲシュタルトの役割　　47

- 2.6 学びの出発点としての経験　52
- 2.7 省　　察　53
- 2.8 経験の省察を促す　55
- 2.9 教師教育で省察を促す理由　57
- 2.10 結び：経験に基づく学びと省察を基盤とする教師教育学に向けて　60

第3章　リアリスティックな教師教育プログラムを作成する　　　　　　　　　　　　　　　　　　　　　Fred Korthagen…62

- 3.1 はじめに　62
- 3.2 変革のパラドックス　63
- 3.3 専門家としての学びにおける3つの基本原理　64
- 3.4 教師教育学に3つの原理を適用する　66
- 3.5 実例：実習生の一対一型授業経験　69
- 3.6 プログラムの組織　71
- 3.7 質の管理と評価　80
- 3.8 3つのレベルの調和　83
- 3.9 オックスフォード大学のインターンシップ・モデルとの類似点　84
- 3.10 今後の課題：リアリスティックな教師教育学の完成度を高めるための次のステップ　86

第4章　リアリスティック・アプローチと省察の促進に関する評価研究　……………　Fred Korthagen & Theo Wubbels…89

- 4.1 はじめに　90
- 4.2 リアリスティック・アプローチの評価的研究　91
- 4.3 省察という概念を研究するうえでの問題　93

4.4　省察を促進するためにデザインされた方略やプログラムの有効性に
　　ついての経験的データ　94
4.5　省察の促進を目標としたオランダのプログラムの研究　96
4.6　結びと今後の研究や発展についての提言　111

第5章　実習生の個別指導：省察的な教師を輩出するための指導プロセス ……………………… Fred Korthagen … 115

5.1　はじめに　115
5.2　慣らしの方略　117
5.3　指導のプロセス：専門性開発のらせん構造　118
5.4　基本的な指導スキル　122
5.5　第1局面（行為）における援助　126
5.6　第2局面（振り返り）における援助　128
5.7　第3局面（本質的な諸相への気づき）における援助　136
5.8　第4局面（行為の選択肢の拡大）における援助　141
5.9　第5局面（試行）での援助　143
5.10　その他のスキル　144
5.11　結　び　148

第6章　実習生のグループ指導 ………… Fred Korthagen … 151

6.1　はじめに　151
6.2　5段階の手順　154
6.3　5段階の手順の詳細　158
6.4　具体的な4つの技法　170
6.5　4つの技法の効果に関する研究　177
6.6　援助なしにグループで省察する　185
6.7　結　び　188

第7章　教師の専門家としての学び：どのようになされているのか？ ･･････････Fred Korthagen & Bram Lagerwerf…191

7.1　はじめに　　192
7.2　学びの3段階　　194
7.3　ゲシュタルト形成　　198
7.4　スキーマ化　　201
7.5　理論構築　　205
7.6　経験的証拠に基づく3段階の説明　　207
7.7　3段階の相互の関連について　　213
7.8　3段階モデルの理論的な基盤　　220
7.9　もたらされるもの　　227
7.10　前章までのリフレーミング　　236

第8章　省察を促す具体的な道具と技法 ･････Fred Korthagen… 239

8.1　はじめに　　239
8.2　成長し続ける能力を促す中で出会う困難　　241
8.3　日誌を作る　　243
8.4　教師教育者の役割　　246
8.5　適切な教師の対人行動の発達に関わる「省察の習得」という目的の操作概念化　　250
8.6　ジョンの事例　　253
8.7　日誌の書き方の個別指導　　257
8.8　間奏：省察の2つの様式　　259
8.9　包括的な省察のための技法と道具　　260
8.10　学びの志向　　269

第9章　省察のより広いとらえ方 ············ Fred Korthagen··· 272

9.1　はじめに　272
9.2　情報処理を行う2つの方法　273
9.3　専門性の発達のための手段として省察を活用することで
　　　生じる不均衡　278
9.4　結　び　280

第10章　リアリスティック・アプローチのための
　　　　　教師教育者の研究 ···· Bob Koster and Fred Korthagen···284

10.1　はじめに　284
10.2　教師教育者の専門性の発達　285
10.3　リアリスティック・プログラムにおけるスタッフの
　　　開発の必要性　287
10.4　教師教育者のためのコースの詳細　288
10.5　活動と演習　296
10.6　研修コースにおけるコース・ペタゴジーの原則　303
10.7　コースに関する省察と提言　304

参考文献　307
監訳者解説　327
初出一覧　331
索引　333

序

Fred Korthagen

> よく知られているように，教員養成を行う多くの機関は，教師教育に関心をもってはいても，実際には積極的に取り組もうとしていません (*Borrowman, 1965*)。このような状況にあって，人々は，教員養成に固有の教育学について，共通理解をほとんど持ち得ていないのです。
> 　　　　　　　　　　　　　　　　　　　―ロックラン（Loughran, 1997, p. 4）

問題から理論への道

　私がこの本を書こうと思ったのは，学校において，子どもたちに懸命に働きかけ，子どもたちにとって何がよいことなのかを知ろうと努力している教師たちに対する強い思いがあるからです。

　まず，私が教育に関わる仕事を始めた頃のことをお話ししましょう。1970年代の初頭に，私はオランダで中等学校の数学教師になったのですが，そこで何かが根本的に大きく間違っていることを感じました。私が担当していた子どもたちは，人生の重要な時期―初恋を経験し，自分が何者であるのかを問い，集団の中で自分の立つ瀬を見出そうとし，自分は偉そうに振る舞う大人たちとは違うと主張する時期―つまり，生き生きとしつつも，さまざまなことが慌ただしく起こる，難しい時期にある子どもたちだったのです。この学校で私は，子どもたちにとって学校とは数学を学ぶための場所ではなく，人生について学ぶために人と出会う場所であることに気づかされました。私は数学教師として，子どもたちの人生にとって意味のあるものを何か伝えることができるのだ

序

ろうか？ 等式の解法やピタゴラスの定理の美しいまでもの鮮やかさは，子どもたちにとって少しでも意味があるものなのだろうか？ 私は自分自身のしていることが少しばかりばからしくなって，その当時人気のあったポール・サイモンのレコード「僕のコダクローム」をかけました。この曲には，「高校の時に学んだたくさんのたわごとを思い返すと，あんなことを教えられてもなお，今の自分が思考するだけの能力を失っていないことにびっくりする」という歌詞があります。私はこの詞に共感しつつも，数学教師として，中学生に何かしら大切なものを伝えることはできるはずだと信じ続けていました。

　幸運にも，私が教職に就いたのはアムステルダムのとても進歩的な学校でした。それにもかかわらず，その学校にいた同僚たちが，私が悩んでいるようなことに全く興味をもっていないことを知って，驚きました。私たち教師の目標は何なのかと議論をふっかけると，同僚たちは私に，数学の知識や技能が物理学や他の教科に応用できるいかに重要なものであるのかを説明してきました。もちろん彼らの言うことは正しいことです。でも，私はこの雰囲気に馴染めませんでした。当時の私は，今でいう問題解決アプローチやメタ認知の技能を発達させるような授業を試み始めていました。数学がそうした技能を発達させる手段となりうることを信じていたからです。でもこの時の私は，精神的にとても孤独で傷つきやすくなっていました。唯一の頼りは，教師になる前に読んでいた数学教育の本でした。それらの本に書かれた考え方や方法論を私の授業で用いて，子どもたちのためによりよい授業を行おうと努力すると，生徒に反発されてしまうなどの多くの問題にぶつかりました。20年以上経った今思い返してみれば，当時の私が，どれだけ経験豊富な教師教育者による支援や指導を必要としていたか，考えさせられます。

　SOL（オランダ語で"教師教育財団"の略語）と呼ばれるオランダの教員養成大学で教師教育者として働き始めるとすぐに，私と同じような問題意識をもつ同僚がたくさんいることに気づきました。それはちょうど，オランダの数学教育が大きな発展を遂げる頃でした。突如として他の人々が，私の漠然とした夢を叶えるような教材や教育方法を開発し始めたのです。すなわち，今やアメリ

カで普及している数学教育のリアリスティック・アプローチが生まれでたのです。このアプローチにおいて重要なことは，すべての子どもたちが，実際に直面した経験や問題を基に数学的概念を発達させることができるし，そうするべきであるという信念です。そのような問題は，子どもたちにも理解できるような文脈を通して提示され，日常生活の場面から引き出されることも多くあります。数学の実際の場面への応用，生徒による探究と省察，グループ活動や，体験学習といったものに重きが置かれます。

　数学の教師教育者からなる SOL のチームは，こうしたアイディアを数学の領域に留めずに，教育実習生の学習と授業の領域に応用しました。このアプローチにおいて，教師教育は，実践的な問題や実習生の授業経験から出発するため理解しやすくなっています。そして教師教育者は，実習生が実践において学習したばかりの考え方をほぼ瞬時に活用できるようになるために，実習生の省察を基盤として，学習と授業についての考察を深めさせようとします。

　現実に目を向けた数学教育の中心にあるまさにこの原理が，教師教育に向けたリアリスティック・アプローチの核となっています。つまり，リアリスティック・アプローチとは，生徒の実際的な問題や関心を基盤とする理論的な考察が深まること，新たに遭遇する状況にほぼ瞬時に適用できることの重要性，教育実習生による探究と省察，グループ・ワーク，そして実習生同士がアイディアの交流を行うことを核としているのです。

教師教育はリアリスティックか？

　私はオランダ国内や海外の教師教育者たちと教師教育におけるリアリスティック・アプローチについて議論するにあたり，衝撃を受けました。それは駆け出しの教師だった頃に経験したものととても似た衝撃です。初任の教師と経験豊かな教師の問題に気づいていた人は多くいたのですが，こうした問題は伝統的な数学教育に立ち戻るような方法で解決が試みられていました。すなわち，教師は理論について講義をして，学生たちにその理論を問題に応用させようと

するわけですが，それでは上手くいかないことがほとんどです。そこで，教師はどうやって解くべきか講義し直しますが，多くの学生はテストで赤点を取ってしまいます。教師教育というのは，世界中のどこにおいてもおおむね同様の状況にあります。教師教育者は，ある領域における専門家として教壇に立って，学習心理学や教育全般の最新の理論について講義をするわけです。実習生たちが実践の場で実際に何かを試してみるような課題を与えられたなら，その教師教育はかなり良い方です。しかし，講義で学んだ内容を試みるにあたり，実践の場に行く機会が講義を受けた日からあまりにも期間が離れてしまってからしか得られないことが多く（1ヵ月も間隔が開いてしまうことさえあります），また，授業実習の現場で実習生を指導する指導教諭たちが，実習生たちが与えられている課題やその課題の背景にある理論について全く知らされていないことも多くあります。そのため，最終試験の時に，教師教育プログラムの卒業生たちは，すでに資格認定された教師として学校で働いているにもかかわらず，試験に不合格するような気がしてしまうのです。多くの新任の教師たちは，深刻な問題に遭遇する経験を報告しており（Veenman, 1984），とても難しい境遇を経験することも多くあるようです。教師教育が教師を根本的に変革したり教育を改善したりすることに失敗していることを示す研究も多くあります。

ガイドブックとして

　それでは，教師教育者を非難すればよいのでしょうか？　私はそうは思いません。教師教育者たちは多くの場合，現状の中でも最善を尽くそうと努力はしているのですが，まさに私のように，自分ひとりではより効果的で魅力的な教育的アプローチへの道を見出すことができないのです。そのような道を見出すためには，同僚からのサポートや構造的な変化を可能とするような文脈が必要です。残念なことに，多くの場合，その構造のどこから変化を起こせばよいか誰もわかりません。それでもどうにかできるはずです。この本はこのことを示すことをめざしています。この本が，教師教育の新しい領域に人々を導くよう

なガイドブックとなれば幸いです。

　私は，最良の教育を作ろうとしている世界中の人々への深い敬意をもち，学生や教師たちへの私なりの思いに導かれながら，この本を手掛けています。そうでなければ，非難されるべきは私自身ということになってしまうでしょう。

　本書は，実践から理論へ，そして理論からまた実践へと続くものとなっています。ひとつの章から次の章へと進む中で，読者は教師教育の実践と教師教育の研究の間を継続的に行き交うことになるでしょう。1, 2, 3, 5, 6, 8, 10章では実践を扱い，教師教育へのリアリスティック・アプローチの基底にある基礎的な原則を提示します。4, 7, 9章では，リアリスティック・アプローチの背景にある研究と理論的な枠組み（実践よりも科学的な知識に基づいています）に焦点化して実践の章の内容を深めます。ですから，実践志向の読者は，理論と実践の統合をめざした教師教育学を発展させることを目的としている実践の章に限定して読み進めてくだされればよいですし，また，研究志向の読者は，理論の章のみを読み進めてくだされればよいでしょう。ただ，私が考える限り，このような読み進め方をしてしまっては，それぞれのタイプの読者が理論と実践をつなぐという視点を見落としてしまいかねないので，それは強調しておきます。実践と理論はそれぞれ単独では不完全です。後者について知らなければ前者を本当に理解することはできないし，その逆も然りと信じています。これは教師教育についての私の主張でもあります。私は教師教育から理論を投げ捨てることには決して賛成できません（こうした現象は，教師教育の失敗に対してのひとつのリアクションとして，実際に所々で生じています）。しかしそれと同時に，まず理論を構築してからその後に理論と実践の乖離を解消しようとすることにも賛成できません。私は，はじめから理論と実践の乖離が生まれないようにして，解消すべき乖離がないようにしたいと考えています。

　最初の導入の章では，理論と実践の乖離に特徴づけられるような教師教育における問題について，より詳しく記述します。問題を分析するに当たっては，教師教育の今日の実践をより詳しく見つめてみることにします。また，この本が提案する新しいリアリスティック・アプローチの基底にある基礎的な考え方

を示すことで，読者が残りの章を読み進めるための準備をします。第1章の最後には，本書のより詳細な概観を示します。

未来へ

　もちろんこの本の中では，私自身の思考の発達と，いくつかの具体的な教師教育プログラムで実現に成功した進歩の，ごく一部の描写を記すことしかできません。専門家教育としての教師教育を見る限り，教師教育の探求の旅は始まったばかりだと思えます。この本は教師教育学を打ち立てるための始めの一歩を提示することを目的としています。私の考えでは，専門家教育として教師教育を真にとらえるためには，教師教育の理論と実践の両方をより深めていくことが必要です。未来の教育実習生とその実習生の生徒たちに貢献するために，なさなくてはならない大事な仕事があります。この本を機に，読者が未来の魅力的な躍進を共にめざす仲間となってくれることを願っています。

謝辞

　もしこの教師教育の探求の旅を1人でしていたら，この本を書くことはできなかったでしょう。執筆にあたって，同僚，研究者，教師，友人，そして誰よりも学生たちから多くのことを学ばせてもらいました。授業や教師教育における私自身の経験の省察，そして，この省察と上述の人々が言葉で表現してくれたこととを結びつける作業を通して，私の学びは深められました。言い換えれば，私は自身の発達において，「実践」と「理論」との間を往還し続けていたのです。この旅の進行を手助けしてくれたすべての仲間たちに深く感謝します。

　本書に記した多くの考えや原則は，ユトレヒト大学 IVLOS(イブロス)教育研究所の現在の同僚たちによって組み立てられました。ほとんどの実例は，私が教師教育者のコンサルタントと研修講師の仕事を通して関わってきた IVLOS の教師教育プログラムやその他のプログラムの実例です。また，積み重ねてきた多くの

研究活動の成果はIVLOS教師教育プログラムに取り入れられ，教育実習生から引き出されるプロセスに生かされ，それらの効果に表れています。これらの研究成果は教師教育者にとって学ぶことが多く，そこから新しい発展が生まれ，さらに翻って，新しく生まれた実践が研究の対象ともなっていったのです。その意味で，この本は実習生，教師教育者，研究者などの多くの人々の協働的な省察の，独特で集約的なプロセスの産物であるといえます。アムステルダム大学教育学部は，オランダの教育学会VBSEから支援を受けたコースタンのポスト（教師教育者の教育に携わるための期限付き任用でコースタンという人名が冠せられている—訳注）の仕事の一環として，私にこの本を書き上げる機会を与えてくれました。とりわけ前議長のJaap Dronkersに厚く感謝申し上げます。

　私は，私のキャリアの中で共に働いてくれたすべての学生，実習生，ベテラン教師，研究者，その他の同僚に感謝しています。Mieke Brekelmans, Hans Créton, Chris Day, Maarten Dolk, Truus van den Heuvel, Rob Houwen, Jos Kessels, Cor Koetsier, Bob Koster, Ko Melief, Tom Russell, Anke Tigchelaar, Ton van der Valk, Hildelien Verkuyl と Theo Wubbelsには，重要な貢献の数々に特別な感謝を申し上げます。Bram Lagerwerf と Heleen Wientjes による精神的な支援と，この本の一語一語を注意深く読んでくれたこと，そして新しいアイディアをくれたことは，何よりも貴重でした。根本的な改善に寄与した彼らの数々のコメントに感謝しています。Leen Don は，私のつたないオランダ語を理解できる英語に素晴らしく上手に翻訳してくれました。Marika Prak は私のテキストファイルを本に仕立て上げてくれました。その尽きることのない好意に感謝しています。Lawrence Erlbaum Associates の Naomi Silverman と Sarah Wahlert による支援にも，特に感謝しています。Sarah の素晴らしい編集作業はこの本の最終的な仕上がりに不可欠でした。そして，私のパートナーである Ellen には，私がこの本に専念することを受け入れ，支えてくれたことを深く感謝します。

— *Fred Korthagen*

第1章

教師教育：難しい課題

Fred Korthagen

> ある教師教育者のことば：「実習生たちが，私の教えた理論をどうして使わないのかさっぱりわからない。彼らが授業の中でぶつかる問題は，私が授業で教えたことを実践しさえすれば，簡単に避けられるものなのに。」
>
> 導入としての本章は，理論と実践の乖離に特徴づけられる現代の教師教育における問題についての概説です。乖離の問題を分析するにあたって，教師教育の現在の実践とその基底にある前提を丁寧に見ていきます。また，本章は，現在の教師教育を代替するアプローチの基盤になる考え方を示すことで，2章以降を読み進めやすくします。最後に，本書の全体像を示します。

1.1 はじめに

　教師がいかにして専門家として養成されるべきかについての基本的な考え方が，どのように展開されてきたのかを知るために，19〜20世紀における教師教育の歴史を振り返ることにしましょう。歴史を振り返ることで，すでに議論の対象にならなくなってしまったほど当然だと思われているような前提を意識に上らせることができます。まず始めに，教師教育学と教師の知識の性質についての3つの前提について考察します。これらの前提が理論と実践における明確な乖離を作り出していることは多くの研究成果が明らかにしています。本章

では，教師教育の実践を変革させようとする際に教師教育者が直面するこの乖離と困難に焦点を当てます。そして，教師の認知と行動の関係に対する近年の洞察を基盤とした教師教育における新しいアプローチすなわちリアリスティック・アプローチを紹介し，そのアプローチの基盤となっている基本的な考え方を示します。最後の1.9節では本書の概要を説明します。

1.2 教員養成の歴史

まず，公的な教師教育が始まる以前の時代についてみてみましょう。19世紀の終わりまで，教える技術は，特別な養成ではなく実践での経験を通して獲得されていました。新任の教師は，関連教科に関することを勉強した後，ベテラン教師の弟子として活動し，そのことを通して多くのコツを学んでいました。

19世紀後半から20世紀初頭にかけて心理学や教育学の研究が進むにつれ，研究者は教育を変革し教育に科学的な見識を「適用」するために，心理学や教育学の知識を教師たちに与えようとしました。こうして，教師の専門化という考え方が生まれました。確かに，ホイルとジョン（Hoyle & John, 1995）が指摘するように，理解した数々の知識を利用できることが，「専門家」としての職業集団を分類する際に最も重要な基準のひとつなのです（McCullough, 1987参照）。

20世紀後半において，専門家としての基礎となる知識を教師に身につけさせたいという思いは，特に才能のある一部の子どもたちだけでなくより多くの子どもたちを教育したいと願う，世界的な動きに後押しされました。この教育の民主化の動きは，特に，教師になろうとするより多くの人々を養成し，専門家の知識として必要なものを与えようとする教育の変革を引き起こしました。

その後は，教師に学習心理学など教職に直接的に関連している分野の知識の講座を与える，というのが一般的になりました。しかし，これら知識基礎の多くを教師たちが適用していないこと，そしてより多くの知識基礎を与える必要

第1章
教師教育：難しい課題

があることが徐々に明らかになりました。知識基礎は，教師が教室で用いるスキルに表れるべきです。この見解は，コンピテンシーを基礎にした教師教育（CBTE）の導入に繋がりました。CBTEの基底には，教員養成の基礎として役に立つような，よい授業のための具体的で観察可能な基準を形式化する，という考え方があります。一時期，教師の具体的な行動と生徒の学習の成果との関係を分析する過程産出モデルの研究と呼ばれるものが，教師教育に対するアプローチを促進する方法であると考えられてきました。この研究から，訓練可能な数多くのスキルがリストにまとめられ，そのリストが教師教育プログラムの基礎となりました。

このような考え方の背後には，クランディニン（Clandinin, 1995）が「理論と実践の聖なる物語」と呼ぶものを見ることができます。すなわち教師教育はよい授業の理論の実践を翻訳したものとしてみなす，ということです。利用可能な知識をできるだけ使用したいという願望は，教師教育の概念を，専門家（望むらくは大学で働いている人間）がこのような知識を教育実習生に教えるシステムであると考えさせます。スキルの訓練や現場経験の中で実行するように出される，CBTEに特徴的な課題を通して，このような知識を実習生たちがもし教室の中の自身の行為に生かそうとすれば，それは成功といってよいでしょう（図1.1参照）。

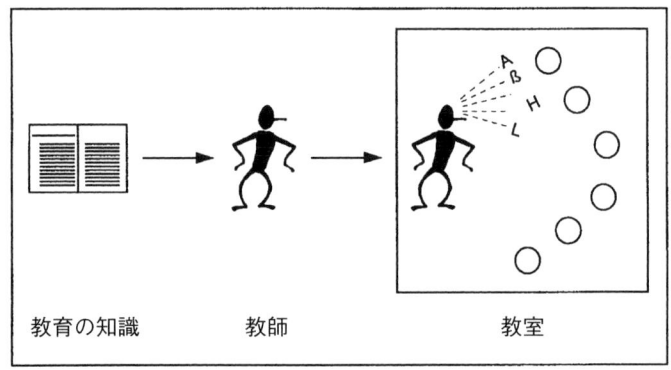

図1.1　教師教育における技術的合理性パラダイム

これは，カールソン（Carlson, 1999）が「理論から実践へ」アプローチと呼ぶものです。ワイディーン，マイヤー＝スミス，ムーン（Wideen, Mayer-Smith, & Moon, 1988, p.167）はそのことを次のように述べます。

> 伝統的な教師教育の基底にある暗黙の理論は，大学が理論や方法論やスキルを提供し，学校はそのような知識を実践する場を提供する，という養成モデルを基盤にしている。知識の適用の仕方については，新米の教師の個人的な努力に委ねられている。このモデルにおいて，大学が提供するものの根底には命題的な知識がある。

さらに，バローン，ベルリナ，ブランチャード，カサノヴァとマクゴーワン（Barone, Berliner, Blanchard, Casanova, & McGowan, 1996）は，教師プログラムの多くでは，実践とほとんど繋がりをもたない形の理論が，それぞれに分離した数々の講座で教えられていることを指摘しています。ベン＝ペレッツ（Ben-Peretz, 1995, p. 546）は次のように述べます。

> 教師教育の隠れたカリキュラムは，養成課程の学習課題と実習経験の双方における断片化された知識の見方を伝えがちである。さらにいえば，知識は「与えられるもの」であり，問題のないもの，としてとらえられている。

ショーン（Schön, 1983, p. 21）は，「専門家の活動の本質は，科学的理論と技法を適用することによって厳密に定義される，道具的な問題解決の仕方にある」という考え方を基盤にしている技術的合理性モデルについて論じています。この考えには次の3つの基本的な前提があります（Hoyle, 1980）。

1. 理論によって教師は専門家としてよりよい仕事をできるようになる。
2. そのような理論は科学的研究に基づいていなければならない。
3. 教師教育者は，教師教育プログラムに取り入れる理論を選択しなければならない。

この技術的合理性モデルは何十年ものあいだ支配的でありました。さらに，このモデルに基づく教師教育プログラムが卒業生の実践に強い影響を及ぼすことに失敗していることが多くの研究によって明らかにされてきたにもかかわらず，このモデルが支配的な立場にあることはむしろ一層強化されているように思えます（Imig & Switzer, 1996, p.223; Sprinthall, Reiman, & Thies-Sprinthall, 1996）。

1.3 教師教育の伝統的なアプローチに関する諸問題

多くの研究者が，伝統的な技術的合理性パラダイムがうまく機能しないことを明らかにしてきました。たとえば，ザイクナーとタバクニック（Zeichner & Tabachnick, 1981）は，教員養成の期間に発達させた多くの考え方や教育的な概念が，現場の経験を積むにつれて「洗い流される」ことを示しました。コールと J. G. ノールズ（Cole & J. G. Knowles, 1993）とフェーンマン（Veenman, 1984）も似た研究結果を報告しています。彼らは，教員養成を終えた教師たちが深刻な問題に直面していることを報告しています。ローティ（Lortie, 1975）は，教師の成長を促すうえで実践が最も有力な役割を果たしていることを示す，教師の社会化のプロセスに関する研究をいち早く提示しました。

教師の社会化に関するよく知られたレビューの中で，ザイクナーとゴア（Zeichner & Gore, 1990）は，教師の社会化を受動的な過程ととらえるか積極的な過程ととらえるかという点において研究者によって相違があることを述べています。いわゆる機能主義的パラダイムにおいては，すでに確立されているパターンを受動的に再生産すること，すなわち，継続性を作り出すことに強調点が置かれています（Hoy & Ress, 1977 参照）。ザイクナーとゴアは，レイシーズ（Lacy's, 1977）によるイギリスにおける教師の社会化の研究を解釈的パラダイムの一例として見ています。なぜなら，それは「個人の自律した行為の可能性と，個人によってなされた選択や戦略から生じる社会的変化の可能性を含む社会化プロセスのモデルを発達させることをめざした」（Zeichner & Gore, 1990, p. 330）ものだからです。この個人の選択と教育的パターンの変化の可能性は，

ザイクナーとゴアによって批判的アプローチ (Ginsburg, 1988 参照) と分類される第三のパラダイムにおいてさらに強調されています。批判的アプローチの中心的な目的は,「日々の生活について当然のことと考えられていることを批判的にみる能力を意識させること」にあります (Zeichner & Gore, 1990, p. 331)。この第二,第三のパラダイムに位置づく研究が,新任の教師によって学校に持ち込まれる新しい教育的洞察の革新的な可能性に,より焦点を当てていることは明らかでしょう。しかし,教師の発達に関するあらゆる研究は,学校の確立されたパターンを教師個人の手で真に揺るがすことは非常に難しいことを強調しています。教育の変革は,教師教育者が抱く夢のような理想かもしれません。実際は,それは普通,あくまで理想に過ぎないのです。バロウ (Bullough, 1989) は,この観点から,私たちが教師教育における深刻な問題を取り扱っていることを強調します。ザイクナーとゴア (1990, p. 343) が次のように指摘しています。

> 制度的または文化的レベルの分析に焦点を当ててきた研究によれば,教師教育の制度や,学校や社会における多様な観念的,物質的な状況が,教師教育者と教員養成を受ける実習生たちの両者に与えられた選択肢の幅を狭めてしまうことを明らかにしている。

この種の問題が多くの国で見受けられるのは興味深いことです。たとえば,ドイツのコンスタンツ大学において,「移行によるショック」現象に関する大規模な研究が行われました (Dann, Cloetta, Muller Fohrbordt, & Helmreich, 1978, Dann, Muller-Fohrbrodt, & Cloetta, 1981; Hinsch, 1979; Muller-Fohrbrodt, Cloetta, & Dann, 1978)。残念なことにこれは英語圏の研究コミュニティにはほとんど知られることはありませんでした。この研究は,教職に就いた始めの一年間において,教師は最初とは全く異なった態度に変化することが一般的に起こっていることを示しています。すなわち,最新の科学的洞察を学習や授業に持ち込むのではなく,学校で行われている既存の実践に適応し始めるのです。ブラウヴェル (Brouwer, 1989) は,コンスタンツの研究グループの成果を基盤にして,オ

第 1 章
教師教育：難しい課題

ランダにおいて量的にも質的にもより大がかりな研究を行いました。その研究は，357 人の教育実習生，128 人の指導教諭，31 人の教師教育者を対象に，教師の発達に関して学校の影響力が支配的であることを示しました。ブラウヴェルは，教師教育から実践への移行を推進する最大の要因が，教師教育のカリキュラムがどの程度統合的にデザインされているか，換言すれば，そのプログラムにおける理論と実践の往還と統合がどの程度あるのかどうか，にあることを見出しました。この重要な問題は，第 2 章において技術的合理性アプローチが失敗に終わる原因を扱いながら，さらに掘り下げます。

教師の発達や社会化についての研究は，教師教育への古典的なアプローチである技術的合理性アプローチが理論から実践への移行をほとんど作り出していないことを示している，という事実の他に，もうひとつの基本的な問題を見出しています。エリオット（Elliot, 1991）は，専門家によって提示された理論は，自分たちには活用できないが有効であると認識している教師の多くが，専門家による自分たちへの期待に添えないと感じていることを指摘しています。エリオット（1991, p. 45）は，「教師たちが理論に脅迫感を抱いている」と言い，その感情は，専門家による知識を形成する一般的な方法によって，また彼らの主張の背景にある理想的な社会像や個人像によって，増幅されているといいます。このように技術的合理性アプローチは，教師の専門家としての地位を脅かしかねないことが示唆されています。

私たちは教師教育において起きていることの何を目にしているのでしょうか？　たとえ教育実習生が実践を支援する手段として理論の重要性を頭で理解していても，彼らはすぐに，日々の悩みに格闘しているのは自分だけではないことを知り，理論を適用するという考えそのものが不可能な指令であることに気づくようになります。彼らは学校の実践のいたるところで同じ様な現象を目のあたりにします。期待に添えないという脅迫感から脱する唯一の方法は，教師教育があまりに理論的で役に立たないと考える，という教師に共有された習慣を身につけることなのです。そうすれば，彼らは理論的な見識に従って働かないことに関して非難されることはなくなります。教師教育が非難されればよ

いのです。教師と教師教育者があまりに頻繁に行う，このような罪をなすりつけ合う社会的な争いが，肯定的な結果を生むことのない権力闘争であることは明らかでしょう。これは，理論と実践の乖離を広げるだけです。エリオット (1991, p. 41) は次のように結論づけます。

> 理論と実践の乖離は，理想と実際の明らかな不一致から生み出されるのではなく，その乖離の責任を負わされる経験から生じている。

1.4 変革の問題

　蓄積された数多くの研究を通じて，ひとつのことがとても明確になりました。それは，教育の変革が難しい課題であるということです。教師のふるまいに影響を与えようとする教員養成に携わる教師教育者の実らぬ努力を扱った大規模な研究だけではなく，同様の現象を指摘する現職教師の研修とカリキュラム開発についての研究が多くあるのです。私たちの目的を達成するために，今より広い見地から教育の変革について検討することにしましょう。続く章では教員養成に焦点を当てているのですから。
　ホームズ（Holmes, 1998, p. 254）は，次のように指摘して教育の変革についての議論を持ちかけています。

> 教育の変革の最大の提唱者でさえ，変革を志すプロジェクトの多くが無残な結果に終わっていることを認識している。

　計画的な教育の変革を表すよく知られたモデルに，研究・開発・普及（RD&D）モデルがあります。このモデルの理論的な前提は先に指摘した技術的合理性モデルとよく似ています。つまり，私たちは「よい教育」について多くの知識をもっているのだから，この知識を教師集団に教え，いったんそれが新しい試みとして成功したら，その方法を広めていこうではないか，という考え方です。過去においてこのモデルは，意識的にも無意識的にも，政策決定者

第1章
教師教育：難しい課題

によって採用されてきました。そして教育を変革しようとする多くの試みを方向づけてきたのです。

先の議論の後にあっては，リーバーマン（Lieberman, 1998, p. 19）が1998年の『教育変革の国際的ハンドブック』の序文で結論づけたように，RD&Dモデルには無視できない限界があるということは格段に驚くべきことではありません。リーバーマンは，ヒューバーマン（Huberman）が，未公刊の論文において「RD&Dモデルが『過度に合理的で技術主義的』であり学校文化の独自の性質に鈍感であると批判している」ことに言及しています。デイ（Day, 1999, p. 5）は「さまざまな国における多くの研究プロジェクトが示している」ように「外的要因からなされた改革は，必ずしも意図した変革を教師にもたらすとは限らない」ことを指摘しています。フラン（Fullan, 1998, p. 227）は，「もし私たちが何かを知っているとすれば，それは変革は管理することができない，ということである。」と主張しています。マクラフリン（McLaughlin, 1998, p. 83）は，「政策が実践を変革させることは非常に難しい」と結論づけています。私は教師教育者にとっても実践を変革することは非常に困難であることを付け加えたいと思います。

私の見方では，このことは，今まで研究者からあまり注目されてこなかった変革のある側面に関係していると考えられます。実は，この事実を1998年の『教育変革の国際的ハンドブック』の2巻の中に見出すことはできません。ただ，変革するという動詞の2つの使い方には大きな違いがある，ということです。ひとつ目は他動詞の使用法であり，たとえば「私はこの教師を変えたい」という文におけるものです。もうひとつは自動詞の使用法で，「教師Xは変わる」というものです。前者の動詞の使い方は，どれほどとらえがたいものであっても，教師に外側から圧力がかかっていることを示唆しています。後者の文は，教師自身によって方向づけられた変革に言及しています。マッキンタイアとハガー（McIntyre & Hagger, 1992, p. 271）が「教師は発達するべきものであり，他の誰かが教師を発達させるべきものではない」と述べていることに，私も同意します。彼らは次のように述べます。

1.4 変革の問題

「発達」とは，そこにあるものを貴重な出発点として活用する。それらを何かと取り換えるのではなく，その上に何かを打ち立てるための踏み台として活用するのである。つまり，教師が価値ある専門的知識を持ち合わせていることだけではなく，もし教師が選択を迫られれば，彼らは大抵，確立され安定した方法に立ち戻る，ということを認識することである。しかしながら，「すでに確立され安定したものの上に打ち立てる」という比喩は満足のいくものではない。なぜなら，その比喩はそこにあるものとは別のものを上に付け加えることや，余計なものを先端部に追加することを示唆しているからである。それとは対照的に，発達という概念は，付け加えられるものはどれも，新しいものはどれも，すでにあるものと統合され，そこから成長することを示唆している (p. 271)。

この問題については第3章においてより深く検討します。教育における革新を実施してきた際の最大の過ちは，物事を変革させようと望むものの，教師の要求や関心，教師が働く状況に思いを馳せない，外部者によって引き起こされてきたことです。たとえばマクラフリン (McLaughlin, 1998, p. 72) は，「プロジェクトを成功させるために必要な努力と活動力を生み出すためには政策の目的や戦略を受け入れるような意思や動機の存在が，不可欠である」という事実に気付いているけれども，そのような発言をする人は，依然として教育の変革を望む外部者としての優越的な立場から変革の問題を見ているのです。ホームズ (1998, p. 250) はそのことをより明確に述べています。

学校を変革するプロジェクトは，改革のレトリックとは異なり，不可避的にトップダウンで行われる。民主的な意思決定，協働，そして教師の重要性の認識，というような数々の言い回しにもかかわらず，変革のプロジェクトは今までなされてきた通り，上から実施されるほかない。時折教師たちは拒否権を行使するかもしれないが，あらゆる抵抗は，いつも変革することへの恐れや現在の地位の防御と見なされて，フーランの道徳規範における最大の重罪として非難される。

このことが示すのは，長い間にわたって，私たちが教育における発達を主導する他の可能性を何も知らないでいた，ということなのかもしれません。ホームズ (1998) は，このことをより明確に述べています。

第1章
教師教育：難しい課題

教師をアザラシのように訓練しようとすることには疑いようのない問題があるが，しかし，彼をもし放っておいたとしたら，望ましい変革を実行できる可能性は全くない。(p. 254)

「アザラシのように訓練すること」と「教師を放っておくこと」の二分法は，ワツラウィック，ウィークランドとフィッチー (Watzlawick, Weakland & Fisch, 1974, p. 90) が「代替案の錯覚」と呼ぶものの一例です。私たちがもしこの二分法を受け入れてしまったら，このたった2つの可能性しか存在しないと考える，思考の罠にはまってしまいます。これは，長い間改革者の思考を支配してきた教育の変革に対するアプローチです。ハーグリーブス (Hargreaves, 1994, p. 6) が指摘するように，そのような改革者たちは教師を軽く見てきました。本書では，第三の可能性を提示します。それは，教師を重視し，彼らの関心を基盤として彼らと共に働きかけるようなアプローチです。ここでは，特定のスキルを発揮できるようになるために訓練をすることもありますが，そのような訓練は必ず教師たち自身が希望した場合に限られます。教師をアザラシのように訓練するのでも，放っておくのでもありません。教師の良心から導き出される目的を考慮に入れるということを意味しているのです (Day, 1999, p. 15)。

このような代替案の背後にある見通しにおいて重要なことは，変革のプロセスの性質に重点を置いていることです。技術的合理性アプローチよりも，私たちが提示するリアリスティック・アプローチは専門性の発達と変革そのもののプロセスに焦点を当てます。これは長い間疎かにされてきた領域です。すなわち「変革がどのように生み出されるのかについての知識が完全に不足している。このことは教師教育に関心のある人間にとって重大な欠陥である。なぜなら，教師教育のプログラムは変革の目標よりもメカニズムについての理解を基盤とする必要があるからである」(Desforges, 1995, p. 388，または Fullan & Hargreaves, 1992, p. 1)。ブーデン (Bueden, 1990, p. 325) は「教師の変革とそのような変革のプロセスの性質を明らかにする必要がある」と述べています。これらを明確にする作業は，まさに本書の目的のひとつです。続く章の中でも特

に主張したいのは，単に認知的なスタンスに立つだけでは教師の変革を理解することはできない，ということです。教えることの専門性においては，感情や情緒が決定的な役割を果たすのです（Hargreaves, 1998a; Nias, 1996）。すなわち，

> 教育の変革において最もないがしろにされてきた側面のひとつは，情緒的な側面である。教育や組織の変革は，合理的，認知的な目的を追求する合理的認知的プロセスとしてしばしば扱われている。（中略）学ぶことや教えること，指導することにある予測不可能な情緒的な側面は，変革の見取り図から取り残されている（Hargreaves, 1998b, p. 558）。

教育における変革が抱える問題は，何よりもまず，確実性や予測可能性や安定性を失う危険性に対して人間が自然と引き起こす情緒的反応を取り扱うことの難しさにあります。技術的合理性アプローチにおいて，この感情的な側面はないがしろにされているのです。

1.5 教師教育者という立場の難しさ

多くの研究によって，教師教育の手段として技術的合理性アプローチを用いることに関する問題点が明らかにされてきたにもかかわらず，教師教育者に関心が呼び起こされてこなかったことに留意すべきです（Korthagen & T. Russell, 1995）。最大の理由は，教師教育において実際に起きていることに研究者が関心を向けてこなかったことにあるのかもしれません（Zeichner, 1999）。このことに言及している研究者（たとえば，Oldfather, Bonds, & Bray, 1994; Bullough & Gitlin, 1994）は，技術的合理性モデルが依然として支配的な考え方として存在していることを強調します。コルトハーヘンとケッセルズ（Korthagen & Kessels, 1999）の研究の中で，私はヨーロッパの教師教育者に研修コースを提供したことについて報告し，私がこのコースを通して教師教育者の視点や日々の実践について，いかに多くのことを学んだかを記しました。この論文は結論として，伝統的な教師教育の考え方は基本的に変わっていないこと，そして新

しいアプローチの多くが教育実習生を理論に向かわせるように動機づけたり，転移のプロセスを手助けしたり，教えられた理論と授業実践との乖離を橋渡ししたりするために，高度に見える手続きを通していたことを明らかにしました。このことは，いぜんとして1.2節に記した3つの基本的な前提がいかに大きな影響力をもっているか，および，これらの前提こそがそもそも理論と実践の乖離を作り出していることがしばしば忘れがちである，という事実を裏づけています。

　教師教育が難しい仕事であることを強調することなしに教師教育の失敗を指摘してしまっては危険でしょう。第一に教師教育者は，どんな教育学的モデルを見ても，教師を教育する方法の代替案を提案してくれるものを見つけることができません。多くの教科においては，ひとつの明白な教科教育学が存在するけれども，教師教育に関しては，状況は大きく異なるのです。第二に，彼らが働かなければならない環境は，古い慣習を変えることに対して協力的でないことが多いのです。実習生を数多く受け入れていること，また，授業実践期間において教育実習生と面会する時間が限られていることが，抑制要因として挙げられます（Barone et al., 1996, p. 1117）。第三に，多くの地域で，教師教育のスタッフが教師教育学をいかに改善させるか，という問いに協働的に取り組むことが一般的であるような文化がありません。

　クレイヤー＝ヘイヨンとブゾブスキー（Kremer-Hayon & Zuzovsky, 1995）は，イスラエルの教師教育者に彼らの専門性の発達についてインタビューをしています。このインタビューの引用のひとつは，新米の教師教育者の立場を描写しています。

　私は教師教育の仕事を任された時，とてもわくわくして，光栄に感じていました。しかし，それと同時に，教師教育の分野において何の特定の予備知識も身につけていなかったため，とても心配にもなりました。指導教諭として以前に経験したことでは十分ではありません。教師教育者として私は，実習生が自身の経験を理論的枠組みに置き換えることを手助けすること，理論と実践のつなぎ目を作ること，教育学的知識によってそれらの2つの間の溝を埋めること，すなわち，連続性を作りだ

すこと，そして，確かな論理的根拠を基にした意味づけを彼らに与えることを期待されていたのです。どうすればこうしたことができるのか，私には知る由もありませんでした。

換言すれば，教師教育者が理論と実践を統合しようという試み，より一般的にいえば教師教育者としての専門性の発達には，何の支援もなされていない，ということです。これは国際的な現象です。ウィルソン（Wilson, 1990）は，ヨーロッパ連合（EU）のほとんどの国において教師教育者は，教師教育者という専門職に就くための公的な準備教育を受けることなく，また，より経験豊富な同僚からの支援もほとんどないままに，教師教育者となっていることを指摘しています。この事実は，ヨーロッパの教育省の研究報告の一部として報告されたにもかかわらず，1990年以来，状況は一向に変わっていません。

同様の問題は，4人のアメリカの教師教育者がその職に就いたときの経験談からも浮かび上がってきます。『教師を教える教師たち』（T. Russell & Korthagen, 1995）の中で，4人の新任の教師教育者たちが，「教師の教師になる：4人の新参者の途」の章を執筆しています（Guilfoyle, Hamilton, Pinnergar, & Placier, 1995）。ここに少し引用しましょう。

私がどのようにして教師教育者になったのかと自問する時，私は教師教育者になることを初めて考えた時のことが思い出せず，教師教育者になるための学びをこれまで本当に重ねてきたのかどうか，わからなくなる。おそらく，そのことを自覚するようになるより大分前に，教師教育者になるためのプロセスを歩み始めていたのだと思う。無意識の中で，私は教師がカリキュラムを多文化的な視点やジェンダーの関心と結びつけられるよう養成することに一生懸命になっていた。私は，教師が教室で使用するために提示する教材のデザインに長い時間を費やしてきた。しかし，誰が私にそのようなことの仕方を教えたのだろうか？ 誰も私に教えてくれてはいない。私は自分の身の回りにいる人々を見ながら，高校で教えていた時の教室での出来事を思い起こしながら，そして発達のさまざまな段階を思い出し，それらがいかに今しなければならないことと連動しうるかを考えながら習得していったのだ。失敗からもまた学んだ。実習生たちの前で大失敗をしたこともあった。大学の授業の中に，教師教育者になるプロセスについて議論するような場はないのだから。
（Mary Lynn Hamilton, 1995, p. 40）

第1章

教師教育：難しい課題

　私が仕事を始めた時，私は何も言わせてもらえないのを感じた。十分な資格をもって教師教育者となったはずだったのに，私の経験が現実的な意味をもたないことはすぐに明らかになった。私は，公立学校と大学の両方で，教師として優秀であるとされて，多くの経験を積んできた。けれども，私は，まるで全く何も知らない空っぽの状態の人間であるかのように扱われたのである。先輩はEEI［指導の本質的要素］に対する公立学校の支援的なあり方に迎合した。教師になるために学んでいる学生を手助けすることに関する私の考え方を明確に述べることが難しかった一方で，私は自分の指導モデルを教えたり，強制したりすることは全く考えていなかった。私は，レイノルド（Reynold, 1992）が提示した教師に必要な知識のリストについて考え込んだ。また，ショーン（1983）の研究を勉強して，専門家としての知識が教師としての発達といかに関連しているのかについて学んだ。私は「技術的合理性」と教師の発達における実践についての省察について思いめぐらした。「教えることと教師教育のための知識基礎」についてとても関心があったが，私はこの考え方と，教えることを学ぶことについての私の見解をどう結び付ければよいのか，悩んだ…

　私が未来の教師たちを教え始めた時，私自身に対するイメージは，始めたばかりのタップダンサーだった。まず拍子に合わせられるようになって，それから少しずつ洒落たステップを付け加え，手の動作を付け加え，そしてようやくステッキを持てるようになる。しかし，私はステッキを落としたり，テンポからずれたりし続けて，しまいには手足がもつれて尻もちをついてしまう。私は自分が拍子に合わせて踊れている姿を想像することができない。私は運動音痴だから，この当初の自己イメージは私が自分の声と才能を否定し，信じられないほどの自意識過剰になり，心のバランスを取ることに苦心していることを象徴していたのだと考えている（Pinnegar, 1995, p. 41, 46）。

　ザイクナー（1995, p. 17）は，自らの教師教育者としての初めての経験についてさらに興味深い記述をしています。

　教師教育プログラムに関する私の研究や，大学の授業に対して学生が書いた数多くの評価書を読んで，私には次のことが明らかになった。それは，批判的な内容を授業のシラバスに盛り込むという私たちのアプローチが，私が求める結果を生まない，ということだ。その批判的な内容というのは，授業で何のトピックを取り上げるかなどについて教育実習生にも発言権を与えて，交渉しながら作成したシラバスの一部だったのに，また，授業の課題のほとんどが教室や学校での教育実習生の仕

事に関係するものだったのに（たとえば，特定の生徒の事例研究），多くの学生は依然として，授業の活動を資格認証のためにくぐり抜けなければならない一連の学術的な試練としてとらえていて，教えることを学ぶプロセスとはかけ離れたものとしてとらえていた。

ザイクナーは，このような状況に対する不満から，教師教育学を再考するに至り，より統合的な教師教育プログラムを初めて開発することになりました。

1.6 新しいパラダイムに向けて

教育実習生や教員養成プログラムの卒業生，教師教育者の多くが教師教育に不満を抱いています。ブローンら（1996）は，保護者や政治家もまた教師教育の機能について疑義を投げかけていることを指摘しています。このことは教師教育者にとって重いプレッシャーになっています。いくつかの国では（たとえばイギリス），教師教育に対する政治家の不満から，教師教育の大部分を学校へ移行する事態が生じています。実践のための予備知識として理論をとらえることを批判する意見があったのを受け（たとえば，Sandlin, Young, & Karge, 1992），新任教師は理論的知識を教わることがほとんどなく，コツを身につけるだけのプロセスになってしまっているような教師教育の資格認証プログラムが，代替的につくられました。多くの地域で，教師不足の問題を解決する必要から，このような傾向が生じています。このような展開は，教師や政治家や保護者を満足させるかもしれませんが，そこには重大なリスクが潜んでいます。理論に力点を置く傾向から実践の経験を信頼する傾向へと完全に移行してしまうのですから。しかし，教師教育に対するそのようなアプローチでは成功は保証されません。事実，教えるという経験は，専門性の発達の機会というよりも，社会化の要因となるといいます（Wideen, Mayer-Smith, & Moon, 1993 を比較参照）。

こうした学校の文脈に馴染む社会化のプロセスは，省察することや理論的に

第 1 章
教師教育：難しい課題

考察を深めることへの抵抗感に繋がります（Cole, 1997）。そこでは基本的な問い，つまり理論と実践をいかに統合するのかは突き詰められていません。G. L. アンダーソンとヘア（Anderson & Herr, 1999, p. 19）は，次のように述べています。

> 大抵の場合，［実践者コミュニティに対して］より応答的であろうとする衝動は誠実なものであるが，実践者の知識を中心に据えるような厳密なプログラムを開発することの意味は，理解されていないことがほとんどだ。

一方で，期待できる展開も見て取ることができます。教師教育への伝統的なアプローチの弱点や実践的な経験のみを基にしたアプローチの限界が認識され，専門職としての教師を養成する新しい方法が生み出されます。たとえば，アメリカでは多くの地域で，いわゆる教職専門開発学校（PDS）や，専門職実践学校や臨床学校（Bullough & Kauchak, 1997; Darling-Hammond, 1994; Levine & Trachtman, 1997; J. A. Ross, 1995）を開設する動きが見られます。これらを支える考え方は，大学の教師教育者と学校の教師とが未来の教師の養成に対する責任を共有し，協働的なパートナーシップをつくりあげようという考え方です。この文脈において，地域コミュニティにおける学校の役割や新しい授業方法の開発に焦点を当てることや，このようなプロジェクトに参加しているすべての人々の専門性の発達を強調することが，強く注目されています（Abdal-Haqq, 1997）。PDSで最も使用されているアプローチは探究志向型であり，省察的な学習方法を促進することを目的としています。PDSプロジェクトは理論と実践を統合する方法として期待できるように見えるけれども，PDSについての事例研究はこのアプローチが抱える多くの問題を明らかにしています（Darling-Hammond, 1994 を参照）。キャッスル（Castle, 1997, p. 221）は「そのような問題の多くは，この性質の変化が個人や関係性を巻き込むという事実に起因している」と結論づけています。

1990年代にイギリスでは，1992年と1993年の政治的決定による強制された

1.6 新しいパラダイムに向けて

展開によって，教師教育の大部分が学校へと移行され，教師教育コミュニティに大きな衝撃が走りました（Gilroy, Price, Stones, & Thornton, 1994）。ファーロングら（Furlong et al., 1996, p. 44）は，そのような展開の結果イングランドとウェールズに生まれた教師教育機関と学校のパートナーシップのさまざまな形式を検討しています。彼らは，大抵の場合，過去に比べて大学の指導者が新任の教師に影響を与えられる機会が少なくなっているという結論に達しています。しかしながら，彼らはまた，大学の教師教育者たちが学校の教師たちと共に定期的に働く，協働モデルがつくられたことで，教育実習生の専門性の発達に及ぼす影響が増している場合もあることを指摘しています。協働アプローチを支援する出版物によれば，ファーロングらは協働アプローチが初めて理論と実践の本当の統合を可能にしたと主張しています。

1992年から1993年の短期間に，オーストラリア政府はイギリスでの展開を好意的に受け止め，教師教育の大部分を学校で行う必要があるとする考えを明らかにしました（Chadbourne, 1997）。それまでオーストラリアはイギリスの改革を取り入れることはなかったものの，学校と大学の教育学部のパートナーシップが，1990年代に数多く確立されました。

PDS運動と教師教育の学校への移行というより広い動きの両方に共通する2つの重要な側面があります。ひとつは，こうした展開は教師教育を実践的な文脈により強力に位置づけたいという願いを反映するものであり，2つめは，大学の教師教育者らが伝統的な教育のパターンに早期から社会化してしまうリスクを避けようという試みとしての側面をもつことです。それゆえ，教師教育の実践的な意味を高めようとするこれらの試みは，現在の実践や望まれる変革についての批判的な省察の必要性を強調するものとして特徴づけられます。このことは，教師の発達というものが，授業についての考え方を発展させ続けるプロセスとして，つまり，実践的な授業やその他の教育的な学習場面を経験し，より経験のある同僚による指導の下でそれらを省察し，個人的な省察と教師教育者から教わる理論的な考え方とを相互作用させることを通して，授業についての考え方を発展させ続けるプロセスとして，とらえられるようになっている

第1章
教師教育：難しい課題

ことを意味します。

教師教育の中心に省察をすえるという考え方は，理論と実践の溝を明らかにした研究が発表されたのちの1980年代に浮上してきました。1985年から2000年の間に，教師教育の多くのプログラムにおいてこの考え方が導入されてきました。省察とその効果を促進させる方略についていくつかの研究が公刊されました（たとえば，Gore & Zeichner, 1991; Zeichner & Liston, 1987）。省察的なアプローチの理論的な基盤を構築することに向けて，たとえば，構成主義や社会学的な概念を用いて認知心理学的な基礎づけを行うことを最終目的とするような研究が行われました（たとえば，Bell & Gilbert, 1996; Oldfather et al., 1994，およびZeichner, 1983）。

本書では，省察を中心的な概念のひとつとして，また理論と実践をつなぐ主要な方法として，とらえます。また，理論と実践の統合という目的を下支えする基盤には依然として2つの弱点があることを示します（Korthagen & Kessels, 1999）。

第一には，教師教育に対するこのアプローチにおいて理論の役割が明確に分析されていない，ということです。学術的な著作にみられる伝統的な理論と比較すると，理論と実践の統合をめざすプログラムにおける理論は，全く形態を異にします。公式の便覧にみられるような理論の古典的な形態というのは，実践的な状況から一般化され，実証的に裏づけられた抽象概念です。そのような理論は教師の助けにはならないようです。なぜなら実践とは普通あいまいで価値観を多分に含んでおり（Schön, 1983），言い換えれば，公式の理論（「大文字の理論」）にみられる目的─手段モデルよりも一層煩雑なものであるからです。ドイル（Doyle, 1990）は，教師には大文字の理論とは異なった「個別的で状況依存的な」種類の理論を必要としていることを強調しています。私たちはこれを「小文字の理論」と呼ぶことにします。それは全く異なった形態の理論です。行為の可能性により焦点を当てるものなのです。したがって教師教育者は，

> 教師は研究者によって行われた研究の成果を教えられるべきであるという理論に抗わなければならない。そうすることで、教育に関する大学の授業は現実的な意味をもたないという一般的なイメージの要因を説明できるだろう（T. Russell, 1999, p. 234）

　第二に、教師の内的プロセスと外的な行動との関係に関する教師教育の統合的なアプローチについての、もうひとつの理論的な基礎が必要です。この関係についての最近の見解は、教師を合理的に、理論に基づいた意思決定をする者ととらえる古典的な考え方とは対照的です。しかしながら、教師の内的プロセスと行動との関係についての新しい総合的な理論が、教師を合理的な意思決定者とする古い考え方に取って代れるような状況にはまだ至っていません。たとえば「宣言的知識」「手続き的知識」の概念や、教師の「誤概念」といったいくつかの概念は、時代遅れの考え方の名残として、教師の認知の分野で未だに使われています。教師教育に対する新しいアプローチの基礎にある考え方や前提は、さらなる発展に向けた十分な土台を作り出しているとはいえません。本書では、第2章から第6章で、授業とは思考的な側面だけではなく、情緒的で意志的な側面を併せもっているという考え方を展開させることによって、この土台を準備しようと思います。第7章では、この総合的なモデルを手がかりに、教師の内的プロセスと行動との関係についての私たちの考え方をまとめていきます。

　ですから、本書の目的のひとつは、教師教育の新しいアプローチのための2つの理論的土台を提示することにあります。ひとつは、教師にとって現実的な意味のある理論の性質に関するもので、もうひとつは、教師の内的プロセスと行動との関係に関するものです。さらに、これら2つの理論的枠組みを繋げようと試みます。省察は、両方の枠組みにおいて中心的な概念であり、両者の繋がりを作り出すポイントとなるでしょう。

　本書で展開される考え方は、大部分が数学の学びと授業に関する理論から引き出されたものです。というのも、数学教育の分野では、教師教育が直面する

問題にとても似た問題がすでに多く発見されている（そして部分的には解決すらされている）のです。しかしながら，これら2つの分野はこれまで結びつけられてきませんでした。本書では数学教育に深入りすることはしませんが，数学教育の分野の中で私たちの関心に関連がありそうな側面を概観することを通して，教師教育の理論の発展のためのヒントを得ることができると考えています。このことは次節で取り上げます。

1.7 ひとつの例としての数学教育

数学教育は，私たちが教師教育についての考えを打ち立てる土台とするにはとてもよい分野だといえます。それには，2つの理由があります。始めに，数学は多くの子どもたちや教師にとって，難しいものです。ですから，学んでいることを子どもたちが応用できるようにするために，必要な知識とスキルを獲得する生産的な方法を見つける必要性がかなり大きい，ということができます。今までもこうした必要性が授業実践に直接的に関係のある数学の学習や授業に関する理論の発達を促してきました。次に，研究領域としての数学は，他の知識領域から相対的に孤立化しやすいため，心理学者は数学の学びのメカニズムを発見することに成功してきました。

教育において最も印象的な最近の展開として，いわゆるリアリスティック数学教育の導入が挙げられます（Freudental, 1991; Treffers, 1987）。リアリスティック数学教育は，理論（原理，法則，定理）から実践へという伝統的なアプローチから完全にかけ離れている点に特徴があります。長い間，数学の授業を受ける子どもたちは何世紀にもわたる数学の研究を通して発達した数学的構造を実践的な問題に応用することを学ばされてきました。にもかかわらず十分な手ほどきによって子どもたちは一連の教科書の問題を解けるようになったとしても，日常生活で出くわす単純な問題を，たとえそれが数学の授業で解いた問題に似ていたとしても，解くことは大抵できないのです（Schoenfeld, 1987）。つまり数学教育においては転移の問題が明白に存在しているといえます。

1.7 ひとつの例としての数学教育

偉大な数学者であり数学教育者であるハンス・フロイデンタール (Hans Freudenthal) は，この転移の問題を検討し伝統的な演繹アプローチは数学の本質と矛盾していることを指摘しました。彼の考えでは，数学とは子どもたちに転移されるべき「すでに作られた教科」なのではなく，「これから作られるべき教科」なのです (Freudenthal, 1978, p. 72)。彼の考え方に従うなら，数学とは，身近な世界の現実に基づく人間の活動であることになります（それゆえ，彼は自身のアプローチを「リアリスティック」と形容したのです）。こうした活動は目の前の問題の基底にある構造を意識させることに繋がります。学習者によって構築されるこの構造は，問題状況に意味を見出す彼ら特有の方法を表します。つまり，このときの認知構造は学習者が将来同様の問題を取り扱う方法を大きく左右するのです。

数学におけるリアリスティック・アプローチの歴史は，フロイデンタール (1991) がまとめているように，1970 年代のオランダに始まります (Freudenthal, 1978)。ユトレヒト大学のフロイデンタール研究所の功績から，いまや多くの国々に広がり（たとえばアメリカ），1980 年代に展開した数学教育を変えようとする動きに取り入れられていきました。リアリスティック・アプローチが前提とする重要な考え方は，生徒は自分自身で実践的な経験や問題を基礎として数学的な概念を発達させることができるし，発達させるべきであると仮定するところから始まります。このアプローチでは，問題は子どもたちに理解できる文脈に織り込んで提示され，日常的によくある場面から取り上げられることが多くあります。リアリスティック・アプローチが強調することは，数学の実践的使用，探究，省察，グループワーク，および実践的活動です。フロイデンタール (1978, 1991) は，このアプローチから生じる授業や学習のプロセスを導かれた再発明と呼びます (Fixcher & Bullock, 1984 もこの用語を使用しています)。簡潔にいえば，リアリスティック・アプローチとは実践から理論へと進むものなのです。伝統的なアプローチの場合のように，教育のプロセス自体から理論と実践の乖離が生じるわけではありませんし，興味深いことには，むしろその乖離が消えるということなのです。心理学の用語でいえば，

めざすべき学習プロセスは，学習者と問題状況との相互作用の中で発達する「状況に埋め込まれた知識」(J. S. Brown, Collins, & Duguid, 1989) から始まるということができますし，具体的な場面は学習プロセスの中で常に参照すべきものとして重視されるということです。こうして，実際の場面に応用する際に生じる古典的な「転移問題」が完全に消し去られるのです。

次節では，教師教育は数学教育の展開から何を学ぶことができるのか，という問題を論じます。

1.8 リアリスティックな教師教育

教師教育の伝統的なアプローチと前述した数学教育の例を比較すると，顕著な類似点があるようにみえます。フロイデンタールの言葉を使えば，伝統的なアプローチにおいて，授業についての知識は，すでに作られた項目としてとらえられるのであって，学習者（たとえば教育実習生）によってこれから作られるべきものとはとらえられていないのです。学習についてのフロイデンタールの考え方に沿うアプローチを，図1.2に示します。

こうしたより構成主義的な見地からすれば，教育実習生は，学習への関心や個人的な必要性を作り出すような実践的な場面についての省察のプロセスの中

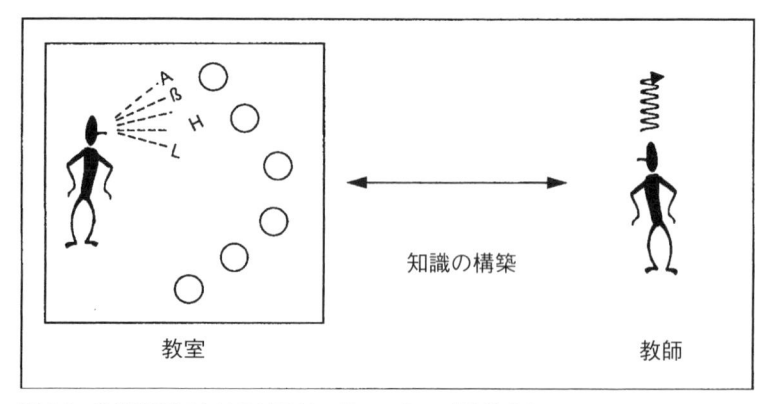

図1.2 教師教育におけるリアリスティック・パラダイム

で，自身の知識を発展させるといいます。リアリスティックな数学教育の場合のように，探究志向の活動や学習者同士の相互作用，省察するスキルの発達が強調されます。

　教師教育者やプログラム・コーディネーターと働く中で，私は次のような不安をよく耳にします。すなわち，教師教育のカリキュラムから理論が消えてしまい，教育実習生が教育の方法を全く新しく作り直し続けなければならず，教師教育者の仕事が「あなた自身はどう思いますか？」と尋ねることだけになってしまうのではないか，という不安です。これはリアリスティック・アプローチのプロセスに対する完全な誤解に基づく杞憂です。教師教育者はリアリスティック・アプローチの学習プロセスにおいても，もちろん講義者の伝統的な役割とは全く異なるけれども，理論を紹介するという重要な役割を担っています。教師教育者がすべき手助けは，教育実習生が抱える具体的な問題に専門的な知識とスキルをもって対応することです。

　何よりも，教師教育におけるリアリスティック・アプローチが，図 1.1 に示した技術的合理性パラダイムにおける理論のとらえ方とは全くことなった視点で理論をとらえていることを強調しておかなければなりません。言い換えれば，私は今までとは全く違った教師教育学についてお話ししようとしている，ということです。本書は，教師教育における教育学の枠組みを提示するとともに，教師教育者に必要な知識とスキルについての概観を示します。

1.9　本書の概要

　ここで，本書の構成を説明することにしましょう。序でも触れたように，本書には，実践志向の章と研究をベースにした理論の章があります。実践の章は，誰よりも，教育実習生への指導内容と教育実習生が直面する学校での実践との間の乖離を狭める方法を追究している教師教育者のために書きました。理論の章では，実践の章を裏づける研究を示しました。その多くは IVLOS 教育研究所で実施されたさまざまな研究に基づいています。

第1章
教師教育：難しい課題

　第1章では，本書の基本的な出発点を紹介しました（たとえば，実践にとって現実的に意味のある理論の性質とは伝統的な意味における理論のそれとは全く異なっていること）。次に，第2章で，ギリシャ哲学の概念である学問知（エピステーメー）と実践知（フロネーシス）が，教えることの知識や教育実習生の学習プロセスの性質を理解するための手助けとなり教師教育の目的と実践について今までと異なる考え方をするように導いてくれるはずである，という新しい見方が，教師教育における新しいリアリスティック・アプローチの導入の基礎となることを示します。このリアリスティック・アプローチは，教師教育プログラムで起こっていることと学校での実践との距離を縮めたり失くしたりすることを可能にしてくれます。リアリスティック教師教育プログラムの具体例を示し，その基底にある諸原理を相互に結び付けながら検討します。

　第3章では，リアリスティック教師教育プログラムをいかに作成することができるのか，という問いを扱います。第2章で示した諸原理を基に，どのようなプログラム計画や組織的な手法を用いればリアリスティック・プログラムを形作ることができるのか，検討します。したがって，第3章では，リアリスティック教師教育の具体的な教育学の基礎について記します。プログラムの要素をいくつか示し，その結果として生じる事柄—たとえば学校や指導教諭との関係—について論じます。

　第4章では，いくつかのリアリスティック教師教育プログラムの研究の概観と，教育実習生の省察を促進することを目的としたプログラムを提示します。この章では，そのようなプログラムが果たして機能するのか？　リアリスティック教師教育学は何をもたらすのか？　その課題や短所とは何か？　そしてそれらの課題をいかに乗り越えるのか？　といった問いに対する答えを提示します。

　第5章では，リアリスティック・アプローチにおけるとても重要な要素，すなわち，指導のプロセスについて論じます。それぞれの教育実習生が省察的な専門家となり，理論と実践の結び付け方を学ぶのをいかに助けることができるか？　指導カンファレンスで省察を促進することができるようになるために教

師教育者が身につけるべきスキルとは何か？ などの問いを追究します。

さて，省察の促進は，個人的な指導の活動の中だけで行われることはできないし，行われるべきでもありません。第6章では，教師教育機関でのグループ・セミナーで省察を促進する方法と技法について記述します。これらの技法のうちのいくつかは，教師教育者にとって大きな負担となることなく，活用することができます。

ここまで読み進めれば，教師教育の新しい教育学の最も重要な構成要素は揃っています。第7章は，先行する章で紹介した多くの考え方が一体となる章なので，鍵となる章だといえます。なぜ伝統的なアプローチよりもリアリスティック教師教育の方が効果的なのか，検討します。先行する章，特に第4章で，リアリスティック・アプローチが機能することを明らかにしましたが，今度はその理由を探るのです。このことは，教師の知識と教室での教師のふるまいとの関係についての慎重な分析を要します。この関係を記述するための新しいモデル，すなわち授業についての学習を段階的に区分するモデルを紹介します。

残りの章ではリアリスティック・アプローチを実施するために必要な具体的な問題を扱います。第8章では，日誌などの省察を促進するための具体的な技法と道具の役割について検討し，この道具と第5章で記述した指導プロセスとの関係を論じます。特に日誌への記入事項を構造化するためのガイドラインがあれば，日誌が，学生が実践から学習することを促す有効な道具であるということが明らかになります。また，絵を描いたり色を塗ったりすることや導かれた想像といった省察を促すためのより感覚的な方法も紹介します。そのような技法は，教師の行動を導くより合理的ではないプロセスを考慮する省察の捉え方に基づいています。第9章では，先行する章を通じて展開してきた省察についての理論的な枠組みを拡張しながら，省察に関するこのようなより広い観点を検討します。

第10章では，教師教育のスタッフの専門性の発達，特に本書の考え方を採用する場合，どのようにして教師教育者を研修するのかという問題を扱います。教師の場合とちょうど同じように，教師教育者にとっても実践を変革する

ためには知識だけでは不十分なのです。

リアリスティック・アプローチは本を読むだけでは身につけることのできない特別なスキルを必要としています。教師教育者の研修コースを計画する際にも，リアリスティック・アプローチを用いていることは驚くべきことではないでしょう（一致の原則）。

また，私は教師教育の根本的な変革がプログラムのアレンジやその効果に対する具体的な研究によって支えられるべきであるばかりでなく，新しいタイプの研究が必要とされていると思っています。これこそが「リアリスティック・アプローチ」と呼べるものかもしれません。

注

1) この疑問は，1990年にカリフォルニア大学サンタバーバラ校のウィリィス・コープランド（Willis Copeland）から指摘されたものです。省察について，私が考察するうえでとても有益な疑問でした。

第2章

実践からの学び

Fred Korthagen & Theo Wubbels

> 聞いたことは忘れる。
> 見たことは覚える。
> やったことはわかる。
> 引き下がってくれれば，行為する。
>
> —中国の諺。デンマークのAalborg大学での教育的実験における記述からの引用
> （訳注：上3行は老子）　キエルスダムとユネマルク（Kjersdam & Enemark, 1994）
>
> 本章では，リアリスティック・アプローチを基盤とするユトレヒト大学の教師教育プログラムについて説明し，このプログラムの基底にある諸原理を探究していきます。それはたとえば，人間の情報処理プロセスにおける非合理的な方法を土台としようとする考え方です。そして，教えることを学ぶ，とは，経験に基づく学びのプロセスだということを説明し，教師教育におけるリアリスティック・アプローチが，授業と専門性の発達における非合理的な側面を重要なものとしていかに取り上げるのかについて検討していきます。また，実習生の経験や関心を学びの出発点とする教師教育プログラムにおける，省察の役割についても議論します。

2.1　はじめに

　第1章において，教師教育における技術的合理性モデルには重大な欠点があり，理論と実践の乖離を作り出していることを説明してきました。教師教育の

第2章
実践からの学び

　もうひとつのアプローチであるリアリスティック・アプローチは，実践の経験や，その経験に対する教育実習生の受け止め方を出発点とします。

　しかし，教育実習や初任の1年間の実践的な場面における教育実習生の学びの質が必ずしも高いとはいえないことも，研究からわかってきています。第1章でみたように，多くの研究が，教育実習生は養成期間に習った理論の多くを実践しないことを示しています。さらに，初任の教師は，ひとたび学校現場に勤めると，そのための予備知識を十分には備えていないような多くの問題状況に直面し，狼狽してしまうことがよくあります。教育実習生の多くは，初任の教師として大学での教師教育から実際に教師として授業を行う立場へ移行しなければならない時期を，精神的な起伏の大きい，面倒な時期と感じています。彼らは教室の中で今まで気づいたことのなかった現実や責任や複雑さに直面することになります。現実に対するショック（リアリティショック）（Muller-Fohrbrodt et al., 1978），あるいは移行に対するショック（Corcoran, 1981）と呼ばれる，深刻なストレスと難しい問題に直面する時期といえるのです（Veenman, 1984）。教育実習生は大学での教師教育プログラムを離れて，学校現場での経験を積むと，そのプログラムで培ってきた積極的な姿勢をすぐに失ってしまいます（Muller-Fohrbrodt et al., 1978; Zeichner & Tabachnick, 1981）。

　たとえば，教師教育を受ける中で身につけた省察的な態度は，初任期を通じて「消え去ってしまう」のです。このことを次の引用は明瞭に示しています。

> 私は，省察の能力が，数多くの矛盾に直面する中で押しのけられていく経験をしました。まるで，空っぽになってしまったかのような感覚になります。私にはもはや頼るべきものが何もありません。教員養成や現場体験の頃には，万事がとてもうまくいっていたにもかかわらず，こんなことになってしまったのです。（オランダのある新任の教師，Korthagen, 1985, p. 14 からの引用）

> 昔，私は省察的な良き教師になれると考えていたものです。その日の仕事の終わりに，決まってその日の教室で自分が何をできて，何をできなかったのか，などを振り返っている未来の自分の姿を想像していました。けれども，正直に言って，現実は，とにかくやらなければならないことをやるだけで，1日の終わりには1時間前に

2.1 はじめに

何をしたのかさえ思い出すことができないほどに疲れ果ててしまっています！ ほとんどの時間は，明日のことが心配で昨日や今日のことなど考えたくないのです。授業のことを考えないために，夕方以降はプライベートなことをして過ごすことにしています。(カナダのある新任の教師，Cole, 1997, p. 9 からの引用)

　1970 年代ユトレヒト大学の教師教育のスタッフは，初任の教師が直面する問題や教員養成を受けた後の現実に対するショックに気づき始めました。そして，教師教育プログラムにおいて教育実習生が初任期の教育活動の中で出くわすような問題に向かい合っておけるようにすることで，現実に対するショックを減らし，教師教育をより「リアリスティック」にしようという目標が生まれました。プログラムの最中であれば，教師教育者は教育実習生の手助けをすることができるし，彼らの学びのプロセスに影響を与えることができるのですから。これが，私たちのプログラムが理論と実践のさらなる統合の可能性を探究し始めた経緯です。

　最初のステップは，教師教育プログラムに，より実践的な経験を盛り込み，その実践をよりリアリスティックにすることでした。1970 年代まで，実践的な経験という言葉が指す内容は，ある教師のいくつかの授業を観察したり，2, 3 の授業を引き受けたりする程度のものでした。その後，徐々に教育実習生はより大きな責任を負うようになっていきました。たとえば，彼らはひと続きの授業を教えなければならなくなり，教えなくてはならないすべての時間に対して要求される項目がまとめられました。しばらくすると，こうした項目は国家レベルで規定されるようになり，オランダでは大学での教師教育がより強力な基盤をもつに至ったのです。

　数年後に，自立的な最終授業実践（IFTP, Koetsier & Wubbels, 1995）が教師教育プログラムの最終段階に導入されました。この IFTP において，教育実習生は，担当する時間数は減らされたものの，授業に指導教諭が立ち会うことはなく，それらの授業に対する責任をすべて担うことになったのです。

　1980 年代後半から 1990 年代にかけて，こうした展開から，理論と実践の相

互的関係性が強く，互いに対等であるようなプログラムが誕生しました。このプログラムについては，次節（2.2節）で述べます。2.3節では背景となる考え方についてより詳しく検討します。特に，先入観を考慮に入れる考え方について検討し（2.4節），非合理的な情報処理の仕方についても検討します（2.5節）。その上で，次の2つの基本的な概念，つまり経験に基づく学び（2.6節）と省察（2.7節）について説明します。続く2つの節では，省察を促進すること（2.8節）と私たちのプログラムにおいてこの原則を中心的に扱うことの理由（2.9節）に焦点を当てます。2.10節で，本章の結論を提示し，こうした考え方が続く章においてどのように深められていくのかという概略を提示します。

2.2 リアリスティックな教師教育プログラムの一例

　本節では，ユトレヒト大学の教師教育プログラムについて説明します。教師教育の原理について後に議論するための素材として，リアリスティック・プログラムの具体例をお見せするためです。

　この1年間のプログラムに参加する前に教育実習生は，学部段階で，いわゆるオリエンテーション・プログラムと呼ばれる2ヵ月間のコースを履修しなければなりません。このオリエンテーション・プログラムは，実習生と教師教育者が，その実習生が教職に就くことが本当に賢明かどうかを見極めるきっかけとなります。1年間のプログラムに含まれる学習時間は1680時間であり，そのうちの840時間は学校などでの活動に，残りの840時間は大学での活動に充てられています。学校での時間のうち250時間は授業に充てられ，さらにそのうちの120時間以上は実習生自身が授業を担当しなければなりません。1680時間のうち300時間は大学での時間と学校などでの時間に分けられたうえで，探究中心の活動に費やされます。このプログラムにおいて，実践的な事柄は，3人単位の授業実践期間と自立的な最終授業実践の2つを通して学びます（図2.1）。

　このプログラムは主として，大学と学校での1～2週間の活動を交互に行う

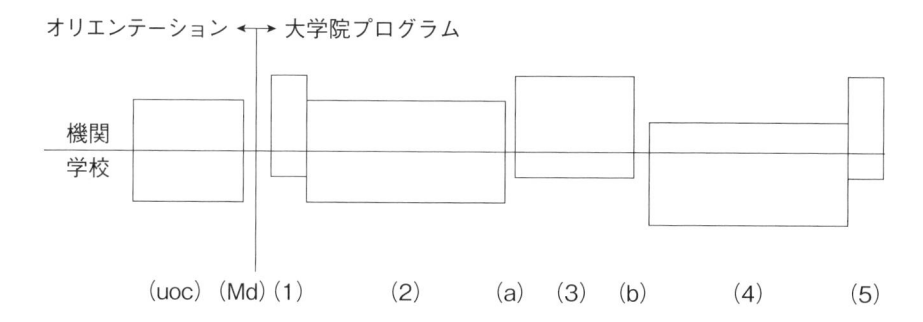

2.2
リアリスティックな教師教育プログラムの一例

```
オリエンテーション ←→ 大学院プログラム
機関
学校

         (uoc) (Md)(1)    (2)    (a) (3) (b)    (4)    (5)
```

水平線より上部は大学での活動，下部は学校での活動を示しています．プログラムは年に2回，8月と1月に始まります．この図は1月に始まるコースを示しています．Uoc：8週間の学部段階オリエンテーション，Md：修士号，1：2週間の導入，2：14週間の3人単位の授業実践期間，3：10週間の第二次オリエンテーション期間，4：自立的な最終授業実践期間，5：3週間のプログラム修了段階，a：1週間の休暇，b：6週間の長期休暇．

図2.1 ユトレヒト大学IVLOS教育研究所における教師教育プログラム図解

構成になっていますが，学校での実習期間中であっても，理論と実践の統合をできるだけ効率よく行うために大学での活動も行います．

学部生のためのオリエンテーション・コース

　実習生が学部卒業後のカリキュラムを通して成長し続けられるようにするために，導入期のプログラムには，観察や議論のためのスキル，その他の社会的，あるいはコミュニケーションスキルを伸ばすための要素が含まれています．たとえば，実習生同士で交代に短い模擬授業をしたり，ロールプレイを行うなどして模擬的な授業場面を設定して練習したり，これらの練習を通じて表面化する教育学や教科に関わる重要な原理を省察したり，学校訪問と授業実践についてのオリエンテーション（3日間）を行ったりします．さらに，4週間の授業実践期間がオリエンテーション・コースの一部として含まれます．

1．導入—2週間

　この準備段階はかなり短いものです．すでに教育実習生は学部で2ヵ月間の

第2章
実践からの学び

オリエンテーション・コースに参加しているからです。

　導入期に大学で行う諸活動は，実習生が授業を担当できるようになるための活動であり，5分から10分間の短い授業を実習生同士が互いに行ったり，小グループで教科書の内容についてのプレゼンテーションを行ったり，グループ・ディスカッションについて指導を受けたりします。こうしたプログラム内容の後に，ここで経験したことを省察する課題が出され，教育学的な原理を身につけるように方向づけられます。こうして身につけられた基礎的な理論的概念は，学校で実習生が経験することを事前に水路づけます。導入期に省察しながら，経験について議論をすることや省察のための段階モデルを形作ること（2.7節で検討）で，実習生は学校現場での経験を構造的に省察することができるようになるのです。

2. 3人単位の授業実践期間——14週間

　3人単位の授業実践期においては，指導教諭と大学の指導教授による綿密な指導の下に3人の実習生がひとつのグループとなり共に仕事をするので，これは比較的保護的な授業期間であるといえます。この3人単位の授業実践は2回の学校実習期間を含んでいます。第1期間（2週間半）では（部分的に）授業を行い，大学での活動をベースにした課題に取り組みます。実習生は徐々に一連の授業を行えるようになります。次の学校実習期間（5週間）では，単発の授業や一連の授業を行い，そして数週間にわたってある特定のクラスの週一時間の授業のすべてを行うこともあります。

　2つの学校実習期間の間に行われる大学での活動は，学校現場での経験を交流し分析することを目的としています。ここで議論される話題として，授業の方法，学習心理学，発達心理学，教育原理，動機付け，カウンセリングといったものが挙げられます。さらに，学校組織や各部局における教師の役割や専門家としての教師の役割，法律に関する事柄についての省察が始められます。

　3人単位の授業実践における指導カンファレンスはいつも，前述した特定の省察モデル（2.7節参照）に沿って行われます。指導的なやりとりは，書物に載

っていることや授業の理論からではなく，実習生の経験やそれらの経験に対する彼らの考え方を出発点とします。この実践期間において大学の指導教授は，授業の観察や指導カンファレンスの参加のために何度か3人のもとを訪れます。実習生への良い指導のために何よりも大事なことは，大学スタッフと指導教諭が密に連絡を取り合うことです。それゆえ，実習生の成長の様子や問題点，実習生を指導する最善の方法や大学での活動内容について議論するために，指導教諭と大学スタッフは大学でミーティングを行います。さらに，指導教諭の多くは，指導カンファレンスでの省察を促すのに必要なスキルを伸ばすためにIVLOS教育研究所が組織する研修に参加します。

この期間の最後に実習生たちは評価を下され，自立的な最終授業実践に参加するための適格性を判断されます。

3. 第二次オリエンテーション― 10週間

3人単位の授業実践期の次は，洞察を深めることと省察を目的とする2度目のオリエンテーション期間が続きます。3人単位の授業実践期間中に学校現場で経験したことを省察することが，この段階の中心的な内容です。今までどのような専門性発達の道筋を辿ってきたのか？ そのことが残りのプログラムにとって意味するものは何か？ といったことを省察します。この段階では，たとえば実習生は今までの自身の経験について文章を記すことによって，自身の学習プロセスにおける現在の問題についての洞察を得ようとします。指導者は，実習生が自身の洞察を深められるように特別な個人指導や個人的なコーチングを与えます。

実践経験を補完するために，実習生は大学の指導教授から指導を受けながら自分たちの関心に基づいた特定の問題について勉強します。実習生は，そうした問題の背後にある理論を勉強し，研究に関係のある活動やワークショップに参加します。このプログラムに標準的に含まれる内容のひとつに，あるひとつの主専攻に関連性のある実践志向の研究プロジェクトをデザインし実行する，という活動があります。このプロジェクトの最後には，同期の実習生や指導者

に向けた報告書の執筆とプレゼンテーションによる発表を行います。たとえば，オランダの教育と他国の教育とを比較するプロジェクトのために海外へ行く実習生もいます。

　この期間に特に注目されるもうひとつのテーマとして，授業のプロセスや，国内外のレベルでの教育政策や規制，そして教育の展開に関係する学校組織の問題が挙げられます。ここでもまた，実習を行った学校現場での経験をベースにして，専門職性の「拡張した」形式（Hoyle, 1980）を発達させるために重要な事柄について議論します。実習生は，授業についての関心に限定することなく，より広い見地から専門家としての教職を捉えるように促されるのです。ここ数年の間では，教育実習生たちは小グループで，学校組織や教育政策に関する特定の問題について勉強し，同期の学生に向けてその成果を発表しています。

4．自立的な最終授業実践―14週間

　IFTPは3ヵ月間続く授業実践期間であり，3人単位の授業実践期間とは別の学校で，1年間にわたって行われるプログラムの最終部分に位置づくものです。実習生は，正規の教師として働き，通常の制約とプレッシャーの下，いくつものクラスで特定の教科のすべての授業を担当します。一週間の授業の40％にあたる週当たり10〜12時間の授業が割り振られます。最終的な責任は指導教諭が負います。授業の準備をし，授業を行うことに加えて，実習生は各部局の活動やその他の学校活動にも参加します。この期間において実習生は教育活動の専門家としての完全なる「始めるための力」を徐々に身につけていかなければなりませんが，この期間の実践の最初から自分たちが教えるクラスに対する責任はすべて負えるようになっていなくてはならないのです。

　IFTPにおいて実習生は「遠くからの指導」（時には「長い手」の指導とも呼ばれる）という方法で指導されます。指導教諭や大学の指導者は実習生の授業に立ち会わないのです。指導教諭は，仕事の質について指導する責任を負います（改善のためのセッションで具体化される，いわゆる仕事についての指導）。一方，

大学の指導者は，実習生の専門性発達のプロセスを経過観察します（いわゆる学びのための指導；Koetsier, Wubbels, & Van Driel. 1992参照）。大学での指導カンファレンスは，通常，小グループで行われ，実習生の授業スタイルや授業についての個人的な考え方を発達させることに焦点が当てられます。また省察的な専門家としての姿勢の発達にも注目します。さらに，実習生は週に一度，同期の実習生と集い，午後の終わりや夕方頃から，自身の経験や抱えている問題，考え，やり方などについて意見を交換します。

5．プログラムの最終段階―3週間

最終段階の期間は，プログラムの成果について報告書を書き上げて議論したり，その成果についての最終的な評価を行ったりすることにあてられます。最終的には，実習生によって書かれた最終報告書（現在のポートフォリオの形式），評価，最終ディスカッション，指導教諭とIFTPと大学の教師教育者による実習生の能力の評価が提出されます。

2.3 教えることについての学びのプロセスにおいて用いられる教育学

2.2節に記したプログラムの説明によって，IVLOSの教師教育者が用いる教育学とはどういうものか，少し理解することができたでしょう。1年間のプログラムの中では，実践と理論，そして教員養成機関でのより実践的な経験や活動は，ひとしく重視され，交互に組み込まれています。さまざまな経験とそれらの経験を省察することを頻繁に「往還」することで，「小文字の理論」（第1章参照）や「実践知（フロネーシス）」を発達させることがめざされています。これは，実践を認識し具体的な場面で行為するためのガイドラインとして役に立つような，単純であると同時に，実践的な原理です。大文字の理論は，およそ3ヵ月後に始まる再オリエンテーション期間ではより重要になるけれども，プログラムの最初の数週間は控えめな役割を果たします。

第2章
実践からの学び

　学校での実践的な経験は，まだ省察の基礎としては有効ではありませんが（導入週），それによって今ここでの経験は作り出されます。実習生は互いに授業をしたり，グループ・ミーティングを指導したり，簡単な課題を受けたりします（たとえば，「5分以内にグループに向けた課題を考え，発表しなさい」）。さらに，グループ・セミナーでの学びのプロセスは，個人的な視点と集団的な視点の両方から省察されます。それは，教えることについての実習生自身の学びが，学ぶことについての学びにも生かされるようにするためです（Loughran, 1997, p. 5 参照）。

　プログラムについての説明からわかるのは，実践的な経験が，教師教育者が事前に選んだ理論を紹介するための手段として用いられていないということではなく，このプログラムが実習生が経験する問題と実践の経験を通して彼らが発達させる関心に基づいて作られていることです。この意味においてプログラムは関心を基盤としているといえます。しかし，リアリスティック・アプローチは，いわゆる関心を基盤とする教師教育のアプローチとは同じものではないということに注意しなければなりません（Fuller, 1969）。関心を基盤とするアプローチにおいては，カリキュラムは実習生の関心の一般的な発達段階に関する研究を基礎に事前に構築されます。一方，リアリスティック・アプローチは，そのような関心の一般的な傾向というものを踏まえてはいるものの，より具体的なレベルのこと，すなわち学校での昨日の経験を基礎として，今日彼らが大学に持ち込む特定の関心，疑問，問題に焦点を当てています。このことは，一層柔軟であることや，プログラムを事前に作成する範囲をより限定することを意味しています。また，リアリスティック・アプローチを長く実践していると，プログラムのスタッフは，実習生がどのような実践経験を積むとどのような問題と関心が生じるのかについて，むしろ正確に予測できるようになります。それと同時に，そうした問題や関心にはどのような理論を効果的に結びつけることができるかということも予測できるようになります。クラスを主導することや，自分自身の中で納得すること，といった，最初の授業実践期間において直面する基本的な関心を，必ず惹き起こすような活動を選んで実習生た

ちに経験させるのです（たとえば，導入期間の5分間課題など）。

　実習生たちは，まさに初日から，自分たちの興味と関心を基に自分たちの経験を省察することも求められます。最初に，省察を促すとても簡単な質問が投げかけられます。たとえば，「演習課題に取り組むに当たって，最も重要だと思う原理は何ですか」とか，「私たちが一緒にまとめてきた教師に重要なスキルのリストの中で，あなたがすでに得意としているもの，そしてあなたが今後伸ばしたいと思っているものを書いて下さい」などです。

　グループ内のやりとりや協同的な省察は，小文字の理論を発達させるプロセスにおいてとても重要だと考えています。やりとりを通して，個々人の省察が促されますし，個々人のさまざまな省察がグループの中で交わされると，全体は個々を足したもの以上に豊かなものとなります。グループのメンバーたちは共に，彼ら自身の「実践の言語」を発達させます。ここに一例があります。あるグループでは5分間の課題を通して，教師は楽しい雰囲気と同時に「場をコントロール」しなければならないという原理を築いたとします。これはグループの言葉であり，書物から引き出された「大文字の理論」ではないので，実習生の省察をもう一段階深く押し進めることが可能となります。この言葉は具体的な行動に対してどのような意味を持ちますか？　教師教育者は常に具体的なスキルの名称で諸原理をより明確化することに必死になっています。実習生はそれぞれ，楽しい雰囲気をつくり，場をコントロールしたいと願うなら何をしなければならないのかを，知らなければならないし，さらに，そうすることができなければならない，と考えているからです。そうすることができるようになるためには，大学での技能研修を受けなければならないかもしれません。

　たとえば，「場をコントロール」するということの意味についてグループで議論を深めることで，「指示する際には視線を合わせる」というような具体的なスキルを焙り出すことができるでしょう。こうして初めて，知識は実践のためになるものとなります。続いて実習生はこうしたスキルを，初めはグループや小グループで練習（実践）します。そして，復習として実際の授業場面で実践してみることが重要です。実習生は実習先の学校に戻る前に，スキルのこう

した身につけ方を，具体的にどのような行為をとるべきかということまで詳細に，習得します。これは，後々，彼ら自身が自分たちの行為が生んだ結果を批判的に評価しなくてはならなくなった際に，省察するための土台となってくれます。

2.4 先入観

　リアリスティックな教師教育におけるこうした教育学的なアプローチの背景にはひとつの重要な前提があります。すなわち，実習生がすでにもっている教育についての先入観は実践場面に対する彼らの考え方を規定しているので，それを基礎にして築き上げる必要があるということです (Wubbels, 1992b)。私たちは，教えることについての学びを構成主義的な視点から考えています (たとえば, Duffy & Jonassen, 1992; Magoon, 1977; Resnick, 1983)。つまり，人間を，自分たちにすでにある枠組みを用いながら，自らの経験から理解したことを積極的に構築する主体としてとらえるのです (Posner, Strike, P. W. Hewson, & Gertzog, 1982)。人々は自分たちが構築した概念を常に基盤にして成長し続けるのです (Groeben 1981; Groeben & Scheele, 1977)。したがって，実習生は，学校教育における生徒としての長年の経験に深く根差した知識，態度，信念をもって教師教育に参加してくるのです (Lortie, 1975 が「観察の徒弟制」と呼ぶもの)。ファイマン＝ネムザー (Feiman-Nemser, 1983, p. 152) は次のようにいいます。

> 人類は，間違いを正し合い，自分たちが知っていることを互いに伝え，何が道徳的かを指摘し，答えを与え合う，という習慣があるからこそ生き残っている。こうした傾向は，何百年もの時を経て獲得したものであり，家庭や教室の中で生きている。それゆえ，子どもたちは親や教師に言われたことから学ぶだけではなく，教師足るようにも学んでいるのだ。

　また，映画やテレビ番組に映される，教えることに対するステレオタイプが，実習生の学びと授業についての先入観を形作っている部分があります

(Lasley, 1980)。こうした先入観は私たちが教師教育プログラムで教える大文字の理論と相容れないことがよくあります (Corporaal, 1988; Wubbeles, 1992b)。先入観を変えようとする伝統的な試みは，驚くほど効果がありません (Wahl, Weinert, & Huber, 1984)。たとえば，ストフレットとストッダート (Stofflett & Stoddart, 1994) は，教科内容を教えることに関する教師の先入観が，その教師たち自身が学んできた方法の影響を強く受けていることを指摘しています。彼らによれば，積極的な方法で学ぶことを経験してきた実習生は生徒にも積極的な知識構築を促す授業を計画する傾向にあるといいます。ハウブレヒツェとコルトハーヘンとヴベルズ (Huibregtse, Korthagen & Wubbels, 1994) は，経験豊かな教師であっても，彼ら自身が好む教え方と自身がなじんできた学び方との間に強い関連性があることを示しています。生徒の学びのスタイルについての彼らの見方はあくまで限定的であり，生徒の学びに対して自分自身の学び方を押しつけている部分があるのです。

実習生が教員養成機関を離れると，早々に「進歩的な態度が洗い流される」(Zeichner & Tabachnick, 1981) 現象の一因は，実習生が教師教育プログラムに入ってくる際に保持していた考え方について教師教育者があまりにも無頓着であることにあるのです。

2.5 情報処理のあまり合理的ではない方法とゲシュタルトの役割

私たちの考えでは，教師の専門性の発達における先入観の役割についての文献のほとんどは，偏っています。このことが，実習生の先入観に対する教師教育プログラムの影響が小さいことの理由のひとつかもしれません (Korthagen, 1993c; Wubbels, 1992b)。そこで，私たちはこの偏りについて論じていきます。

教師教育の先行研究は，実習生の行為を方向づける先入観の役割についての記述の中で，人間の情報処理方法のうちのひとつにのみ焦点を当ててきました (たとえば，Hollingsworth, 1989; Weinstein, 1989)。主に教師教育者によって注目

されてきたこの情報処理方法は，合理的，あるいは論理的であるといえます。たとえば，実習生は自分たちが行った授業の目的や，その目的や効果のために行った工夫について分析するよう求められます。そうしたアプローチが実習生の先入観に及ぼす影響は比較的小さいのです。なぜなら，実習生が自分たちの授業実践のなかで直面する状況は，たくさんの感情（たとえば恐怖感）や心配，価値葛藤といったものを引き起こすからです。ただし，それらの感情などは，明らかに合理的，論理的，認知的，意識的ではありませんし，分析の俎上にのせにくいものです。

> ある実習生は，深刻な躾の問題によってあるクラスを担当することを恐れるようになってしまいました。もし教師教育者が，実習生が目的，授業活動，効果の面から授業を分析するように手助けしようとするのならば，それは，躾の問題の原因を明確にする可能性さえも持つ「論理的な」アプローチのようにみえるでしょう。しかし，そのような用語で問題を枠付けることが実習生の関心に適合するのかどうかは疑問が残ります。もし試みられた合理的な分析と実習生の感情や関心との間の距離があまりにも大きければ，学びが起きることはないでしょう。さらに，たとえ実習生との会話を通して，教室での一連の具体的な行為について論理的な結論に達しえたとしても，そのことが実習生の授業中の行為に変化をもたらすかどうかはなおも疑問のままです。

人間は論理的・合理的な分析だけを基盤にして行為しているわけではありません。恐れの感情が大きな影響を及ぼすこともあるのです。授業の前に作られたどんな合理的な考えであっても，このような感情によって「洗い流されてしまう」こともあります。実習生自身の個人的な歴史の中で培われてきたなんとか乗り切るための行動や，教室での厳しい問題に直面する他の教師たちのイメージの影響を受け，実習生が古臭いパターンの行動をとるように戻ってしまうことがあります。コステルとコルトハーヘンとスフレイネマーケルス（Koster, Korthagen & Schrijnemakers, 1995）は実習生の授業方法に及ぼす，実習生たちを教えたかつての先生たちの影響に関する研究を行いました。この研究によれば，特定の先生たちは肯定的または否定的なロール・モデルとして機能してい

2.5 情報処理のあまり合理的ではない方法とゲシュタルトの役割

るといいます。たとえば，イタという名の実習生は次のように話しています。

> 私が中等学校の1年生の時，私たちはクラスをとてもうまくまとめる優しい教師に教わっていました。私はいつもその先生のことを思い出します。私は，生徒が私にいたずらをしないように注意深くしていなければなりません。そんな時，私は先生のことを考え続けるのです。その先生はハペー先生といいました。(p. 161)

イタは，自分がかつて習った先生のどこを真似したいと思っているのか自覚しているけれども，ここでは，イタはその先生に関する視覚的イメージだけではなく，それと結び付くような感情，価値観，行動の側面をも含んだゲシュタルトをもっているといった方が適切だと思います。

コステルら (1995, p. 162) は，ジェイソンという別の実習生の言葉も引用しています。教師教育プログラムの最初にかつての英語の先生について語っている，次の文章です。

> 私たちはその先生を象先生と呼んでいました。膨大な象のコレクションを持っていたからです。私が所属していたラグビーチーム名も「エレファンツ（象たち）」と名付けました。これは，いかに私たちが先生のことを好きだったかを表しています。先生もこのラグビーチームに所属していました。私たちは先生を尊敬していました。先生は私たちにいつも感銘を与えてくれて，私は先生の影響で文学を読むようになりました。先生は，私が読むのを手伝ってくれたり，読み方を教えてくれたりしました。教師は，誰かのお手本にならないといけません。私もそのような教師になりたいと思います。先生は，時事的な話を盛り込み，いろいろな体験談を話しながら，魅力的な授業をしてくれました。私もそうしたいと考えています。先生は素晴らしく，立派で，人格者でした。授業以外でも先生に会うことがありました。一度，先生の家を訪れました。私は先生のリビング・ルームが型にはまらない，とても個性的なものだったのを今でもはっきりと覚えています。私もまた自分のリビング・ルームを平凡にしないように心がけています。

その英語の先生の特性の中で，何が私にとって魅力的だったのか，そして，何を私自身も身につけたいと思うのかを考え，いくつもの特性にたどり着きました。一種の近しい感じ。先生の教え方はとても居心地がよいのです。ユーモアや，大きな笑顔があり，とても生き生きとしていました。当時の私の口調で表現するなら，今ま

第2章
実践からの学び

で受けた授業の中で最高にイカしていました。

　イタの物語は素敵な「ハッピーエンド」で締めくくられます。イタの授業実践期間の終わり，

実習先の学校での最終日に，ある生徒が私を呼び止めて，彼の友達に向かって「この人がジェイソン先生で，僕の人生において一番イカした授業をしてくれたんだ」と言ってくれたんです。とても嬉しかったです。

　クロウ（Crow, 1987, p. 10）も似たような例を記しています。中等学校で実習するコリーンはかつて習った英語の先生について，

先生は文学と文法についてとても多くの知識をもっていました。先生の影響で，私はもっと知りたい，読んで読んで理解したいと思うようになりました。先生は私たちの前では常に英語の教師でしたし，私たちは皆そこが好きでした。先生は私に大きな影響を与えています。私は絶対に，先生がしてくれたように，多様な教材を使おうと思っています。

　D. D. ロス（D. D. Ross, 1987）はかつての先生たちが否定的なロール・モデルとなってしまうこともあることを指摘しています。コステルら（1995）もまた，否定的なロール・モデルの例を挙げています。生物の実習生であるジニーンは，以下のように述べています。

私は，生徒との間に心地よい雰囲気を保ち続けたいと考えてます。私が生徒の頃に何度となく目撃したようないざこざは御免です。たとえば，我慢が出来ずに教室の外に出て行った英語教師がいました。次の授業に，その教師は私たちに配るためのキャンディを持ってきました。私たちは笑い転げましたが，今思えば，とても哀れな人だったと思います。

　このような経験によって，彼女は生徒との関係性を築くことが重要なことであると感じ，子どもたちに対してどうありたいかというイメージを膨らませて

2.5 情報処理のあまり合理的ではない方法とゲシュタルトの役割

いきました。

　以上が，教育実習生が自覚できる形で彼らに影響を与えているロール・モデルの例です。D. D. ロス（1987）は，実習生が教師としての自身の役割を定めていく際にかつての先生たちの特性が影響を及ぼしているのは，実習生がどんな教師になりたいのかについて意識的に決める熟慮のプロセスを通してである，と指摘しています。しかし，ザイクナーとタバクニックとデンスモア（Zeichner, Tabachnick & Densmore, 1987）は，かつての先生たちの影響はあまり意識的ではないレベルにおいても及ぼされることを強調しています。マッケヴォイ（McEvoy, 1986）も同じことを示しています。マッケヴォイは「彼女はまだ私といる」という好奇心をかきたてるタイトルの論文の中でロール・モデルについて論じています。彼女は9人の教師にインタビューを行い，そのうちの7人は印象的だったかつての先生たちの際立った特徴を容易に記述することができたのです。大抵，彼らはモデル化するプロセスに意識的には気づいていないのだけれども，自分たちの授業にも明らかに盛り込まれている特徴を挙げていることに，彼ら自身が驚かされています。同様にブリッツマン（Britzman, 1986）は，無意識のうちに自分たちの授業中の行動にロール・モデルが影響してしまうことを避けるために，実習生自身がそうしたロール・モデルに埋め込まれた価値観を分析することが重要であることを指摘しています。

　つまり，感情，ロール・モデル，価値観などはすべて，無意識的に，あるいは部分的に意識的な仕方で，今ここの教室での場面における行動を形作っている可能性があるということです。私たちは，あまり合理的でも認知的でもない情報処理の方法が担う役割を評価したいと考えているので，しばしば無意識的に人間の行動を導いている内的な存在を指し示す言葉としてゲシュタルトという言葉を用いることにします。私たちは，ゲシュタルトという言葉で，個人がもつニーズ，関心，価値観，意味づけ，好み，感情，行動の傾向を集合体として，ひとつの分離することの出来ない全体に統一する事柄を表します。これまで見てきたように，たとえば幼児期や学校での重要な他者との出会いといった過去の経験の結果としてゲシュタルトは形成されます。

第 2 章
実践からの学び

　私たちは，教師教育プログラムのインパクトが時に小さく限られてしまうことの理由のひとつは，ゲシュタルトやあまり合理的ではない情報処理方法の役割がしばしば無視されてきたことにあると考えています。第 7 章で，リアリスティック教師教育に関する私たちの枠組みをさらに発展させた上で，この問題についてより深く議論していきます。

2.6　学びの出発点としての経験

　実践についての実習生の考え方や行動に影響を与えるゲシュタルトがどういうものであるかは，教師教育プログラムの中で十分な実践の経験が積まれた時にのみ明確になりえます。それゆえ，長期にわたって実習生が授業を担当することや早期から現場に入ることが，教師教育の理論的な要素と実践的な要素との間の難しい関係性を解消する方法として提案できるでしょう（たとえば，Sandlin, Young & Karge, 1992）。私たちは，実践を経験することから始めることは，教師教育において，理論的な概念を教師の行為の中に還元し，人間が行う 2 つの情報処理方法を考慮に入れることを促してくれる実行可能な方法だと考えています。しかし，そのような教師教育のアプローチは成功を保証するものではありません。長期的な実習生による授業期間は，専門性の発達の機会となるよりも社会化の要因となりえます。たとえばワイディーンら（Wideen et al., 1993）は，教師教育プログラムの効果についての研究レビューから，実習生として授業をする経験は，あまりに破壊的であるために，そこではほとんど学びが起こらないと結論づけています。本章の残りの節や 3 章以降で，実践の経験を学びの経験とするために必要な注意深い計画作りや，その構造化，指導に関する提案を試みます。その前に，実習生に求められる学びのプロセスについて掘り下げて議論していくことにします。

　実習生として授業をすることを通しての学びは，経験による学び（Jamieson, 1994）ととらえることができます。私たちは経験による学びを，自分自身の観察と，状況への参加の方法，および指導の下でこれらについて体系的に思考す

ることによって，自分自身と周囲の環境についての知識，姿勢，スキルを獲得すること，と定義します（Erkamp, 1981 参照）。たとえば経験による学びは，コルブとフライ（Kolb & Fry, 1975）によって開発された具体的な経験，省察的観察，抽象的概念化，そして積極的な実験という循環のモデルによって説明されます。しかし，このモデルは学びの重要な側面である省察的でない学びについては，十分に説明していません（Bandura, 1978; Dejong, Korthagen, & Wubbels, 1998）。このモデルは，経験による学びは自然で，ほとんど指導された学びの余地のないほどに自律したプロセスであることを説明しており，もう一方では具体的で個別的な概念やイメージ，感情，ニーズを排除した抽象的な概念の役割を過度に強調しています。さらに言えば，「教えることに熟達する軌跡において，認知的，感情的，社会的，そして個人的な発達のそれぞれの間にある発展的な結び付きの必要性を説明することに失敗して」（Day, 1999, p. 69）います。教師教育のプログラムを発展させるためには，経験から学ぶときのプロセスを表す他の説明が必要となります。

2.7　省　察

　経験による学びの理想的なプロセスとは，行為と省察が代わる代わる行われるものであると言えます。コルトハーヘン（1985）は，このプロセスを5つの局面に分けました。それらは，行為，行為の振り返り，本質的な諸相への気づき，行為の選択肢の拡大，そして試行です。試行は，その行為自体が新しい行為であるので，新しい循環の出発点ともなります（図2.2参照）。この5局面モデルは，本書を通じてALACTモデル（5局面それぞれの頭文字を取って名付けました）と呼ぶことにします。

　ここで，教師教育者による指導の下で，ALACTモデルの諸局面を経験している実習生，ジュディスを例に取り上げてみましょう。

　ジュディスはジムという名の1人の生徒に苛立っています。ジムはいつもあらゆる

第2章
実践からの学び

勉強から逃れようとしていると彼女は感じています。今日もまたジムの行為が目に留まりました。前回の授業で，子どもたちは3時間分の授業の課題を与えられました。この課題は2人1組のペアになって取り組み，最後に手書きのレポートを提出するというものでした。今日，その課題を行う2時間目に当たる授業の中で，クラスの誰もが課題の取り組み，特に2時間目ということで，子どもたちは教師にわからないことを質問する機会として授業時間を活用するだろうとジュディスは考えていました。しかし，ジムは課題とは全く別のことばかりしているのです。授業中，彼女はジムに対して「ああ，またあなたはやらなければいけないことをしていない。……あなたたち2人はまた残念な結果に終わるでしょうね」と言ったのです。（第1局面，行為）

指導の中で，ジュディスは彼女自身の苛立ちと，その苛立ちがいかに彼女の行為に影響を与えたのかについてより自覚的になります。指導者が彼女に，彼女の言葉がジムに与えた影響としてどういうものが考えられるかと尋ねると，彼女は，彼女自

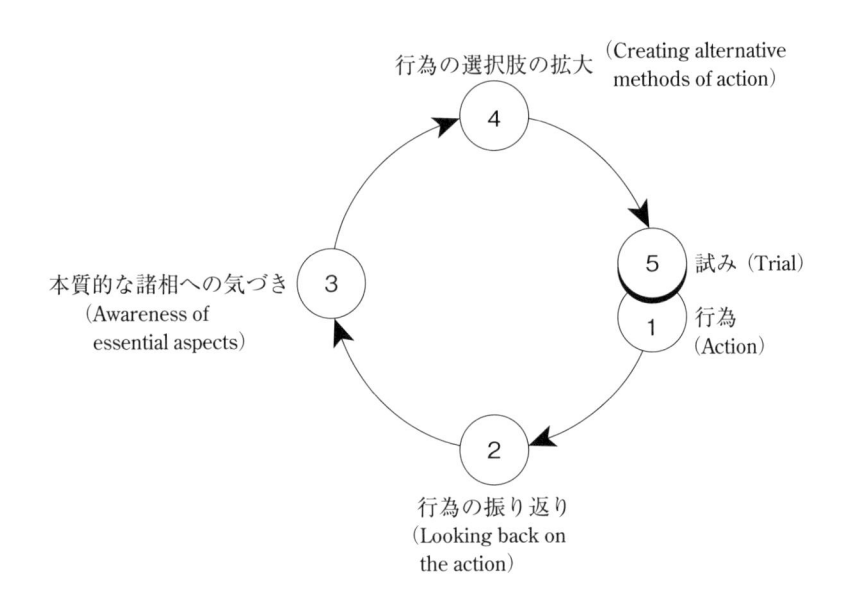

図2.2　省察の理想的なプロセスを説明する ALACT モデル

第3局面において，より理論的な要素の必要性が浮かび上がり，そうした要素は指導者によってもたらされます。しかし，それらの要素は必ず，教師の特定のニーズや関心，および省察の状況に合わせて仕立てられます。

身の苛立ちが翻ってジムの苛立ちの原因になっていたかもしれないこと，そして，それがおそらく課題に取り組む意志をジムからより一層削いでしまっていたことに気づきました。(第2局面，振り返り)

この分析を通じて，彼女は彼女とジムの間にあった悪循環を自覚するようになり，それでは何も解決しないことを理解し始めます（第3局面，本質的な諸相への気づき）。しかし，彼女は悪循環から脱する方法を見つけ出せていません。彼女の指導者はジュディスの悩みに理解を示します。彼女もまた，「今までと同じ」パターンの教師と生徒の間の悪循環のプロセスについての理論的な諸概念や（大文字の理論としてWatzlawick, Weakland, & Fisch, 1974），こうしたパターンを変えて悪循環を食い止めようとする意識的に肯定的な反応を見せ，共感的な態度を示したりするためのガイドラインを取り入れます。ここから，行為の選択肢を拡大するという第4局面が始まります。ジュディスは，これらのガイドラインと，ジムに対してより厳しくして抑えつけようとする衝動とを比較して検討するのです。最後に，彼女は，ジムの考えを聞くことから始める，より肯定的で共感的なアプローチを取り入れることを試みるのです（第5局面）。このことは，指導セッションの中で初めて行われました。指導者はジュディスにそうした反応の仕方を練習するように伝え，「感情的な言葉」を使う，簡単なトレーニングを組み込みました。ジムと対面する実際の場面での試行を終えた後に，新しいアプローチの成果について省察するならば，第5局面はALACTモデルの次の新しい循環の第1局面となり，螺旋形に専門性を発達させることになるのです。

2.8　経験の省察を促す

リアリスティックな教師教育において，省察はALACTモデルの基礎としてとらえられています。実習生が積極的に参加している具体的な授業場面についての考え方，思考や感情，また，彼らのニーズや関心に基づく帰納的アプローチがその後に位置づきます。リアリスティックな教師教育は，文献に書かれた学ぶことや教えることについての客観的な理論よりも，むしろ実習生の経験やゲシュタルトを出発点とします。実習生は，かなり早い時刻から学校に行き，観察したり，授業経験を積んだり，その他の課題に取り組みます。このようにして，実習生がこれまでの人生経験の中で発達させてきたゲシュタルトを分析する，省察のプロセスに生かすことができるような経験が準備されるのです。

第2章
実践からの学び

 そして次に，たとえばちょっとした授業経験から引き起こされる心象，感情，ニーズ，行動の傾向といったものに気づけるようになり，教師の立場に立つことで引き起こされた数々のゲシュタルトが，子どもの頃の学校での経験に結び付けられます。このようなプロセスを経ることで，教えるという仕事をどのようにして全うするかという内的葛藤や不安が実習生の中で表面化していきます。こうした不安は，教えることを学ぶ上で実習生の外にある理論よりも生産的な出発点となるのです。

 だからといって，教師教育のリアリスティック・アプローチにおいて理論が重要な役割を果たしていないわけではありません。特に，実習生が自分たちが省察する場面の本質に気づき始めるALACTモデルの第3局面で，教師教育者は理論的要素を盛り込みます。しかし，ここで提示される理論的要素も実習生の特定のニーズや具体的な状況に常に適合するものでなければなりません。前に記したように，このことは理論の性質を変えることになります。学術書に見られるような理論の形式であることは，ほとんどなくなるのです。

 実習生の学びを省察による学びとしてとらえることは，この考え方を教師教育の他の要素（たとえば，大学でのグループ・セミナー）にも応用することによって，一層深められます。大学での授業にリアリスティック・アプローチを持ちこみ，経験させることで，実習生たち全体にとっての学びの基礎を養うことができます。ひとつの例として，実習生に他の実習生たちに向けて10分間授業を行わせるという方法があります（その他の例や，教師教育者がより大きなグループを任された時に個々の実習生の特定のニーズや関心に対していかに理論を調和させることができるのかといった問いについては，第6章を参照）。

 経験からの学びのために重要な前提条件として，実習生が安心感を得ていることが挙げられます。学ぶことや専門性を発達させることは，個人的かつ専門的な成長のプロセスとしてとらえられます。よく知られているように，もし安心できるというニーズが満たされなければ，人間はそうした成長に対して抵抗します（Fullan, 1991; Maslow, 1968）。たとえば，実習生は教員養成期間をなんとか乗り切ることに心を奪われており（Fuller & Bown, 1975），そのことが他の

トピックについての学びの妨げになるかもしれません。教師教育者の共感は，安心できる環境を作り出すことができるかもしれません。私たちの経験では，積極的な学びの姿勢を引き出すためにとても有効なのは，実習生の振る舞いの良かった点に対して，絶えずほめたたえるという方法です。実習生の長所を強調することによって，彼らは自分たちの弱点に向き合おうとするようになりますし，弱点を克服するために必要な行動を起こすような冒険にエネルギーを費やすようになります。ほめたたえられることで，実習生は自身が働くのにポジティブな根拠があると感じられるようになるのです。

　学びのプロセスの主導権は実習生の手の中になければなりません。適切な学びの場面を選択するのは，実習生たちでなければなりません。こうして学生たちは安定と挑戦のバランスを保ちながら，卒業後の専門性の発達を進められるようになるのです。このことは教師教育者のもうひとつの基礎的なスキルを明らかにしています。すなわち，足場かけの能力です。足場かけとは，実習生に必要な分だけの支援と挑戦を与えると同時に，実習生が学ぶ機会を自分たちで選択する際に安定と挑戦のバランスを自ら見極めるスキルを発達させることを意味しています。

2.9　教師教育で省察を促す理由

　これまで説明してきたように，省察という手段によって経験からの学びを起こすことを目的とする教師教育のアプローチの意義は，第一に伝統的なアプローチが失敗してきたことを示す研究成果から，第二には実習生の学びのプロセスにおける決定的な要因についての分析から裏づけられます。しかし，さらにここで強調しておくべき重要な理由が2つあります。

　ひとつめに，実習生が今後のキャリアにおいて直面するすべての種類の状況に適応できるように彼らを養成することは不可能であるということです (Harrington, Quin-Leering, & Hodson, 1996)。社会的な変化や，技術的，科学的な発展等によって目まぐるしく変動する時代にあっては，特にそうです。ロジャ

第 2 章
実践からの学び

ーズ（Rogers, 1969, p. 104）は，この問題について次のように明瞭に述べています。

> 教えることや知識を与えることは変動のない環境においては意味をなす。だからこそ，何世紀にもわたって教えるということの機能が問われることがなかったのだ。しかし，現代人についていえる真実がひとつあるとすれば，それは絶えず変化し続ける環境の中に生きているということである。（中略）私の考えでは，人間はこれまでとは全く異なった状況に直面しているといえる。そして，もし人間が今後も生き残るとすれば，教育の目的は変化と学びを促進することになる。学び方を学び，適応し変化し続ける方法を学び，安定した知識などないことを知り，知識を求め続けることだけが安定性の基盤となりうることを知った人間だけが，教養のある人間であるとされる。現代の世界においては，変化，すなわち静的な知識よりもプロセスへの信頼が唯一の教育の目的となりうる。

つまり，変動する社会において実習生は自身の経験から学ぶ意志の強い姿勢を発達させなければなりません。ハーン（Haan, 1975, p. 257）は問題解決の姿勢について「あなたがしなければならないことを知っている必要はない。むしろ，毎回自分自身でしなければならないことを見つけなければならないという事実を受け入れることを学ばなければならない」といいます。もし教師がこの姿勢を身につけ，省察を通して自分たちの経験から学ぶスキルを獲得したなら，彼らはいわゆる成長し続ける力をもつことになります。成長し続ける力とは，教員養成プログラムが終わった後も成長し続けるための能力のことであり，教師が教育の変革において積極的な役割を果たせるように手助けをし，物事を刷新する能力を促進してくれます（Wubbels & Korthagen, 1990）。ノールズ（M. Knowles, 1975, p. 18）は自主学習について次のように述べています。

> 他者の助けを伴うかどうかに関係なく，自分たちの学習のニーズを突き止め，学習の目的を定め，学習のための人的，物質的材料を決め，適切な学習方略を選び実行し，学習成果を評価する中で，個々人が主導権を握る。

もちろん，実習生が実習を始めるための力を獲得すべきであるという要件も

また同等に重要です。授業の基礎的な技術能力を獲得することも，教師教育プログラムには不可欠です。しかし，私たちは省察のスキルと技術的能力とは相互排他的なものではないということを強く主張します（Tom, 1985; Van Mane, 1977）。技術的な能力は省察のための前提条件であり，教師が安心して省察に集中できるようにする基盤となるものと考えられます。このことは，省察は問題を解決するには非現実的で役に立たないという結論を退けます（Hoy & Woolfolk, 1989）。それゆえ教師教育プログラムの目的は，始めるための力と成長し続ける力の両方を伸ばすことにあるべきであるということが，この分野の専門家たちに理解されてきました（Hoy & Woolfolk, 1989）。これは，リアリスティックな教師教育の枠組みの基底にある基本的な前提です。もちろんこれらの力はそれぞれ，より小さく分類されたさまざまな力を包含しています。本書を通して用いられているこれらの用語は，エロウ（Eraut, 1994, p. 179）が展開した議論に沿っています。

> アメリカの文献の中で用いられる，生成的で包括的な意味が付され，人間の全体的な能力を指す言葉である「力（コンピテンス）」と，特定の能力を指す「コンピテンシー」との区別に留意する必要がある。

　実習生に省察を促す理由として私たちが強調したいのは，教育一般の目的と関わるものです。現代社会における目まぐるしいほどの変動について先ほど述べたことは，教師教育に限らずあらゆる種類の教育に関連しています。なぜなら，実習生たちが将来教えることになる子どもたちもまた，生涯にわたって学び続けることができるように教育される必要があるからです。小学校や，中等学校の生徒は，問題解決に取り組む姿勢を発達させ，自身の経験から学び，自分たちの成長を方向づける必要があるのです。彼らにとっても省察のスキルを発達させることは等しく重要なことです。リアリスティックな教師教育の目的と，子どもの自立的で継続的な学びの能力を促進することをめざす学校教育とが調和し得ることを，実習生にはっきりと示す必要があると，私たちは考えま

す。自分たちの経験を省察することを学ぶ時に直面する悩みを含め，そうしたプロセスを教育実習生が見つめることは役立つことかもしれません。それは生徒が学校で同様のプロセスを辿るのを助けるための重要な準備となります。教師教育者の支援のプロセスがいかに実習生の中でモデル化されるかを実習生が省察することで，教えることの学びについてのもうひとつの側面（入れ子の構造）が見えてくるかもしれません。

2.10　結び：経験に基づく学びと省察を基盤とする教師教育学に向けて

　本章では，理論と実践の溝を埋めることを目的とする教師教育のリアリスティック・アプローチの基礎にある基本的な原理について紹介してきました。このアプローチは，実習生の経験を学びの出発点とすることから，教師教育を組織する上で，重要な示唆を与えてくれます。第3，5，6章では，このアプローチがもたらすものを3つのレベルで検討します。3つのレベルとは，教師教育者が個々の実習生に指導するレベル，グループ・セミナーを組織し構成するレベル，そして全体としての教師教育プログラムのレベルです。

　こうした効果についての検討を行う前に本書の核となる概念である省察についてより理論的に分析しなくてはならないでしょう。

　省察の循環プロセスの中で経験から学ぶということは，多くの実習生にとって，教師教育に入る前に学校で出会ってきた学び方とは異なるものでしょう。それゆえ，そのような学びのプロセスに参加することには抵抗があるかもしれません。残念なことに，多くの教師教育者は，こうした抵抗を受けて省察を促そうという考えをすべて投げ捨ててしまいます。しかし，実習生が積極的，そして意識的に経験から学ぶようになるのを助けるためには，漸進の方略が有効だと私たちは信じています。そのような方略が用いられる教師教育学は，他の実習生よりも省察に向いている実習生がいることを考慮に入れなければなりません。これもまた，教師教育プログラムに持ち込む，それぞれの実習生の学び

に関する先入観の違いによるのです。コルトハーヘン（1988）は，前者の種類の実習生たちを内的志向と呼び，後者を外的志向（たとえば，外から指導されることを好むこと）と呼びます。これらの違いについて興味深い研究があるので，この問題は第4章の中で改めて検討します。

注

1) 本節の記述において私たちは，コル・クーツィール（Cor Koetsier）によるIVLOSプログラムについての文書に負っており，感謝しています。
2) 事実私たちは，プログラムのひとつを記述しています。なぜなら，今や本質において異なる現職プログラムつまりバイリンガル用に特化したものや国際的なプログラムもあるからです。
3) 私は，このアプローチを開発した同僚であるルイス・ハレスロート（Louis Galesloot）についても言及しておきます。彼は，オランダの中等教育において，生徒が自身の学びに責任をもつよう支援される高校を展開させました。
4) たとえば，いかに省察するのかということを学ぶプロセスは，準備プログラムの初期のグループ・セミナーにおける学びのプロセスを基盤として開始されます（詳細は第11章を参照）。
5) 私たちは〈指導（スーパーヴィジョン）〉と〈メンタリング〉とを同義語として使用しています。私たちにとってそれらの言葉は，指導教諭，臨床スタッフ，メンター，大学教授らが，実習生や初任期の教師に自らの経験から学ぶことを手助けする諸活動に言及する言葉なのです。
6) 教師教育において事例を使用することは，授業についての実践的な問題に適用させるために，さまざまな学問の洞察を統合する方法として支持されてきました（Shulman, 1992）。この事例研究という方法は，帰納的なアプローチの一例でもあります。実践的な問題についての実習生の思考は，理論を導入するための出発点を準備することになるでしょう。一方で，実習生が学際的な知識を事例によって提示された実践的な問題に適用させようとする際には，こうした事例研究は演繹的アプローチとしても使用されうるのです。
7) ユトレヒト大学では，クレトンとヴベルズ（1984）の仕事を基盤としながら，適切な対人行動を発達させることに多くの注意を払っています。ヴベルズとレヴィ（1993）の英語によるさらなる記述も参考にして下さい。

第3章

リアリスティックな教師教育プログラムを作成する

Fred Korthagen

> プログラムを学びに即して作り出す（その逆ではない）
> ——ドナルドソンとマーニック（Donaldson & Marnik, 1995）
>
> 本章では，教育における変化の問題についてより詳しく検討し，学びについての3つの基本原理とそれに対応する教育学的原理を組み立て，リアリスティックな教師教育プログラムを形作るための基盤を探求します[1]。これらの原理の意味は，個人指導やグループ・セミナーの文脈に沿って検討されます。また，プログラム構成の効果についても議論します。最後に，学校での生徒たちの学び，教師教育プログラムにおける実習生の学び，および教師教育者の学びに一貫する共通点についても検討します。

3.1　はじめに

　第2章で述べたように，教師教育におけるよく知られた問題は，多くの実習生が教員養成プログラムに参加する時点で，授業や学習について，生徒だった頃の経験に根ざした先入観をもっていることです。たとえば，多くの実習生は教師を「情報の伝達者」とみなしていますが，教育に関する諸研究は，学習者を自身の学習プロセスに積極的に取り組ませることが重要であることを強調しています。すなわち教師は情報の伝達者であるよりも学びの促進者であるべき

なのです。

　長期間にわたり教師教育者は，実習生を授業や学習に関する実証的に裏付けられた理論に直面させ，その先入観を変化させようと試みてきました。教師教育者は，実習生の先入観を変えるために洗練された授業方法をいくつも編み出してきました。理論の実践例を挙げたり，理論的な原理を実践に翻訳することを促す課題を出したり，フィードバックしたりしてきたのです。しかし，第1章でみたように，そうしたアプローチが実際の授業中の行動に及ぼす効果は小さいものです。1.4節ではすでに教育的変革の問題を検討しました。3.2節では，この問題の心理学的な観点からの分析を開始します。この分析の準備作業として，3.3節で専門家としての学びの基本3原理を示し，3.4節で，これらを教師教育学の基本3原理としてとらえ直します。3.5節では，具体的なカリキュラムの中にこの3原理を応用する方法の例を記します。3.6節では，教師教育の中でプログラムがもたらす重要な5つの結論について論じます。3.7節は質の管理と評価の問題を扱います。3.8節では，実習生と教師教育者のそれぞれの学びのレベルを一致させる可能性について検討していきます。最後に，3.9節ではリアリスティックな教師教育学を確立するために本書でなすべき次の作業について検討します。

3.2　変革のパラドックス

　教師教育の中で現在行われている実践をつぶさに検討すると，多くの教師教育者の仕事の基礎には次の前提があることがわかります。すなわち，教師教育者は実習生たちよりもどうすればうまく教えられるのかわかっているものであり，そしてそれゆえに教師教育者は実習生に考え方を変えさせなければならないという前提です。ただ，精神療法の分野で古くから知られているように，人が変わらないようにする最善の方法は，その人を変えようと試みることです。カントール（1972, p. 270）は以下のようにこのことを表現しています。

> 有機体は，根本的に変化に抵抗する。一度ある秩序を獲得すると，それを変えようとしなくなる傾向にある。有機体は均衡を保とうと努める。私たちは新しい経験を過去の習慣や経験と同化させようとする。私たちは現在の完全性を邪魔するものに対抗して戦う。

　教師教育者は，ほとんど不可能な課題に向き合っているようです。実習生が既存の先入観を変えることに強い抵抗を示すだけでなく，そうした先入観は教師教育の理論や経験を理解する際の色眼鏡となってしまいます（Hollingsworth, 1989）。多くの実習生はうまく授業をしなければならないというプレッシャーから，変革への抵抗をさらに強く持つようになります。彼らは「なんとかやり遂げることができるかどうかという不安」(Fuller & Bown, 1975) をもっています。もし個人的な変革のプロセスが引き起こされるならば，安心できる雰囲気が不可欠です (Maslow, 1968, p. 49)。ストレスの多い状況では人々は均衡状態を保つことに懸命になります。たとえば，もし実習生が情報の伝達者としての役目を果たせなかったら，彼らは大抵，授業に関する先入観を変えるのではなく，「よりよい伝達者」になるべくより一層努力をしてしまうでしょう。このことはワツラウィックら (1974) が「同じことの連続」現象と呼ぶものです。

　それゆえ教師教育者は変革のパラドックスに取り組んでいるといえます。変えさせようとして圧力をかけることは，しばしば変化を妨げてしまいます。それでも私たち教師教育者は，さまざまな方法で少しずつ実習生に圧力をかけてしまっているのです。たとえば，「なぜあなたはあの方法で授業を始めたのか？」といった当たり障りのないように見える質問でも，実習生を変革させようとしていると実習生たちに理解されがちですし，その理解は正しいといえるのです。

3.3　専門家としての学びにおける3つの基本原理

　だからといって，実習生たちをそのまま放っておいて，同じ状態に留まるこ

とを許しておこうと提案するわけでは決してありません。私たちが主張したいことは，私たちは教師教育者として，教師の専門家としての学びについての先入観を変えなければならないということです。

　何よりもまず私たちは，実習生が，教育についての彼らの考えや思い，信念や理想を抱くに至ったのには正当な理由があるということを認識しなければなりません。人々は個人的，社会的な経験を通して意味を構築しています（Piaget, 1970）。もし教師教育者が実習生の専門性の発達を助けたいのならば，授業や学習に対する実習生の見方や，そうした見方を築き上げた経緯を理解しようとすることから始めなければなりません。そうすることで，教師教育者は教師教育において，実習生たちに自身の先入観を問い直させるような新しい経験を作り出せるようになるでしょう。しかし，そうであっても実習生に変革を強いることはできません。人を根本的に変革させるためには，その人自身が変革を望まなければならないのです。この考えは，さまざまな学術的な裏付け（動機理論，構成主義心理学，精神療法，イノベーション理論など）から導かれる専門家としての学びの2つの基本原理に基づきます。

1. 教師の専門家としての学びは，学習者の内的な必要性を伴うとより効果的になる（たとえば，Fullan, 1991; Maslow, 1968）。
2. 教師の専門家としての学びは，学習者の経験に根ざすとより効果的になる（たとえば，Piaget, 1970; Rogers, 1969）。

　これらの原理については次節以降で掘り下げていきます。その前に，3つめの原理を付け加えておきます。

3. 教師の専門家としての学びは，学習者が自身の経験を詳細に省察するとより効果的になる。

　この3つめの原理は，授業についての実習生の先入観は潜在化しやすいという考え方に基づいています。2.5節でみたように，それらの先入観はゲシュタ

ルトの形をとる，つまり経験に基づいた現実の全体的構成の形をとることが多いのです。先入観には感情，価値観，行動傾向が含まれます。

　授業や学習についての自身の先入観を実習生が分析すること，そしてそれを通して潜在的なものを明らかにすることは重要です。そうした分析を行うことで初めて，自身の先入観の弱みを実習生たちが見つけることができるのです。翻って，このことは実習生の内側にさらなる学びの必要性を作り出すことになります。これは，第一原理にあるように，学習を促進する条件となります。

　第三の原理が重要である理由は他にもあります。教師の専門性の発達にとっては，より多くを知ることより，より多くのことを実際に教える実践的な文脈の中でとらえている方が重要です。省察は，実践的な状況に関する物事への気づき，そして最終的にはそうした状況の中で物事に気付くことを促す基本的なツールなのです。専門家としての学びにおけるこの側面の詳細については，第7章でさらに検討していきます。

3.4　教師教育学に3つの原理を適用する

　専門家としての学びの3原理には共通するひとつの基本的な考え方，すなわち，変革は教育実習生の内側から起こるべきであるという考え方があります。実習生自身のニーズや経験から引き起こされる一種の「流れ」として変革をとらえているのです。しかし，こうした変革のプロセスを教師教育が促すこともできます。教師教育者の仕事（つまり教師教育学）に目を向けると，前述した学びの3原理を補う教師教育の3原理があることがわかります。

1. 教師教育者は，実習生が自身の学習のニーズに気づくように手助けしなければならない。
2. 教師教育者は，実習生が有効な経験を見つけられるように手助けしなければならない。
3.. 教師教育者は，実習生が自身の経験を詳細にわたって省察することを手

助けしなければならない。

　これらの原理はこの順番通りに適用される必要はありません。時に実習生は学習のニーズに全く気づいていないこともあるからです。その時には，たとえばその実習生が他の実習生の前で行った模擬授業の経験などに寄り添って始めた方がよいでしょう。他の場合には，たとえば，実習生が学校に通っていた頃に好きだった教師の特徴について省察させたり，そうした特徴と今の実習生自身の特徴とを比較させたりして，過去の経験についての実習生の省察を促すことができます。

　さらにいえば，3つの原理は同時進行で達成されることもよくあります。たとえば，経験について省察することによって（3），実習生は自身の学習のニーズをより意識できるようになるでしょうし（1），学習のニーズを明確にすることで（1），必要な学習場面について自覚的になる（2）のです。

　3番目の原理の場合，問題は自ずと表われてくるのかもしれません。しばしば実習生には特定の経験（たとえば，行った授業について）の詳細について明確な記憶が残っていないのです。たとえば，授業中に感じたストレスによって，生徒の質問や，それに対する自身の回答を忘れてしまっていることがあります。また，特定の教科の内容をどのように説明したのか正確に思い出せないこともあります。さらに，もし教室に教師教育者や指導教諭や他の実習生といった観察者がいた時，実習生は，彼らの観察を「主観的」であると受け止めがちです。変革への（しばしば無意識的な）抵抗が見られるのです。

　私たちは何よりもまず，このような問題がしばしば，ある時点での実習生の専門性の発達段階に，学習状況が適していないということを示している，と認識する必要があります。状況が実習生にあまりにも脅威に感じられる場合には，より安心できる学習場面が探し求められなければなりません。しかし，比較的安心できる分析可能な経験の後であっても，実習生の中にはそれらの経験を振り返ることや起きたことを思い出すことに困難を抱える人がいます。そうした場合，教師教育の課題とは，そのような実習生の省察の能力を発達させる

第3章
リアリスティックな教師教育プログラムを作成する

こと，となります。

　このような時には，テクノロジーが役に立つかもしれません。学びの経験の音声や映像の記録は実習生にとって鏡の役割を果たしてくれます。たとえば，実習生が授業を行った後，記録は，その経験を「再び生きる」ことを助けてくれます。あるエピソードについて繰り返し考える機会を提供します。それによって実習生は，基本的な問題を明らかにしてくれる小さな出来事に気づくことができるかもしれません。たとえば，実習生は生徒からの質問に的確に耳を傾けていなかったことや，規律を維持する方法が彼らの期待ほどには効果的でなかったことに気づけるかもしれません。これは学習のニーズの発達を促進する上で非常に役に立ちます。

　最も重要なのは，記録テープを再生することで実習生自身が気づく内容です。まさに普通の鏡のように，個人的な変革の内的プロセスの諸段階に応じて，各々の実習生の目にはさまざまなものが映ります。実習生自身の成長段階によって，前景にあるものや後景にあるものが見えてくるのです（前景と後景の概念はゲシュタルト心理学において理論的に詳しく説明されています。たとえば，Korb, Gorrell, & Van de Riet, 1989, pp. 7, 8, 21）。

　教師教育に対するリアリスティック・アプローチは前記の諸原理に基づいています。次節ではその諸原理を詳しく取り上げていきます。その前に私は，私たちが学習プロセスの単なる認知的側面以上のことを論じているのだと強調しておかなければなりません。実習生が自身のゲシュタルトを変化させるプロセスを開始したり，新しいふるまい方を実験的に試み始めたりする時，彼らは人間としての自分自身を変え始めているのです。実習生の教師としての役割認識や子どもたちとの関わり方は，実習生たちが生活の中で見せる他の人々との一般的な接し方と区別することはできません。先にカントールを引用しながら強調したように，変革に対する抵抗には避けることのできない部分があります。つまり，感情や情緒に対して教師教育者は多くの注意を払わなければならないのです。学習のニーズに徐々に気づき始めている実習生を教師教育者が「後押しする」ことには危険があります。それは，教師教育者があまりにも早く実習

生の変革に手を差し伸べ過ぎてしまうことの危険性です。「急がば回れ」ということわざの通りです。教師教育者は変革の促進者ですが，実際に変革を起こすのは実習生です。教師教育者が実習生の思考と共に実習生の感情にも気遣うことで，状況はよくなります。変革を起こすためには信頼と安心が不可欠です。

3.5 実例：実習生の一対一型授業経験

リアリスティック・アプローチの3つの基本原理の適用方法を具体的に示すために，1対1型 (Vedder, 1984) として知られるユトレヒト大学教師教育プログラムにある実践について説明しましょう。これは学部段階のオリエンテーション・コースの一部として行われているものです。クラス全体に対する授業を毎回担当することは，実習生には初め，難しい経験として受け止められます。やり遂げられるだろうかという不安が高まるばかりで，均衡のとれた学習のプロセスに必要な，安心できる雰囲気を作れる状態ではないのです。このため，最初の授業実践期間は単純な構成にしてあります。

実践の構成は，以下のようにまとめられます。実習生は7週間から8週間にわたって週に1度，ひとりの高校生に1時間の授業を行います。実際の1対1型授業には大学の指導者と指導教諭は立ち会いませんが，1対1型授業期間中に指導セッションやセミナー・ミーティングが開かれます。

授業は録音され，後に実習生にはそれをもとに詳細な省察を行います。この省察は，標準的な質問項目によって構造化され，実習生はその質問項目に従って省察した内容を個人日誌に記します。この質問項目には，次のような質問が含まれます。

1. あなたは何が起きると予想し，そのためにどのような準備をしましたか？
2. 実際には何が起きましたか？

第3章
リアリスティックな教師教育プログラムを作成する

3. テープに録音された内容からいくつかのエピソードを選んで，あなたが何をしたのか，生徒が何をしたのか，あなたは何を考え感じたのか，あなたは生徒が何を考え感じたと考えているのか，そしてこれらの事柄があなたと生徒との間にどのような影響を与えたかを記述しなさい。
4. ここから結論を導きなさい。
5. 次の授業に向けてあなたの考えを明確に述べなさい。

　3番目の質問は，授業中の具体的な出来事に焦点を当てており，最も重要な質問だといえます。この質問を通して，たとえば，生徒の発言に耳を傾けられていなかったことや，生徒にとって問題が明確になる前に説明をしてしまったことが，実習生に理解されるようになるでしょう。私が担当した実習生の1人は「1対1型授業によって，教えることについての考え方が，教師の視点から生徒の視点へと変化しました」と話しています。

　前節で明確にした諸原理と同じように，1対1型授業は，実習生の授業や個人的な学習ニーズの本質についての省察を促すようにデザインされています。実習生によるこうした省察の後で，大学の指導者は，実習生が経験しているプロセスに合う理論的な概念のいくつかを教えることになります。実習生は理論的な概念を，理解可能で妥当で有益なものであると捉えられるようにすべきであるというP. W. ヒューソンとM. G. ヒューソン（P. W. Hewson & M. G. Hewson, 1989）の意見に私は賛成しています。このような条件が揃わなければ，理論的な概念は，実習生の授業と直結する実習生の心的な構造の一部とはならないでしょう。学問知（エピステーメー）よりも実践知（フロネーシス）が強調されるべきであるということです。

　1対1型授業の効果を研究しているフェデル（Vedder, 1984）は主要な効果を2種類に分類しています。ひとつめは，理論と実践の間に作られたつながりによって促進されるような実践的なスキルの発達に関するものです（Vedder & Bannink, 1987, p. 2）。2つめは省察を促進することに関するものです。1対1型授業の大きな利点は，教室の秩序を維持するという課題ではなく，1人の生徒

の学びのプロセスに実習生が注意を向けることに焦点化していることです (Vedder & Bannink, 1987, p. 10)。それと同時に，日誌に記入しながら実習生が自身の学びのプロセスに気づくようになるのです。前述したように，気づき，特に生徒の学びのプロセスに対する気づきや自身の学びのプロセスに対する気づきは，教師になるプロセスに不可欠なのです。

もちろん，1対1型授業で何を学ぶかはそれぞれの実習生によってかなりの違いがあります。たとえば，ある実習生は担当した生徒に自信が欠けていることに注目し，生徒のセルフ・イメージを改善する方法を探求するかもしれませんし，他の実習生は抽象的なレベルで物事を説明してしまう傾向と向き合い，もっと具体的な例を挙げられるようになりたいと願うかもしれません。

このことは，長期間の成長プロセスの一部として授業体験を計画する必要性を示しており，それは，ばらばらの偶然的な経験ではなく，相互に関連し合い，個々の実習生のニーズに合うよう細心の注意を払って選ばれた経験でなくてはならないのです。言い換えれば，実習生には，自身の個人的なスタイルを磨き，個々の学びの道筋に沿うような十分な機会が与えられなければならないのです。この問題については，次節で再び取り上げていきます。

3.6　プログラムの組織

前節までの議論から，リアリスティックな教師教育の考え方では，プログラム構成はどのようなものになるのか，という問いが生まれてきます[2]。たとえば，実習生が与えられる経験の種類について，考慮すべき2つの重要な点があります。すなわち，そうした経験は，安心と挑戦のバランスがとれる方法で提供されなければならないという点と，長期間にわたる個人的な学びのプロセスの一部として計画されなければならないという点です。本節では，プログラム構成におけるこの2つの点を検討していきます。そして，学校と教師教育機関との関係，リアリスティックな教師教育プログラムに必要であろう統合的性質，そしてスタッフの専門性の発達を取り上げていきます。3.7節では，実習

第3章
リアリスティックな教師教育プログラムを作成する

生の質の管理と評価の問題を検討します。

安心と挑戦のバランス

　2.8節において，学びが起こるためには安心できる雰囲気が必要であることを強調してきました。同時に，経験を学びの出発点とするためには，その実習生が経験する内容の中にある程度の挑戦がなければなりません。挑戦を盛り込むためには，実習生がすでにできることと要求されていることとの間に距離を作りだすような課題を出すことが必要です。しかし，その距離があまりにも遠い場合，それは脅威となり，学びは妨げられてしまいます。このバランスを保つためには，実習生に求められる学習のプロセスを慎重に実現していくことと，教師教育者の側も対人関係のスキルを身につけていることが求められます（このことは第5章でさらに検討します）。

　さらに，教師教育者は，学びの経験の性質としてふさわしいものを選び出すことによって，脅威ではなく挑戦を作りだすこともできます。だんだんと熱中していくような方略を用いることで，複雑さと責任が徐々に増加し，実習授業での仕事の負荷が増えるように経験する内容が計画されるかもしれません。たとえばそれは，教師教育の初めに，3.5節で記したような1対1型授業を経験させることかもしれません。一般的には，そのような経験の構成の仕方は安心でき，複雑すぎない学習場面をつくり出します。もし，あまりにも小さな挑戦しか計画されなければ，実習生は，自分がまだ単独で責任を負い，ひとりでは授業を行うことができないのだと考え始めて，リアリティショックを受けてしまいかねません。ですから，教育実践を単独授業と同じようなものにはしないものの，言い換えれば，まだ指導されつつも，できる限りリアリスティックなものとして経験させることが，プログラムの中のある段階では必要だということです。ユトレヒト大学のIVLOS教育研究所の教師教育カリキュラムでは，そのプログラムの終わりに，3ヵ月の実習生の授業期間，いわゆる自立的な最終授業実践（IFTP）が設けられています（すでに2.2節で言及しました）。実習

生は，他の正規の教師と同じように，通常と同じ制約とプレッシャーの下で，中等学校の特定の教科の授業を数クラス分担当します。実習生はテストも実施し採点も行い，学校の職員会議や保護者と教師の協議会などの通常のすべての業務活動に参加するのです。正規の教師との唯一の違いは，1時間の授業を10から12時間分と，受け持つ授業時間が限られていることと，最終的な責任は，新任教師の指導にあたっている指導教諭にあるということです。これもまたセーフティ・ネットや，個々の実習生のニーズに対するサポートと挑戦のバランスを調整する機会の提供となっているわけです。指導は，指導者が実習生の授業には立ち会わないという意味で，長い手の指導方法を活用しています（IFTPについての詳細はKoetsier, Wubbels, & Van Driel, 1992とKoetsier & Wubbels, 1995）。

長期間にわたる個人的な学びのプロセスと一般的なプログラム構成のバランス

教師教育プログラムの中で実習生は多様な経験に直面します。そうした経験は，ばらばらの偶然的なものではなく，各実習生のために，互いに関係するように熟慮され計画された上で与えられることが重要です。実習生の理想的な学びのプロセスは，活動についての省察が新しい活動につながり，そうした活動が新しい省察を促すようならせん型のプロセスとしてとらえられます。らせんの各サイクルは，以前経験したサイクルと結びついていなければなりません。そうして初めて，継続的な専門性の発達が可能になるのです。

たとえば，IFTPにおいて実習生は，IVLOSという大学機関で，教師教育者から，通常は小グループで，指導を受けます。この大学での指導カンファレンスは，実習生の授業スタイルや授業についての個人個人の考え方を長期的に成長させることに焦点が置かれています。そうした指導カンファレンスは，実習生を授業経験と省察を貫く筋道に気づかせます。

もちろん私たちは，多くの教師教育者たち，特に北アメリカの教師教育者の

第3章
リアリスティックな教師教育プログラムを作成する

多くが，実習生に対して個人的な指導を行うことが不可能なほどに大規模な集団を担当しなければならないことをよく頭に入れておかなければなりません。私たちもまたIVLOSプログラムの中でこの問題に気づいたからこそ，実習生ができる限り多くの指導を同時に受けられるような構造的な方法を開発してきたのです。この方法とは，具体的な授業経験（たとえば1対1型授業やIFTP）で求められる省察を構造化することを目的としたピアサポート学習と呼ばれるものです（Tigchelaar & Melief, 2000）。一連の標準的な省察の質問項目（詳細な検討は第8章）を，3，4人の実習生グループで議論しながら構造化します。6.6節ではピアサポート学習の構成の仕方についてより詳細に検討します。

近年，IVLOSプログラムでは実習生を指導するのにEメールを使用しており，時間短縮に役立っています。IFTPの間，各実習生は大学のメーリングリストとつながるEメールアドレスを持ちます。実習生間の省察的な交流を目的とするこうした手段によって，経験，問題，考えや教材を活発に話し合えるようになります（これもまたピアサポート学習の一例です）。さらに，Eメールでのやり取りなら，教師教育者は会話に容易に参加して，グループ全体のやり取りや個人宛のEメールの両方を駆使しながら，省察プロセスの手助けをすることができるのです（6.6節を参照）。

長期間の学びのプロセスに注意を向けるために，実習生は，たとえば自分の経験，長所，短所を日誌に書き記すことで，自分の学習の願望や目的について考えるようにしても良いでしょう（日誌の活用については第8章でさらに検討します）。すでに指摘したように，実習生は個性的で非常に個人的な学びの筋道をたどります。このことには2つの明白な理由があります。ひとつは，実習生の先入観と，各々がプログラムに参加する時点で身につけている能力が特異的な性質をもつので，必然的に個性的になるということです。2つめは，教師教育プログラムの目的が常に個々人によって翻訳される必要があると考えられるということです。つまり，よい授業の方法はひとつではなく，実習生は自身の個性，能力や，経歴に沿った自分のスタイルを発達させなければなりません。

リアリスティック・アプローチでは，教育実習生の個人的な学びのプロセス

がどのような方向に進んでいくかを予測して先に述べることが難しく，時には予測が逆効果をまねくことがあるので，それをリアリスティック・アプローチにとっての課題であり不可避の問題であるとみなす人もいるかもしれません。これは，実践において本当に使う知識，スキルや態度の発達を目的とした教師教育学を構築するために必要な代償なのかもしれません。しかし，一方で，長年のリアリスティック・アプローチの経験から，IVLOS 教育研究所のプログラム・スタッフたちは，実習生たちがどのような種類の実践経験からどのような問題や関心を抱えることになるか，そして，どのような種類の理論がそうした問題や関心と効果的に結びつけられうるか，ということをとても正確に言い当てられるようになりました。このことは，前もってより正確にプログラムの目的を考案することを可能にし，実習生の関心に寄り添うだけでなく，それらを引き出すこともまた可能にしました (Van der Valk, Somers, Wubbels, & Korthagen, 1996)。たとえば，プログラムの初期における1対1型授業の経験はほぼ確実に学習に焦点を向けさせ，自身の授業にしか頭が回らない状態を変化させます。最初の授業を経験すると，たいていの場合，教室を統制し規律を維持することに関心が向くでしょう。こうした実習生の一般的な傾向があるからこそ，グループ・セミナーは当然，そうした問題を扱うことができ，それは，各々の実習生の具体的な経験に密接に結びつけられていなければならないのです。こうして，基本的な条件が見えてきます。すなわち，リアリスティックな教師教育プログラムは，ランダムな経験や実習生の関心の偶然的な結果であってはならない，ということです。個々人の学習のプロセスに余地を作り出し，予測可能な結果に向けてプログラムの基本線を統合しながら，具体的な経験から引き出された実習生の関心やニーズに基づいて授業についての学びを打ち立てることは今や可能です。しかしながら，教師教育者がそうしたプログラムを計画する方法は転換を必要としています。もはや，教えられた大文字の理論や，実習生が従わなければならない分離したモジュールによって決定されるものではないのです。むしろ，リアリスティックな教師教育におけるカリキュラムのデザインは，まず実習生が必要とする能力を判断し，それを基盤にして与えるべき

ひと続きの経験を練り上げることから始められるのです。それらは小さく脅威的ではない経験から始められなければなりません。そうした経験において実習生は，教師として働くことについての最初のニーズや関心を発達させ，自身の経験や関心について省察し，成長させるべき能力の芽を教師教育者に助けられながら伸ばすのです。そして徐々に，経験はより挑戦的なものへ移行し，より複雑な能力を発達させる必要性や，複数の能力を同時に結合させる必要性が生まれます。プログラムの基本線は，大部分が教師教育者によって予測されえて，グループ全体で共有されるような関心を引き起こすように注意深く考え上げられた経験にあります。とはいえ，プログラムや教師教育者は予期せぬ関心やニーズにも対応できる柔軟性を持ち合せていなければなりません。私たちの経験からいえることは，教師教育者がある特定の理論やスキルに注目させる必要があると考えるとしても，実習生がその必要性を感じていなければ，それらの理論やスキルを取り入れてはならない，ということです。むしろ，教師教育者の任務は，新しい経験を創りだすこと，理論やスキルが，その経験から引き出されるニーズを満たすと期待されるような新しい経験を創り出すことなのです。もしそのような経験を見出すことができないのならば，教師教育者は彼らの頭に浮かんでいる理論やスキルがその実践者にとって本当に意味があるのか，考え直さなければなりません。

学校と教師教育機関との関係

望ましい専門性の発達のプロセスの基礎として一連の実践の経験を注意深く計画する必要があるということは，学校での授業日と教師教育機関でのミーティングとを頻繁に往還するべきである，ということです。つまり，リアリスティック・アプローチを行ううえで鍵となるのは，実習授業が行われる学校と教師教育機関との関係にあります。教師教育機関のスタッフと指導教諭の双方が，実習生の専門性の発達を支援するチームの一員なのです。ですから，ノースフィールドとガンストーン（Northfield & Gunstone, 1997, p. 49）は次のように

3.6 プログラムの組織

言います。

　教師教育者は，学校と授業の専門家との緊密な関係を維持しなければならない。

　学校と機関とのコミュニケーションを円滑にするような環境を整えるためにいくつかの措置が取られています。IVLOS プログラムにおいて，私たちは指導教諭にもプログラムの計画作りや実習生の評価にできる限りほぼ同等の責任をもって関わってもらっています。彼らは指導のために時間を費やし，指導技術の研修を受けています。実習校を選ぶ際には，実習生が実験的なことができるかどうかや，学校内のコミュニケーションの質が重視されます。

　バロウとコーチャック（Bullough & Kauchak, 1997）が指摘するように，教師教育機関と学校との間に真の協働関係を作り出すことは容易なことではありません。彼らは，財政的制約，役割を変化させることに対する学校と大学部局による抵抗，深刻なコミュニケーション不足の問題を挙げています（Furlong et al., 1996 も参照）。さらにバロウとコーチャック（1997, p. 231）は，以下のように述べています。

　学校と高等教育機関はともにとても忙しい場である。もし，共通の検討課題をもつために必要な長時間にわたる話し合いの機会を保障できる十分な資源がなければ，また，安定的に双方を参加させるためのより強固な関わりがなければ，分離した関係のあり方が持続するだけでなく支配的になってしまうだろう。

　教師教育機関と学校の教師との協力的な関係を築くために必須なのは，「共有される信念と共有されない能力を互いが尊重すること」です（Bullough, Hobbs, Kauchak, Crow, & Stokes, 1997, p. 93; J. A. Ross, 1995, p. 198）。IVLOS 教育研究所と学校との間に築かれた協働の構造と手続きは，長期間にわたって作り上げられてきたものであり，協働の度合いに関していえば，学校間で未だに大きな差があるということを強調しておかなければなりません。実践的な内容とIVLOS プログラムで行われる大学教育の内容との統合を強力に促進するため

に，何人かの指導教諭に IVLOS での非常勤の役職を与え，学部の成員として迎え入れました（Cornbleth & Ellsworth, 1994）。

統合されたプログラム

　リアリスティック・アプローチを用いるということは統合的なプログラムの中で動くことを意味しています。ここまでのところで，実践と理論が密接につながるべきであるということは十分に明確になったと思います。ただしこれとは別の統合もまた重要です。すなわち，さまざまな学問の統合です。通常，教師教育プログラムは教育心理学，教育原理や教育方法といった諸学問に関わる要素によって構成されています。そうした構成は，学ぶ内容の細分化を促進し，実践的な問題を解決するために実習生がさまざまな学問の知見を統合することを妨げてしまうかもしれません。教師教育に対するリアリスティック・アプローチは，実習生の経験を出発点とします。そうした経験は学問の分類に沿って構造化することはできません。それゆえ本当に一貫したリアリスティック・アプローチを行うなら，完全に統合されたプログラムをつくることになるのです。

　IVLOS プログラムの同学年の実習生は，さまざまなクラスに出るのではなく，ただ1クラスで，そのプログラムで，学びます。グループの構成員は，1つまたは関連する教科を中等教育学校で教える準備をしている実習生たちです。このプログラムはさまざまな学問の理論を包括していますが，常に実習生の実践経験と関係づけられています。それゆえプログラムの初期において特定の理論をいつ扱うかを確言することはできないのです。このプログラムの特徴は統合にあります。教育方法，授業の一般的な諸相，教科の特定の要素が統合されているのです。そして最も重要なことは，そうした統合がプログラムの教員によって行われるということです。プログラムの中でさまざまな要素が統合されるためには，1人のスタッフがおよそ 10 人から 20 人の実習生の学びの軌跡全体に責任を負うべきだという結論に至りました（Tom, 1997, p. 98, は同様の

原理を主張しています)。このことはノースフィールドとガンストーン (Northfield & Gunstone, 1997, p. 54) の結論でも言及されています。

教師の成長という視座からすれば，教師教育者が，教師たち自身の経験を解釈する作業を手助けしながら，小グループの教師たちと長期的な関係を形成できるような教師教育のアプローチを当然要するだろう。

「強い影響」プログラム（南フロリダ大学）の特性の研究の中で，グラバー (1996, pp. 456-457) が同学年集団に対するアプローチの別の側面について次のように指摘しています。

同学年集団の利点のひとつとして，同級生との間で育まれる友情関係や，グループの中で育つ固い団結心が挙げられる。結果として，プログラムの方向性に対して最初は抵抗を示していた実習生も，説得された同級生たちの仲間入りをしていく。(中略) 同学年集団の影響を過小評価してはならない。その理由は何よりも，そうした集団こそが実習生が強力な専門家文化の一員であると感じ始めるような環境を準備してくれるからである。

ひとつの同学年集団を担当する IVLOS のスタッフが，プログラムの大半を担いますが，時に特別講師として特定の領域の専門家を招くこともあります。こうすることで，セミナーをよりテーマに即したものにすることができるのです。

学級運営，学校システムにおける教科の位置づけや，生徒の動機といったテーマに即してプログラムを構成することもまた，さまざまな学問の知識の統合に役立つでしょう。そうした組織化の方法も私たちのプログラムに部分的に取り入れています。しかし，テーマに即した組織化が，実習生の経験に即した組織化と食い違うこともあります。どんなにうまく経験を事前に構造化したとしても，教師教育者が意図したものとは大きく異なる経験が生まれることは起こりうるのです。その場合，教師教育者はプログラムの構成を変え，実習生のニーズや関心に即したものにする準備と能力を十分に持ち合わせていなければな

りません。

大学のスタッフと指導教諭の専門性の発達

このプログラムを構成するためには，教師教育の質に貢献するような，さまざまな学問に知悉している経験豊富な教師教育者が必要です。IVLOS 教育研究所の教師教育者の多くは，担当する実習生たちと同じ，または近い学問の勉強（たとえば科学や人文学）をしてきた，経験豊富な教師たちです。しかし，IVLOS 教育研究所で働き始めると，彼らは教育学，心理学，その他の関連学問の予備知識を十分に備えていないことに気づきます。そこで私たちは，大学機関の内外において，専門家によるスタッフ開発のための活動を多く実施してきました。それは「ジェネラリスト」となるまで彼らの専門職のレベルを高めることをめざしています。同僚間で協力してスタッフの学習を支援することもまた，強く推奨しています。たとえば1つの同学年集団を2人の同僚に担当させたりしています。

ここ数年間で，IVLOS 教育研究所で行われている教師教育者のための研修や専門性開発の諸活動が，オランダその他の国々の多くの教師教育機関に導入されてきました。ほとんどの国において教師教育者のための正式な教育が行われていないので，私は，すべての教師教育プログラムにそうした活動を取り入れることが必要であると考えています。しかし，IVLOS での教師教育者の専門性開発プログラムは，スタッフの能力を高める土台となるだけでなく，スタッフ自身に時に痛みを伴うような省察のプロセスを経験させることも目的とされています。このことは教師教育者の専門職化において最も重要なことであり，第10章にて再度論じます。

3.7 質の管理と評価

多くの教師教育者は，教師教育のリアリスティック・アプローチは実験的

3.7 質の管理と評価

で，関心を基礎とする学びを強調するので，プログラムの重要な目的が果たせなくなる危険性があるのではないかと心配します。何よりもまず，本書のこれまでの章を通して，教師教育の伝統的なアプローチが，教師教育のスタッフが重要であると考えるものすべてを「扱っている」という幻想を作り出していたことを示してきました。しかし，ここに実践への転移の問題は含まれていなかったのです。この観点からいえば，リアリスティック・プログラムはすべてをカバーしていないという問題を取り上げることは，教師教育において基本的なこの転移の問題，教師教育者から関心をもたれずに長年放置されてきた問題，を部分的に否定していることになるでしょう。しかし，リアリスティック・プログラムが質の低下を招かないのかという問いは正当といえるでしょう。リアリスティック・プログラムを修了した実習生の質に関する明確な評価基準を作りだすことは可能なのでしょうか？ 事前に予測することができない実習生の経験や関心を基盤としたプログラムにおいてそれは可能なのでしょうか？ その答えは，可能性がある，です。

　3.6節において，リアリスティックな教師教育は単なる行き当たりばったりのプロセスではないことを強調してきました。問題の核心は，実習生の経験を慎重に計画すること，小さく脅威的ではない経験から始めること，そして学生が教師としての責任をほぼ完全に担うIFTPに向かって漸新的に進められることです。経験を計画するうえで，プログラムの目的を基盤としていなければなりませんし，省察や重要な理論的要素の導入，必要なスキルの訓練につながるような関心を引き出すことが目的とされています。たとえば，3.5節で検討した一対一型授業は，実習生が生徒に耳を傾けることや教師と生徒の関係を生産的なものにすることについて関心を呼び起こすことを意図していました。そうした事柄に実習生が自ら気づくことが重要であると思えますが，万が一そうした関心が引き起こされなければ，教師教育者はそうした関心を引き起こすような新しい経験を作り出すことができるし，また作り出さなければなりません。したがって教師教育者は，プログラムの目標達成度を継続的にモニタリングすることや的確な経験をデザインするという重要な役割を担っているのです。

4.2節では,リアリスティック・プログラムをデザインするこのアプローチが本当に明確な結果を導くことを示す IVLOS プログラムについての外部評価をもとに議論していきます。

　質の管理の問題は,リアリスティック・プログラムの実習生がいかに評価されるのかという問いと密接な関係があります。IVLOS プログラムにおいて,指導教諭は重要な外部評価者となります。彼らは実習生の実習期間の評価について最終的な権限をもっています[3]。さらに,ここ数年の間で,IVLOS 教育研究所の教師教育スタッフは,評価の道具としてポートフォリオ (Wade & Yarbrough, 1996) を導入し,そのことによって明確に定義されたプログラムの目的や質の管理への問題に対応することを決めました。プログラムの後半は,実習生は自分の成長の度合いについて省察することを求められます。彼らは学び得たものや自分の学びのニーズを明確にします。そして,プログラムのスタッフが,スタッフ自身の教育に対する考え方,授業についての研究,国家レベルで定義された教師の能力を基に定義した能力のリストにある各項目と比較します。このリストは,自由を抑制するものとして使われるのではなく（私たちの経験では,それでは逆効果しか生まれません）,むしろ鏡として使われるのです。実習生は,このリストを使って,自分が何を獲得したのか,そして何を今後学ばなければならないのかという自分のためのリストの項目を作成するのです。プログラムの最後に,実習生は彼らが修得した能力のそれぞれを本当に修得したことを示すあらゆる種類の証拠を集め,プログラムの期間中の自身の学びのプロセスについての省察的な記録と最終的な自己評価とともに,それらの証拠をポートフォリオに書き込みます。彼らが作成するポートフォリオには,指導教諭からの授業評価,生徒からの評価,授業計画,日誌からの引用,授業実践期間に作成した教材,授業の映像記録などが含まれています。実習生の同学年集団を担当した教師教育者もまた,このポートフォリオを見て最終評価の決定を行います。IVLOS での私たちの経験の限り,こうしたポートフォリオを活用することで,丁寧な手続きによる評価を行うことと,省察や自己評価を促進することの双方を実況することができるといえます。

3.8　3つのレベルの調和

　本節では，実習生の学びのプロセスを組み立てる方法と教師教育者自身に必要な学びのプロセスを組み立てる方法との間になければならない一致の問題について考えます。たとえば，2.3節で明確にしたように，専門家としての学びの3つの基本原理は，実習生に対しても教師教育者に対しても同様に適用できる原理でした。実習生と教師教育者の双方にとって，効果的な学びとは，個人的な学習のニーズや個人的な経験を基盤とするものであり，丁寧な省察が，らせん状の成長の軌跡において，前進することを支援することは，間違いありません。このいわゆる一致の原理は，リアリスティックな教師教育プログラムが，単純なトップダウン型のアプローチでは実施することができないことを含意しています。教師教育のスタッフには，そうしたプログラムを展開するための時間と支援が与えられなければならないのです。プログラム・コーディネーターや学部長は，スタッフの関心を基盤として，段階的にリアリスティック・プログラムを展開することを考慮すべきです。リアリスティック・アプローチの手順の最初の段階で，スタッフ自身の経験についてスタッフが省察することを促すことも，スタッフのメンバー間の協働的な相互作用も，重要です。最も重要なこととして，スタッフにとって安心して学べる雰囲気が必要だということが挙げられます。そのために，互いから学ぼうとする意志が絶対的な前提条件となります。

　もうひとつ重要な一致があります。それは，学校での学びのプロセスとの一致です。リアリスティック・アプローチがどうして教師教育学を変化させることにつながるのか。その答えのひとつは，リアリスティック・アプローチが実習生に，学校で生徒たちとどう関わっていくことができるかを示す実例を与えることにあります。下記は一致の原理のもうひとつの実例です。

　教師教育者が教師に期待する生徒の扱い方と同じようなやり方で，教師教育者は教

師を扱わなければならない。(Putnam & Borko, 1990, p. 1226)

　学校では，生徒が経験した問題を基盤にすること，実践の経験に基づいて理論を打ち立てること，学習者に省察的な態度を身につけさせること，長期にわたる個人的な学習のプロセスに注意を払うことなどは，等しく重要なことなのです。事実，1.7節で見てきたように，リアリスティック・アプローチは，フロイデンタール（Freudenthal, 1991）やフロイデンタール研究所の同僚たち（Treffers, 1987も参照）が開発してきた数学教育におけるリアリスティック・アプローチの影響を強く受けています。フロイデンタールは，教育を現実的な意味がある豊かなものにするために必要な条件として，意味のある文脈の中で学ぶことを指摘していました。実習生の学びのレベルと学校での生徒の学びのレベルとの間のこうした一致に向けての努力だけでは十分ではありません。一致は実習生に対して明示的なものでなければならないし，学校での授業の成果は詳細に検討されなければなりません。さらに，実習生自身が授業実践において経験した学びの諸原理を身につけることを助けるためには，多くの指導が必要となるのです（Wubbels, Korthagen, & Broekman, 1997を参照）。

3.9　オックスフォード大学のインターンシップ・モデルとの類似点

　本章で記述してきたリアリスティックな教師教育プログラムの特性の多くは，教師教育の文献に明るい人々にとっては新しいものでも驚くべきものでもないかもしれません。しかし，リアリスティック・プログラムの成立を支える諸原理の組み合わせは，新しい統合体を形作るかもしれません。そうした教育学的原理の組み合わせをほぼ同じように行っている教師教育のモデルが少なくともひとつあります。それは，イギリスで行われている中等学校の教師のための学部卒業後1年間のプログラムの中で活用されているオックスフォード・インターンシップ・モデルです。マッキンタイアとハガー（McIntyre & Hagger,

オックスフォード大学のインターシップ・モデルとの類似点

1992）は，このモデルをいくつかの原理にまとめています。その原理の中で最も重要なものは，以下のとおりです。

1. 少数の学校の教師教育プログラムへの深い関与
2. ひとつの学校に対する実習生の継続的関与
3. 密接に統合された大学と学校の共同プログラム
4. 安心できる学習環境（実習生に対する課題が年間を通じて徐々に発展していくことを含む）
5. 実習生は大人の学習者として自身の基本計画を設定するという認識
6. それぞれが最適な知識を与えられるようにするための大学と学校のスタッフの分業

マッキンタイアとハガー（1992, p. 270）は，このモデルが次の3つのモデルとの比較の中で進展してきたことを強調しています。まず，このモデルは理論か実践かのいずれか一方だけを出発点としていないので，理論から実践へというモデルと対比されます。次に，「経験豊かな教師の見識はとても価値のあるものとして見られるけれども」，このモデルにおいてそれは実習生の専門性の発達を促進するためのひとつの起点としてのみとらえられていると説明しながら，徒弟制との比較を行います。最後に，オックスフォード・インターンシップ・モデルは，教師の欠点に目を向ける古典的な現職研修モデルとも対比されます。オックスフォード・プログラムの特徴は，次のようなものです。

> 研修生が学ぼうとする対象や，解決方法を模索する問題を決定するのは，研修生自身の過去の経験や関与，彼らが感じているニーズ，憧れや理解である（McIntyre & Hagger, 1992, p. 267）。

この原理はリアリスティック・アプローチの基盤にもあり，上記の3つのモデルとの違いもまたリアリスティック・モデルの特徴に当てはまります。

オックスフォード・インターンシップのスキーマは実習生の学びのプロセスを次の2つの局面に分けています (McIntyre, 1995, p. 376; McIntyre & Hagger, 1992, p. 269)。ひとつめは，資格認証に必要とされる基本的な能力を研修生が獲得することに向けられている局面で，2つめは，自己評価や自己発展ができるような教師になるために必要とされる能力を成長させる局面です。これら2つの局面の目的もまたリアリスティック・アプローチの基本的な目標，すなわち，始めるための能力と成長しつづける能力と重なります。ひとつ違うことは，リアリスティック・アプローチではこれら2つの目的を別々の局面に分けていないという点です。たとえば，省察する能力の発達は，IVLOS教育研究所のリアリスティック・プログラムのまさに最初から注目されているのです。

オックスフォード・モデルの第2原理を見るともうひとつの違いが浮かび上がってきます。IVLOSプログラムでは実習生は実習の半年後に学校を変えます。このことで実習生は教育に対するより広い考え方を獲得するのです。もし同じ学校に留まったならば，多くの場合，その学校での教育を一般的な中等学校の教育と同一視して捉えるようになってしまうでしょう。また，もし最初の学期で深刻な躾の問題に直面したら，その文脈を変えることなしにクラスとの関係の否定的なパターンを断ち切ることは難しいでしょう。より積極的にいえば，私たちは，実習校を変えることが実習生に新鮮なスタートを切る機会を与え，そうした否定的なパターンを打ち破くことを助けることになると考えています。

3.10 今後の課題：リアリスティックな教師教育学の完成度を高めるための次のステップ

私たちはここまでリアリスティックな教師教育学の基盤を築いてきました。この教育学に磨きをかける作業に入る前に，リアリスティックな教師教育の原理を基礎とした教師教育プログラムの成果と課題について，そして特に実習生の学びにとって障壁となる可能性がある事柄について詳しく検討しておくこと

3.10
今後の課題：リアリスティックな教師教育学の完成度を高めるための次のステップ

は重要でしょう。たとえば，省察的でないように見える実習生，つまり教師教育者から特定のガイドラインや具体的な援助を得ることを望み，自分自身の経験について省察するよう促されることを嫌がる実習生に，あなたはどのように対応しますか？　こうした問題は第4章で論じていきます。3.6節で説明した組織的側面以外にも，リアリスティックな教師教育学を慎重に練り上げることが必要とされる場が少なくとも2つあることは理解していただけたと思います。2つとは実習生に対する個人的な指導と教師教育機関でのグループでの話し合いのことであり，それらは教師教育者が実習生に対応する頻度が最も高い場です。

　前者の場をみてみれば，指導カンファレンスにおいて実習生の経験からの学びを引き起こそうと望む教師教育者には，対人関係を豊かにするレパートリーが必要であることはすぐに明らかになるでしょう。何よりもまず彼らは安心できる雰囲気を保障できるようにならなければなりません。ALACTモデルの第2局面である振り返りは，受容，共感，真正さ，具体性を必要としています。実習生が本質的な側面に気づくことを助けられるようになるためには（第3局面），指導者は対面のスキルのような特別でより指導的なスキルを身につける必要があります。第四局面では，行為の選択肢を拡大することを手助けするようなスキルが必要です。指導カンファレンスにおいて省察を促進するような介入は，私たちのさらなる関心の対象となります。第5章はこのことを扱います。

　個々の実習生の省察を促進させるためには，教師教育者が省察的な実習生の特徴についてより多くのことを理解しておくとよいかもしれません。

　教師教育者は個別に実習生に対応するだけではありません。グループ・セミナーでもより多くのことが行われています。この文脈において中心的な問いは，教師教育者は，実習生のグループに対応する際に，どのようにして経験についての省察を促すことができるか？　というものです。多くの教師教育者にとって，このような場は個人的な指導よりもさらに難しく感じられます。しばしばグループでのミーティングは，実習生の省察を促すのではなく，講義にな

第 3 章
リアリスティックな教師教育プログラムを作成する

ってしまいがちです。ここでもまた，教育の変革の問題に直面します。教師教育者は，自身の被教育経験においてはグループでのミーティングにおいて省察を促す方法の実例を見ることはほとんどなかったのです。それゆえ，教師教育のセミナーのなかでグループを任されるという問題は，本書でさらに注意を向けて議論する必要があります。このことには，第 6 章で焦点を当てます。

そして，続く 3 つの章ではリアリスティックな教師教育学の完成度を高めます。その後，第 7 章以降で議論をさらに磨き深めていきます。

注

1) 本章は IVLOS 教育研究所の同僚による多くの仕事や IVLOS 教師教育プログラムの公式・非公式の文書を基盤としています。クーツィール，ヴベルズ，コルトハーヘン（1997）によって既に公刊されている IVLOS プログラムについての記述の一部を使用しています。
2) 本説に記された結果は，その大部分がヴベルズ，コルトハーヘン，ブレーケルマンス（1997）から取り上げられています。
3) 彼らがこの責任に耐えうるように助けるために，私たちは，実習生の授業の評価のための基準を明確にすること，指導教諭の心配や疑問について議論するために，教師教育者の指導の下で指導教諭の話し合いを組織しています。

第4章

リアリスティック・アプローチと省察の促進に関する評価研究

Fred Korthagen & Theo Wubbles

> 社会科学は精密さに欠くことを欠点とされてきた。しかし，そうとらえるべきではない。皮肉なことに，物理学は，現在発達している数学的な道具で解明しうるような易しい問題しか扱わないため，「固い／難しい」科学だととらえられる。一方，心理学は「柔らかい／易しい」科学と呼ばれる。明確な分析のための道具が未だに開発されていない（そして将来もおそらく開発されえない）が故の難しさを抱える，複雑なレベルの現実を扱っているからである。こうした区分の仕方を心地よくないと感じるべきなのは，心理学者よりもむしろ物理学者の方である。
> ——オルウィン・スコット（Alwyn Scott, 1995, p. 179）

本章では，リアリスティック・アプローチの効果を評価する調査研究と，特に教師教育の中で省察を促進する効果についての評価研究を紹介します。後者の研究が比較的少ないという注目に値する事実について検討した後，その原因を分析します。さらに，省察の促進に関する私たちの研究に特に焦点を当てながら，省察を促進する効果に関する先行研究を概観します。主な結論のひとつは，省察の促進という原理が，長期的に高い効果を上げるということです。でも，省察的態度を有している教育実習生と有していない実習生の差にもっと注意を向ける必要があります。また，この分野のより深い研究と発展のために，いくつかの提案を記しました。

第4章
リアリスティック・アプローチと省察の促進に関する評価研究

4.1　はじめに

　第3章までにリアリスティック・アプローチの基礎的な部分について述べてきましたが，ここではこの新しい教師教育の方法の有効性についていえることは何か，という問いについて検討します。この問いに答えようとする，興味深くて参考になる研究がいくつかありますので，4.2節で紹介します。しかし，リアリスティック・アプローチは比較的新しいため，この方法の評価研究も数のうえでは限られています。ですから，教育実習生が教える経験について省察するように促すという，リアリスティック・アプローチの中心的な原理の有効性を示した研究も概観することにしましょう。1980年代初めから，世界中でほとんどの教師教育者がこの原理を採用してきました。しかし，省察を促すという課題について国際的な文献に目を通そうとすると，省察の促進をめざす教員養成プログラムの有効性についての研究がとても少ないという衝撃的な事実に直面します。

　さらに，たとえ省察を促すことが有効だとみなしたとしても，「どのような目的に対して有効なのか」という問いは残ります。証拠や経験的結果よりも，信念や確信の役割が大きいのです。ザイクナー（1987）は，省察を促すプログラムや方略の効果についての経験的なデータはやや不十分であるとレビューしていますが，その状況は今も大して変わっていません。多くの研究は，コース評価や自己報告，一般的な観察や特別なエピソードの中で教育実習生が発したコメントに論拠を置いています。

　4.3節ではこのように堅実な研究が不足している原因を分析します。4.4節ではいくつかの例外，つまり，より深く踏み込んでいる研究について検討し，他の研究者の研究を紹介します。4.5節では省察の促進についての私たちの研究を説明し，4.6節では結論と今後の研究への提案をいくつか述べます。

4.2　リアリスティック・アプローチの評価的研究

　まず，リアリスティック・アプローチの有効性についての数少ない研究を紹介します。ユトレヒト大学のIVLOSプログラムの中で行われた研究です。1980年代後半から1990年代にかけて，この中等学校の教員養成プログラムは，前章で述べたアプローチに向かって発展していました。

　第三者の調査事務所が行った全国の中等学校の教員養成プログラムの評価研究（Research voor Beleid; Luijten, Marinus, & Bal, 1995; and Samson & Luijten, 1996）によれば，サンプルとなったIVLOSの卒業生（n＝81）の71％は教職に就くための準備の点で「よい」または「とてもよい」（5段階の評価のうちの上位2つ）という評価を受けました。オランダ全国の中等学校の教員養成プログラムの卒業生（n＝5,135）を母数とした場合には，たったの41％しかこの評価を受けられなかった（p＜.001）ことを考えると，これは注目すべき結果です。

　リアリスティック・アプローチは本当に理論と実践の溝を縮めることができているのか，というのが基本的な問いです。この具体的な問いに焦点を当てた研究がいくつかあります。

　ユトレヒト大学のプログラムを1987年から1991年に卒業したすべての教師を対象にした，総合的な評価研究が1991年に行われ，回答者の86％が，教員養成プログラムは現在教師として働くうえで「有用」または「とても有用」だったと答えています（Koetsier, Wubbles, & Korthagen, 1997）。ヘルマンス，クレトン，コルトハーヘン（Hermans, Créton & Korthagen, 1993）は12人の教育実習生のグループを対象に，第3章で記した原理を厳密に統合した実験を行い，より質的なデータからこの調査結果を裏づけています。この研究は，これまで理論と実践の関係の難しさを示してきた研究が世界中で発表されているにもかかわらず，12人の実習生全員が理論と実践の関係の継ぎ目のない接続を見せる，いちじるしい成果をもたらしました。評価調書に書かれた実習生のコメントをいくつか引用します。

第4章
リアリスティック・アプローチと省察の促進に関する評価研究

「私の考えでは，理論／実践の統合は完ぺきでした」
「思い返せば，私はすべての理論を実践の中に見出し，適用してきました」
「大学の課程で扱う内容は，常に学校の実践の中にはっきりと見出すことのできるものでした」

　ブラウヴェル（Brouwer, 1989）は，ユトレヒト大学で1980年代（リアリスティック・アプローチが発展し始めた頃）に行われた12の教科に関する24の教師教育のカリキュラムを対象に，それらのプログラムのデザインと効果の関係性を検討する大規模な調査を実施しました。プログラム中から，参加者が卒業後教師になってから2年が経過するまでの期間のさまざまな時期に，357人の教育実習生と31人の教師教育者，128人の指導教諭を対象に，量的・質的データを集めました。こうして，教職1年目に表れるプログラムで学んだことの具体的な成果は，教員養成の中で教えられる理論的な事柄が教育実習期間中に実践に役立つものとして実習生自身に受け止められたかどうかによって決まることが確認されました。また，プログラムの中で学校を主とする期間と大学を基礎とする期間を往還するサイクルの影響も大きいようです。さらに，実習生に求められる水準と活動内容の複雑さを徐々に馴らしながら増やしていく仕組みが，理論と実践を統合するための重要な要因であることも示されました。
　もうひとつの基本的な問いは，専門家集団がIVLOS教育研究所で与えられる知識基礎を十分なものだと考えるかどうか，です。1992年と1997年の2回の公式な委員会（教師教育者，研究者，中等教育の専門家からなる，オランダ大学連盟の下部組織の委員会）による2つの大規模な研究評価書には，いくつかの注目に値する事項が記されています。ILVOSプログラムはとても高い評価を受けました。1997年の調査では，34の評価項目中の25項目で「よい〜優れている」の評価を受けました。たとえば，プログラムの目標の完全性と明確さ，目標の達成度，プログラム内容の意義，卒業生の専門家としての資質といった重要な項目が高く評価されました。残り9つのポイントでも，「十分」という評価を得ています。オランダの大学の教員養成プログラムの中でこれほど

高い評価を受けたものはありません。

リアリスティック・アプローチについての評価研究はまだ数が少ないけれど，リアリスティック・アプローチが確かに理論と実践の溝を縮めることを経験的に示す興味深い根拠も少しは存在するのです。一方，リアリスティック・アプローチにおいて最も重要だとされる実践に対する省察の促進というのは，本当に有益なのか，という問いもあります。さらにいえば，もし有益だとして，それはどのような点において有益だといえるのでしょうか。

4.3 省察という概念を研究するうえでの問題

省察の促進の効果について研究するうえで，省察をどのように取り扱うのかが大きな問題となります。省察の概念化の仕方にはさまざまなものがあります。教育のどの部分が省察されるに価するかということの考え方の違いによって，こうした概念化の多様性が生まれます。この問いはよい教え方を構成するものは何かという問題 (Korthagen & Wubbles, 1995) に密接に関連しています。ここで，概念化に関連して，ひとつ例を挙げることにします。

ザイクナー (1983) やカールとケミス (Carr & Kemmis, 1986) などが主張している，省察を批判的探究と見るアプローチでは，よい教師は批判的で探求的な専門家と見なされます。この考え方は，学校での教育の目的についてのある特定の考え方（たとえば，子どもを批判的な責任ある市民に育てること，など）とつながっています。指導中のやりとりの質に関する研究の中でザイクナーとリストン (1985) は，批判的な性質がどれだけ会話の中に現れるかという点で省察を対象化しました（4.4 節を参照）。よい教え方の他の要素を強調する研究者は，他の方法で省察を取り扱うことでしょう。しかし，もし子どもがテストで最高の結果を出せるようにするものをよい教え方とみなすならば，全く異なる省察の概念が立ち現れてきます。きっと，高得点を取るための方法について，教師がどれだけ体系的に思考したかという観点で省察をとらえることになるでしょう。

第4章
リアリスティック・アプローチと省察の促進に関する評価研究

　おそらく，この分野の評価研究を取り巻く最大の問題は，人々の考えの根底にある教育哲学が目に見えにくいことにあると考えられます。このことから，省察を促進することの効果に関するあらゆる主張に反論の余地が残り，少なくとも確言はできません。省察の促進の効果とよい教え方についての考え方の関係性が明らかになるような，首尾一貫した理論が必要とされているのです。

　さらに別の基本的な問題は，私たちが測ろうとしているものの多くが教師の頭の中で起こっているということです。再生刺激法（たとえば，授業活動の録音・録画に基づく）や，指導中の会話分析や日誌などの技法は助けになるでしょうが，そのようなアプローチが実際に誰かの頭の中で起こっていることを表す妥当なデータを示してくれるのかどうかという疑問が常に残ります（この問題に関する詳しい議論については，第7章も参照）。

　省察を促進することについてのあらゆる研究がいかに難しいかわかったところで，この分野におけるいくつかの評価的研究の試みを紹介します。

4.4　省察を促進するためにデザインされた方略やプログラムの有効性についての経験的データ

　ザイクナーとリストン（1987）はウィスコンシン大学で行われた2つの研究について検討しています。その研究とは，教育実習生の授業に対する考え方に，省察を促進するという原理にかなったプログラムが及ぼす影響を評価するものです。彼らは，プログラムは実習生の考え方にほとんど影響を与えないと結論づけました。一方で，教育実習生たちが当初の人間主義的な態度から顕著に管理主義的な態度へと変化する様子が度々観察されたことから，「ウィスコンシンの2つの研究は，探求志向の教育実習プログラムは管理主義的な考え方に陥ることを防ぐということを示していると言える」と述べています（Zeichner & Liston, 1987, p.36）。

　ウィスコンシン大学のプログラムの結果についての別の研究では，指導という側面が強調されています。ザイクナーとタバクニック（1982）は，指導者が

4.4 省察を促進するためにデザインされた方略やプログラムの有効性についての経験的データ

実習生との仕事に意味を付与していくさまざまな方法を分析しています。9人の指導者の中で、たった3人しか技術―道具アプローチを取り入れませんでした。指導の際、従来は技術指導に力を入れていたので、彼らはこれを省察に注目するプログラムが展開されるようになってきていることを示す良い結果であるととらえています。ザイクナーとリストン（1985）は授業後の指導カンファレンスの中で、省察への志向がどの程度現れるかを評価しました。2人は省察的な授業指導と呼ばれる、異なるタイプのやりとりが生じる頻度について記録するリストを活用しています。異なるタイプのやりとりとは、たとえば事実に基づくやりとり（授業場面で何が起きたか、またはこれから起きるか）、将来に備えたやり取り（提言や評価）、正当性を示すやりとり（理由や選択）、批評的なやりとり（教育活動の正当性に対する妥当性評価や、カリキュラムや教授活動に含まれる価値観と前提についての検証）などです。2人は批評的なタイプのコミュニケーションに注意が向けられている時間は約20%で、省察的なやりとりがカンファレンスの中にどれだけ現れるかは実習生の考え方のレベルに影響されていることを発見しました。彼らは、この結果はプログラムの目標の部分的な実現を示唆するものであると考えています。

　コスケラ（Koskela, 1985, Zeichner & Liston, 1987で参照されている）は、ウィスコンシン大学の2つの教育実習セミナーでの省察的なコミュニケーションについて研究しました。彼女は、実習生たちの学校とクラスについての省察と関心が、カリキュラムの方針と実践について学校の教師たちの間に議論を引き起こした、興味深い事例を記述しています。

　これらの研究を一連のものとして考えると、ウィスコンシン大学の教師教育プログラムが少なくともその目標のうちのいくつかを達成したことを示す証拠をその中にいくらか見出すことができます。とりわけ、プログラムを通して実習生がより批判的な目で教育実習の文脈をとらえられるようになり、彼ら自身の教師としての役割についてもより省察的になれることが示されました（Zeichner & Liston, 1987, p.40）。しかし一方では、ザイクナーとリストンは、このプログラムが権威と自律性の問題に関して実習生を小グループで協働的に取

り組ませることには成功しておらず，教師を倫理的な職人であるとする考え方を組み込めなかったことを示唆する研究にも言及しています。

1980年代中ごろには，ロスの省察概念に基づいてフロリダ大学の5年間の教員養成プログラムが始まりました。教員養成段階の教師がこのプログラムの中でどのように成長するか（たとえば，Weade & Ernst, 1989），そしてプログラムの各要素が学生たちに与える影響はどのようなものか（たとえば，Krogh & Crews, 1989）について調査しようとする試みはいくつか展開されています。結論としては，教育実習生や教師教育者個人の自分史に根付いた教育への信念・哲学がもつ役割，学校の文脈の影響（特に省察の促進という目標に対して学校から与えられることが予想される支援の程度）（Kilgor, Zbikowski & D. Ross, 1989），日誌の活用についての構造的な方法論の必要性（Krogh & Crews, 1989），深すぎる省察によって自己批判と効用感の低下が起こる危険性（Ashton, Comas & D. Ross, 1989）などが強調されています。

ハットンとスミス（Hatton & Smith, 1995）による研究は，シドニー大学の4年間の教師教育プログラムの最終学年で教育実習生が明らかに省察していることを示す証拠があると述べています。実習生たちの日誌で最もよく見られるタイプの省察は，記述的省察でした。しかし，対話的省察や批判的省察の例も見られます。ハットンとスミスは，対話的省察は「批判的友人」からいろいろ聞かれることによってよく促進されると記しています。

4.5　省察の促進を目標としたオランダのプログラムの研究

この節では，私たち自身のオランダの中等学校の省察的な数学教員養成プログラムについての研究を説明します。このプログラムはオランダのユトレヒト大学で，1970年代から80年代中ごろにかけて，（オランダ語の「教師教育財団」の頭文字をとって）SOLと呼ばれる教師教育学部で実施されたものです。研究当時，そこは4年半の課程で，教育実習生は数学の他に副専攻をもうひとつ必ず選択することになっていました。4年半の中に分散されて組み込まれた総計

1年分の時間の中で，プログラムの教科内容と密接に結びつけられた形の教育が行われました。

最初に，4.3節で書いた立場に従って，プログラムの底流にあるよい授業についての考え方とプログラムの基礎にある省察についての考え方について記します。次に，このプログラムの中で行われたいくつかの研究のデザインと結果について書きます。

プログラムの底流にあるよい授業と省察についての考え方

私たちは中等教育（数学）と教師教育に焦点を当てながら，(10～13人の教師教育者が所属し，困難な時期にあった）数学科のスタッフの考え方を再構成しました。この再構成のために，私たちは資料を分析し（スタッフが書いた公式，非公式の文書で入手可能なものはかなりありました），スタッフにインタビューもしました。再構成を検証するために，SOLプログラムの卒業生たちを対象に，SOLプログラムの中の教員養成の特色を挙げることを求める調査研究を実施しました（Korthagen, 1982）。さらに，スタッフの考え方を再構成したものを46項目の質問紙にまとめ，それには教師教育者によって5段階の評価がつけられました。これらの評価によって，今までの結論が裏付けられました（Korthagen, 1988）。再構成の結果についてはコルトハーヘン（1982, 1985）に記しました。ここでは，「よい授業」をスタッフがどうとらえているか，その考え方の中で省察はどのような役割を果たしているか，という2つの質問に対する回答をまとめて紹介します。

個々のスタッフの回答は，オランダの中等数学教育の状況に強く影響されていました。1970年代には1.7節に書いたようにリアリスティックな数学教育の方へ偏りました。この中で，具体的な問題や現実の文脈が活用されました。生徒たちは現実の問題を数学的モデルに変換し，数学の技法をそのモデルにあてはめ，そこから導かれた数学的解答を実現可能な最善の解決策に変換するように教えられました。生徒たちはこのように，分析して，重要な物事とそうでな

第4章
リアリスティック・アプローチと省察の促進に関する評価研究

いものを見分け，構造化し，理論と実践を接合し，新しい解答と問題解決方法を創意工夫することを求められます。そこでは協働的な学びとメタ認知方略が最も重要で，それらは非常に注意深く取り扱われます（このリアリスティックな数学教育の発展についての詳細は Freudenthal, 1991 と Treffers, 1987 を参照）。

このプロセス重視の数学教育の考え方は，SOL の数学科の教師教育者の思考にも影響を与えないはずがありません。振り返ると，その教師教育者らの見解は次のような特徴をもっていたといえます。

1. よい教育は学習重視である。生徒の学びのプロセスに焦点を当て，教師はそのプロセスのファシリテーターとして存在する。
2. 教師の主な仕事のひとつは，実在する具体的な問題を，つまり子どもが分析し，構造化しながら他の解決法を試しつつ取り組めるような問題を，提示することである。
3. 教育は問題解決，協働的な学び，メタ認知の方略，そして学び方を学ぶことに注意をしっかり向けるべきである。
4. よい授業の最終的な目標は，意識的で方略的な学びと問題解決とを促進することである。
5. 生徒がより自主的に学ぶようになるプロセスには，子どもが学習プロセスについて少しずつ責任を与えられていくような，慣らしの方略が必要とされる。
6. 教師と生徒の関係は，教師が安心と挑戦の雰囲気と，各生徒に必要なだけの構造を提供する援助的で協力的な関係である。
7. 教師は真に援助的で協力的な関係を作りあげるために，生徒との対人関係を分析し発展させることができなければならない。
8. 教師は断固として，意識的に，そして整然と，媒介者として授業場面に関わる能力を備えているべきである。
9. 教師自身が，意識的，体系的に数学を扱うことができるべきである。
10. 教師は生徒との人間関係に文脈が及ぼす影響力，特に学校の文脈の影響

力に自覚的であるべきである。
11. 教師は自らの強みと弱みに対して自覚的であり，上記の 10 個の原理が示す方向性に沿って自らの発達を導くべきである。

　これらの 11 の原則から明らかになるのは，省察的態度を育み，分析し，構成し，解決策を創意工夫することは，数学の授業を受ける中学校の生徒たちにとっても教師になろうとする人にとっても基礎的な教育の目標のひとつであるということです。教育実習生についていえば，これらの目標は，数学においてだけでなく，専門家になるための準備という点においてもめざされます。実習生が最終的に，1 人で ALACT モデル（図 2.2）を使いこなせるようになることがめざされているのです。このモデルに表されるプロセスは，省察のプロセスに関する SOL の考え方を示しているといえます。このプロセスの難しい点は，知的な構造が形作られたり，既存の知的構造が作りかえられたりする，モデルの第 3 局面に見られます。

　ですから，省察的な教師とは，数学を教える場面への省察や，クラス内の対人関係，そして教師としての自身の成長に焦点化しながらも，すべての授業と学習の場面で ALACT のサイクルをたどることができる者であるというのが，SOL の教師教育者たちの見解となりました。実習生は教員養成期間中に省察的な姿勢を身につけ，発達するための能力を育てるべきとされるのです。

プログラムの内容

　プログラムでは，日々の授業場面での自らの思考や感情，態度，活動についての体系的な省察が重要視されます。プログラムの最終的な目標は，必要な時にはそれを発揮しながらも，教育実習生たちが主観的な現実のとらえ方を教師教育者の指導なしに省察し，生徒や他の教師など外部からのフィードバックを活かせるようになることです。このプログラムの大きな特徴は，実習生が実習を始める前に省察について学ぶことにあります。教育実習の最初の期間は，

第4章
リアリスティック・アプローチと省察の促進に関する評価研究

「乗り切ること」が最大の関心事となるような，重いプレッシャーを感じる時期になることがあります。これは省察の技術を学ぶのに適した時ではありません。教師になろうとする人は，教室における自身の行動に，そのような個人的な関心が与えている影響を見極めるための省察能力を十分自在に扱えるようになっていなければならないという考え（Goodman, 1985を参照）に基づきます。つまり，プログラムの1年目には，省察のために他の経験内容を組み込まなければならないということです。最初にまず，実習生が実習生仲間や生徒との日々の関わりにおける自分の思考，感情，姿勢，活動について省察することを学ぶための特別な科目が準備されています。この科目はまた，共感や感情の表出などの社会性のスキルを伸ばすことを目的とした演習も含んでいます。

プログラムの中の数学に関連する内容と専門性に関連する内容は密接につながるようにデザインされています。プログラム中で数学的内容を学ぶプロセスは，省察の対象にもなります。実習生たちは教科内容と，実習生仲間との協力や助け合いの方法の両方について，省察するように仕向けられます。休みの間に学生は特定の数学の問題をどのように解いたかを記すレポートを課されます。このようにして，数学的な成果だけでなく，数学的な探究のプロセスもまた強調されているのです。中等学校では，生徒たちはしばしば，数学の問題を解くうえで重要なのは正解を導くことだという印象を受けます。だからこそ，教師教育者は複数の解があり得る，または当てはめれば解けるような決まった解法のない問題を選ぶのです。そうすることによって，正しい解法と生徒たちが問題に取り組んださまざまな方法とを比較することが，より面白くなります。教育実習生の活動と学びの方法に関する省察についていえば，このプログラムは，数学とはそもそも頭の体操であるという考えをぬぐい去りました。問題を解く楽しさや，特定の問題への嫌悪，問題に没頭する経験，誰かと一緒に解く喜び，解法が「見えてきた」時の興奮などを抱く中で，感情と姿勢がとても自然に表出します。教育実習生はこのような側面について省察するように指示されます。学びのプロセスのより感情的な側面の意義を理解することは，教師になろうとする人にとって非常に重要なのです。

プログラムの中で，教育実習生に選択肢が与えられる場が何回かあります。たとえば教育学については，実習生たちには全体のカリキュラムに対する発言権が与えられており，数学科では教材の選択権を与えられることが多くあります。省察することを学ぶことと選択することを学ぶことは，とても近い関係にあります。それはつまり，過去や未来の自身の選択について沈思することであり，その場合教師になろうとする人は自分の目標と姿勢について省察せざるをえないのです。個別の面談と指導者がコメントを加える日誌を通して，実習生は目の前に開かれた多様な選択肢について省察するようになります。また，実習生自身の授業スタイルを開発することにもつながります。

　2年目になって初めて，実習生たちは実際に実践的な授業に携わります。最初の段階では，個別に中学生の手助けをします（1対1の構成は，3.5節で述べた構成に似ています）。こうしてクラス全体をコントロールしなければならないという難題を取り除き，実習生がすべての注意を1人の生徒の学びのプロセスと教育に向けることができるように，十分安心できる環境が整備されます。ここでもまた，日誌と大学での指導が省察を大いに促進しています。

　最初のクラス体験は2年目の最後に計画されています。小学校（11歳から12歳）のクラスが3つ（または2つ）のグループに分けられ，実習生は約8人の子どもたちから成るグループをひとつ担当し，6週間，週に1時間から1.5時間を受け持ちます。この時，指導教諭は立ち会いません。そして同じクラスの子どもたちを教える2，3人の実習生がグループになって1人の教師教育者のもとで指導を受けますが，その指導は実習生の日誌に基づいて行われ，指導者が学校を訪問することはありません。つまり，実習生は大きな自由と責任を負っているのです。こうすることで，教師になろうとする人がそれぞれの自分らしい授業スタイルを見つけやすくなります。また，さらに大事なことに，その固有のやり方と成長に対して省察しやすくもなるのです。3，4年目には，教育実習生たちは，中等学校のひとつのクラス全員を担当し，指導教諭の指導を受けます。効果的な指導のために，指導教諭たちは教えることについての指導教諭自身の信念を脇に置いて，実習生が自分たち自身の信念を発達させられる

第4章
リアリスティック・アプローチと省察の促進に関する評価研究

ようにする，特別なスキルの訓練を受けています。

4つの調査研究

私たちはこのようなプログラムの枠組みの中で，4つの調査研究を行いました。ここでは，4つの調査研究について簡単に検討します。

研究1．総合評価

最初の研究（1982）は初期のプログラムの総合評価として行われました。この調査は116人のSOLの卒業生と，卒業間近の13人の教育実習生を対象にした筆記調査で，うち10人はインタビューにも回答しています。アンケートに記された質問項目の中で最も重要な質問は「教師教育を受けている間に学んだことは何ですか？」，「教師教育に欠けていると思うものは何ですか？」というものです（この調査の詳細については，1982, 1985を参照）。

前者の質問に対しては半分以上の回答者が，省察的な教え方について学んだ成果と自らの発達を方向づけることを，自発的に挙げています。しかし，多くの教師，特に中等職業学校で働く教師は，クラスをまとめたり動機付けたりすることに困難を抱えていると訴えています。

この調査から，省察的な学びの受け止め方は実習生によって異なるという重要な結果が判明しました。私たちは省察的な実習生を内的志向をもつ実習生と呼びます。こうした実習生は知識を活用することを望み，問題を構造化したり経験したりすること自体に価値を置きます（これが私たちの省察の定義と一致していることに注意してください。）。外的志向をもつ実習生は，誰か（たとえば教師教育者など）からガイドラインや枠組みを与えられることを求めます。

研究2．長期研究

内的または外的な志向をもつ実習生たちがいるという現象を受けて，私たちは2つ目の研究に着手しました。この研究は1984年に始まり，18人の学生の

グループの教職履修過程を追跡し，アンケート調査やインタビュー，指導カンファレンスのビデオ録画などを行いました。さらに，彼らを担当する教師教育者に定期的にインタビューをし，学生たちについてのアンケートに答えてもらいました（この研究の詳細については Korthagen & Verkuyl, 1987 と Korthagen, 1988）を参照）。この研究からも，内的志向をもつ実習生と外的志向をもつ実習生の違いが明らかになりました。相違点を説明するために，研究1と2の回答の中からいくつか例を挙げてみましょう。

内的志向をもつ回答者は養成期間中に何を学んだかと聞かれて，次のように答えました。
・自分自身の教え方を省察することを学んだ。これは，自分ひとりで授業する時に助けになると思うので，重要だと思う。どうすれば自分のよくない点を正すことができるか？　自分は何をうまくできたか？　何を間違えたか？　それはなぜか？　こうしたことを問い，答える能力が，難しい授業場面で問われるのだと思う。
・自分の経験からできる限り多くのことを学ぶことを学んだ。
・自分の間違いを見つめ，自分自身を改善していくことを学んだ。
・自分自身の行動の理由を常に考え続けることが自分のためになるし，必要なのだと気づいた。
・自分自身を評価することを学んだ。
・ここで学んだ最も重要なことは，自分自身を見つめ，自分自身で問題を解決する，少なくとも問題解決の最初のステップを自分でとることだ。
・自己省察的に行為し，教師としての自分の働き方を日頃から振り返り，これらの行為を結論と将来のガイドラインに結びつけて生かすことを学んだ。

外的志向をもつ回答者は，プログラムについて次のように答えました。
・自分で見つけなければならないことが多すぎた。
・何を学ぶことが期待されているのか，どこまでやれば十分なのか，何が正し

く何が間違っているのかをもっとはっきりさせるべき。
・教師教育者たちはいつも質問するばかりだった。
・自分の意見は何か，どう考えどう感じているのかということをいつも話さなければならない。
・グループでやることが多すぎるし，説明も少ない。
・枠組みがない。
・日常的に見られる普通のこと，つまり，努力を惜しんだり，カンニングしたり，授業をサボったりすることを扱う授業の方がよい。
・生徒側にやる気が欠けている状況に，どう対処しろというのか？

　この研究によって，（省察を重視する）教師教育者の暗黙の学びの概念と教育実習生の学びの志向が「衝突」することがあることが判明しました。省察の促進という目標に基づく教師教育プログラムが，既にある程度省察的な（内的志向をもつ）人に最も効果的であるというのは，このようなプログラムの危険な点のひとつです (Calderhead, 1989, LaBoskey, 1990)。
　長期的な研究から，1年半後には18人のうちの外的志向をもつ実習生の多くはプログラムをやめていることがわかりました。数学の成績がよくなかったことが理由である場合が多いにせよ，やめる決断をした主な動機は，彼らが求める枠組みがないことであったようです (Korthagen, 1988)。18人の実習生のうち，8人が2年目が終わる前にやめました。きっと彼らのうちの何人かは，もっとゆっくりと馴らしながら省察的アプローチを紹介していくことができていれば，違った結果を見せていたかもしれません。

研究3．IEOテスト
　内的，外的な実習生の志向を区別した後，教師と教師になろうとする人の学びの志向を測るアンケートを考案しました。これを IEO テスト，つまり内的・外的志向テストと呼んでいます (Korthagen, 1988, 1993a)。このテストには2つのバージョンがあります。ひとつは教員養成の最初の段階を受けている教

育実習生向けのもので，もうひとつは現職教師と授業の経験を積んだ教育実習生向けのものです。

　バージョン 1 は，6 つの下位尺度で測られます。（自己）：教師になろうとする彼ら自身，（仲間）：仲間の学生，（教科内容）：プログラムの教科内容（数学）の 3 つについて，それぞれ内的志向（内）か，外的志向（外）かを表す 6 つの下位尺度です（表 4.1）。予備実験からは，それぞれの項目によって実習生の学びの志向が異なることがあることが判明しました（詳しくは Korthagen & Verkuyl, 1987 参照）。

　IEO テストのバージョン 2（教師と授業経験のある教育実習生向け）では，以下のように 8 つの下位尺度を用います。（自己）：教師自身，（生徒）：生徒，（教科内容）：学校の教科内容（数学），および（文脈）：学校の文脈の 4 つの項目について，それぞれ内的（内）または外的（外）志向である程度を示す 2 つの尺度で測られるのです。両バージョンとも，実習生は 5 段階（1 =「全くそう思わない」から，5 =「とてもそう思う」）で回答します。

　バージョン 1 は，SOL プログラムの数学科の 1，2 年生 138 人と，他の 2 つの教員養成大学で実施されました（2 つのバージョンの使い方など詳しいことは Korthagen, 1993a を参照。ここでは主な結論を要約します）。

　6 つの下位尺度の信頼性は確認されています（表 4.2）。1% 以下の相関は 0.70 を超え，最も高いものは 0.76 でした。ここから，IEO テストは信頼できるツールであると結論づけることができるでしょう。しかし，このようなアンケートの弱みは，回答者が書いた答えと実際の傾向の間にずれがあり得ることです。

　私たちは SOL の数学科の学生たちが授業の中でより内的志向になったかどうかを見るために，IEO テストを行いました。テストを通して，55 人の他大（2 校）の数学専攻の学生と，37 人の SOL 数学専攻の学生の「自己-内」「仲間-内」「教科内容-内」のスコアを比較しました。数学科専攻の学生を対象としたことがここではポイントとなっています。SOL の中で省察の促進という原理に沿って教えられているのは数学科だけだったのです。それに対して，比較

第 4 章
リアリスティック・アプローチと省察の促進に関する評価研究

表 4.1 IEO テスト（バージョン 1）のそれぞれの尺度の代表的な 3 つの項目

（原語はオランダ語）

No.	項目	尺度	タイプ	M	SD
47	「私は誰？」と自問する	自己-内	b	3.23	1.26
57	自分自身の発達について考える	自己-内	b	3.33	1.15
60	自分自身について省察する	自己-内	b	3.60	1.10
18	他の人からどうすればより上手く指揮をとれるようになるか教えてもらえるとありがたい	自己-外	a	3.81	0.88
31	私のしたことのどこが間違っているか人から教えてもらいたい	自己-外	a	3.75	0.95
40	他の人が自分の指揮の取り方についてコメントしてくれるのが好き	自己-外	a	3.55	0.89
25	実習生仲間に興味がある	仲間-内	a	3.64	0.89
42	実習生仲間のことを知ろうとしている	仲間-内	a	3.53	0.90
54	実習生仲間が抱える問題に興味がある	仲間-内	b	2.72	0.98
33	実習生仲間とうまくやるこつに興味がある	仲間-外	a	3.23	0.95
35	実習生仲間とのつきあい方について指導者から何か言ってもらうことは重要だと考えている	仲間-外	a	2.92	1.09
43	実習生仲間との協力のし方についてアドバイスをもらうことは重要だと思う	仲間-外	a	3.17	1.00
30	数学の問題に何時間でも取り組める	教科内容-内	a	3.29	1.42
51	空き時間に数学パズルを解こうとする	教科内容-内	b	2.53	1.12
53	思い浮かんだ数学の問題に思考が集中し続けることがある	教科内容-内	b	3.12	0.97
4	数学の問題に取り組む時に，他の人の協力を得るのが好き	教科内容-外	a	3.65	1.02
26	すべてが段階的に説明されている数学の教科書の課題が好き	教科内容-外	a	3.64	1.16
32	ある種類の問題の解き方を誰かが教えてくれるのが好き	教科内容-外	a	3.56	1.00

省察の促進を目標としたオランダのプログラムの研究

表 4.2　IEO 尺度の信頼性　　　　　　　　　　　　　　　　　　　　　　　　(n=138)

	尺度					
	自己-内	自己-外	仲間-内	仲間-外	教科内容-内	教科内容-外
項目数	11	10	10	10	10	10
クロンバックの α 係数	.87	.77	.87	.81	.85	.80

する2つの他大の数学科では，省察の促進は明示的な目標とされていませんでした。

　SOL の学生は，3つの内的志向の尺度において他大の学生よりも有意に高いスコアを見せはしませんでした。これは，研究対象のグループが1，2年生であったことが関係していると考えられます。省察の促進の成果は，ゆっくりと表れてくるものです。従って，SOL の1年生と2年生の内的志向のスコアも比較しました。「仲間-内」「教科内容-内」では有意な差は見られませんでしたが，「自己-内」においては2年生の方が1年生より有意に高いスコアが表れました（$p=.02$，片側検定）。しかしながら，差は比較的小さいものの，他の大学の2年生も1年生より有意に高いスコアを出しています（表4.3）。

　さらにこの研究から，実習生が「自己」「仲間」「教科内容」において内的または外的志向になる程度が，どのように年齢や被教育経験，性別と相関するかを検討しました。年齢が上がると，実習生仲間との関係は省察されにくくなる傾向が見られました（$r=-.29$，$p=.01$）。比較的高度な学校教育を受けてきた実習生には，数学を教えることについて外的な傾向が見られることが少ないこともわかりました（$p=.02$）。これらの結果は，すでに立証されている，大人になるにつれてピア・グループの重要性が薄れるという事実とも，高等学校及び高等専門学校の中で学生は自分の力で勉強を進められることが求められるという事実とも合致しています。自己の項目では，年齢と内的志向の相関がほとんど見られないことも，注目すべき点です。

　また，「自己-内」において女性が男性より有意に高く（$p=.02$），「教科内容-

第4章

リアリスティック・アプローチと省察の促進に関する評価研究

表4.3 数学専攻の教育実習生（1年生と2年生）の得点

		1年生		2年生			p
		n	M	n	M	t	(1-tailed)
全学生	SOL	26	3.32	11	3.82	2.04	.02
	他大	18	3.20	37	3.56	1.74	.04
男性	SOL	13	3.32	8	3.80	1.47	.08
	他大	12	3.18	23	3.46	1.00	.16
女性	SOL	12	3.30	3	3.85	1.31	.11
	他大	5	3.44	14	3.73	0.98	.17

注）データの欠損のため，小計は一致しない。

内」において有意に低いことが明らかになったことも，興味深いでしょう。明らかに，教師になろうとする女性は男性よりも実習生仲間との関係性を省察する傾向があり，数学の問題を自分で解こうとする傾向が少ないようです。言い換えれば，女性の学びは男性の学びよりも社会性を重視するのです。この発見は，一般にジェンダーの分野で言われていることと一致します。たとえば，ミラー（Miller, 1976）は，女性が男性よりも社会的調和と円滑な対人関係に大きな関心を寄せていること（男性以上の社会性の重視）を論じています。「教科内容-内」で有意に低いこと（と「教科内容-外」で有意に高いといえること）は，女性は男性より自尊心が低いという一般的な推測で説明することが可能かもしれません。「教科内容-内」（と「教科内容-外」）に見られる男女差は，自己評価をもとに調査していることによって生じた差であると考えるわけです。しかし，マコビーとジャックリン（Macoby & Jacklin, 1975）は，このテーマに関する徹底的な研究の中で，自尊心にジェンダーはほとんど関係していないことを立証しました。ですから他の説明としては，女性は男性より弱点を隠さない傾向があること（Van der Meulen, 1987），女性は男性より学業成績を強調しないこと（Flaherty & Dusek, 1980），女性は男性より一般的に評価的なフィードバックに対して敏感であること（Roberts & Nolen-Hoeksema, 1989）などが考え

られます。これらの説明は，教師になろうとする女性が教科内容の学びについて外部からの手引きを求めがちであることに注意を向けるべきだという仮説を裏付けます。しかしここでは，性別的な役割に関するステレオタイプに陥らないように気をつけねばなりません。また，ジェンダーによる違いを緩和するためには，学びの概念と学びの志向を発達させる長期的な方略を使わなければなりません。エクレス（Eccles, 1985）は，男子が数学でよい成績を取ると才能と教科への興味が原因だと思われるのに対して，女子がよい成績を取るとコツコツと努力したおかげだと受け取られがちであることを指摘しています。教師は，先天的な才能がどれだけ結果を左右するか，といった考え方を子どもたちの中に植え付けてしまうことがあります。これが，子どもに内的な学びの志向を身につけさせるうえで必要な自信の獲得を阻む主な要因になっています。この自信が重要なのは，女子に限ったことではありません。

研究 4. 2つの教師教育プログラムの効果の比較

　最後に，4つめの研究は，SOLのプログラムの卒業生を他の教科内容中心のプログラムを採用している大学の卒業生と比較したものです（Wubbels & Korthagen, 1990）。対象は，1年以上10年以下の教職経験のあるSOLプログラムの卒業生（n=37）と他のプログラムの卒業生（n=36）です。IEOテスト（バージョン2の内的志向性スケール）を用いて省察的姿勢を軸に測定しました。教師へのアンケートを通して，変革への傾向と，仕事への満足度を測り，子どもたちの認識を通して生徒との対人関係の質を測り，またその対人関係についての教師と生徒たちの認識の差から教師の対人関係の認識の的確さを測定し，比較を行いました。この研究では，教師の省察的な姿勢と変革への傾向に対して，プログラムが影響を及ぼすことを立証することはできませんでした。

　これは，省察を適切に研究することの難しさという前述の問題と部分的には関わっているでしょう。しかし，そうだとしても，これらの変数とプログラム目標の密接な関係を考えると，この研究結果はもちろん，残念なものだったといえます。一方で，注目すべきことに，プログラムの卒業生は，対人関係の質

第 4 章
リアリスティック・アプローチと省察の促進に関する評価研究

と対人関係の認識の的確さ、そして仕事の満足度において、教科内容に関する知識を重視した他の保守的なプログラムの卒業生よりよい結果を見せています。特にこうした効果は、卒業後 2 年以上経過した教師の場合に顕著に見られました。つまり、省察を促すようにデザインされたプログラムの効果は大抵の場合、長期的スパンで確認される類のものなのだろうというザイクナー（1987, p. 573）やザイクナーとリストン（1987, p. 36）などの考え方を裏づけています。研究 1 からは、教員養成期間中に強い省察的傾向を身につけた教師であっても、教師人生の初めの頃にはそれを活かせていないことが示されました。卒業 1 年後の評価では、ある教師（2.1 節の例に取り上げた教師）は省察に関する自身の学びの結果からストレスを受けているだけでなく、次のようなことを明かしてくれました。

> 矛盾だらけの状況を前にして、省察の能力が奪われるような経験をした。自分が空っぽになってしまった感じ。もう頼るべきものが何もなくなってしまった。教員養成と現場体験では何もかもがうまく行っていたのに、それでもこんなになってしまうなんて…でも、問題に向き合う力が戻ってきた。私はまた成長している。あの時はただちょっと立ち止まるべき時だったのだろう。

SOL プログラムの卒業生も、この例に似た物語を報告しています。コルトハーヘン（1982, 1985）は、これは省察的な授業を行う能力が教職 1 年目の間に消えがちであることを示していると考えています。しかし、この能力は半年ほど経つとまた元に戻るようです。ですから、ユトレヒト大学のプログラムの卒業生は、2 年後以降は行動中に思慮のある選択をするために、最初に直面した困難な経験を含む、彼自身の経験を生かすことができるようになります。多くの回答者が報告しているように、失った理想を回復するのです。研究 2 の結果も同じことを示しています。つまり、この長期的な研究の対象となった教師たちは教職 1 年めには、同じように理想と日々の授業実践の関係性について省察することをあまりしなくなったと同時に、この現象をとてもよく自覚していました。これらの SOL プログラムの卒業生は、学校での実践のパターンを確立

するための一時的な調整と，自分たちの「潜伏中の」理想を実現する機会を待つという2つの方略を使っていると考えられます。このような結果から，省察の能力は約半年の，いわゆる潜伏期を経るのだといえるのです。

知っている限りにおいて，教職に就いてだいぶ経ってからの発達に対して教師の省察能力が及ぼす効果はまだ研究されていません。しかし，諸研究によれば，この能力は教師のバーン・アウトを緩和するという仮説が成り立ちます。ショーン（1983, p. 61）がいうように，実践の活動がルーティン化すればするほど，自身が行っていることについてあまり考えなくなる危険性は増大し，最終的には，もう修正されえないパターン化されきった行動になってしまいます。ルーティン化された活動は，怠惰とバーン・アウトにつながりやすいと考えられます。省察する能力があれば，教師は仕事に興味を持ち続け，仕事への満足度を適度に維持し続けやすくなります。研究4の説明の中で記したように，このことは上記の仮説を裏付けているといえます。

4.6　結びと今後の研究や発展についての提言

ここまでに説明してきた研究を振り返ると，以下のような結論と，研究と発展の可能性が見えてきます。

リアリスティック・アプローチについての研究は，全体として不足しています。しかし，存在するいくつかの研究は，このアプローチによって理論と現実の溝がなくなったことと，リアリスティックな教師教育プログラムの卒業生は他の教師よりもかなり積極的に教職に就く前の養成課程に取り組むことを示しています。

リアリスティック・アプローチの重要な要素である省察の影響についての私たちの調査研究は，残念な結果に終わりました。研究者によって異なる省察と省察的な授業の概念化の方法は，教師教育のカリキュラムづくりの出発点とするには，一般的にあまりにあいまいすぎるのです。教育の基礎にある哲学と結びつけて，省察の概念をよりはっきりさせ，洗練させることが必要です。こう

第4章
リアリスティック・アプローチと省察の促進に関する評価研究

することで，省察を促すようにデザインされた教師教育プログラムの意義についてのあいまいな議論と信念から離れ，プログラムの目標達成度に関する経験的データに基づいた理論作りが可能になります。そのためには，省察や省察的に教えることという概念を注意深く取り扱うことだけではなく，精巧な研究方法を用いる必要があります。私たちが影響を与えようと試みている対象が教師の頭の中にあるということを踏まえると，これは簡単な課題ではありません。省察を促進するようにデザインされたプログラムと方略の効果を扱ったいくつかの研究は，それらが教師にある程度の好ましい影響を与えることを立証しました。しかしそれらの研究はまた，教育実習生がもつ学びについての概念と教師教育に対して文脈が与える影響力が，これらのプログラムの潜在的な能力を制約することも示しています。

　私たちの考えでは，効果についての研究は，プログラムのどの特徴と要素がどの効果の要因であるのかという問い，そして，より省察的な教師を輩出するために教員養成において用いられるどの方略が最も効果的であるといえるかという実践的に重要な問いに注意すべきです。プログラムの特徴と学びの成果の関係性を評価するために，教員養成中とその後の教師の発達プロセスに焦点を当てた長期的な研究も必要でしょう（Wubbels & Korthagen, 1990; Zeichner, (1987) も参照）。このような研究によって，省察を促進しようとするプログラムの効果は 1 年以上教職経験を積んで初めて確認できるようになるという仮説をより深く検討することも可能になると考えられます。このような研究では，個々の実習生の差異，たとえば学びの志向の違いが考慮されなければなりません。

　文脈が教師の発達に及ぼす影響は，省察的授業の研究において重要なテーマとされるべきです（Wildman & Niles, 1987; Zeichner & Liston, 1987 も参照）。たとえば教職専門開発学校と呼ばれるものの中で，教育実習の文脈を変化させる方法を検討することが必要です（1.6 を参照）。そのためには，教師や研究者の協力を得た教師教育者たちのチームによって，一種のアクション・リサーチが実施される必要があります。

4.6 結びと今後の研究や発展についての提言

　省察の促進に関する私たち自身の研究の重要な結論は，ゆっくり慣らしながら進むというアプローチが外的志向をもつ学生にも効果的であるということです。最初の段階では，外的志向をもつ学生たちには彼らが好むような枠組みを外部から提示する方がよいかもしれません。これを私たちは馴らしの方略と呼びます（Hatton & Smith, 1995 でも主張されています）。そうしなければ，外的志向をもつ学生は学んでも得るところがないと感じ，本当に得ることをしなくなってしまいかねません（Kothagen, 1988; Korthagen & Verkuyl, 1987 も参照）。教師教育者は，最初からすべてを自力で考えられることを期待せずに，具体的な指示を出し，選択肢を与え，十分なフィードバックを与えることで，外的志向をもつ実習生を手助けすることができます。日誌の活用（第 8 章で議論）は，教育実習生に自身の学びのプロセスについて個別的にフィードバックを与えるよい手段です。特に，外的志向をもつ実習生に効果的でしょう。合言葉は「急がば回れ」です。

　教員養成段階の早すぎる時期に省察を強調することは，初心者に疎外感を抱かせかねない。特に養成課程の早い段階では，実習生は省察を，彼らが本質であるとみなすような，技術的なスキルや教授内容の習得に役立たない難解な回り道とみなしがちであるため，省察を継続するのは難しい（Hatton & Smith, 1995, p. 36）。

　ハットン & スミス（1995, p. 36）はさらに，省察が教師として働くことに必ずしも結びつかないという問題を指摘します。

　省察がよりアカデミックなものととらえられがちであるのに対して，教師は目の前の現実を見ながら瞬間的で実際的な行為をとる仕事だと考えられがちだ。

　はじめから長い授業や学校で行われた授業を実習生に分析させたり，彼らの第一の関心事とは異なるテーマに焦点を当てたりするよりも，実習生仲間の短い授業（10 分間授業）を振り返るようにさせた方が，省察の促進には効果的です。

さらに，実習生は学びの志向について解説されるべきだと考えられます。たとえば，ギブズ（Gibbs, 1983）は，学生が自らの学習のプロセスについての認識を省察し，プロジェクト研究をしたうえで，それらについてグループで討論するという構造的な方法を主張します。このようなアプローチは教師教育において大変有効です。その意義は2つのレベルで説明できます。ひとつは教師教育の中で教え―学ぶプロセスが起こる時に見える意義で，もうひとつは実習生が最終的に授業することになる学校で明らかになる意義です。教師になろうとする人にとって，子どもたちもまた，それまで受けてきた教育を反映して異なる学びの志向をもっていることに気づくのは大事なことです。

第5章

実習生の個別指導：省察的な教師を輩出するための指導プロセス

Fred Korthagen

> 聖人は自らの意思をもたず，人々の意思を自らの意思として扱う。
> ―老子『道徳経』
>
> 本章では，教育実習生への個別的な指導について説明します。教師教育に対するリアリスティック・アプローチは，それぞれの実習生が感じたことを省察の出発点としながら，具体的な授業場面について省察するように促します。本章では次のような問題を扱います。教師教育者や実習校の指導教諭が実習生の中に省察のプロセスを生みだすにはどうすればよいのか？ その際，どのような指導スキルを身につけているとよいのか？ また，それらのスキルはALACTモデルの各局面にどのように位置づけられるものなのか？ といった問題です。

5.1 はじめに

本章では，実習生の経験，特に教育実習の経験に対して省察するように促すプロセスについて議論します。

これまでの章を通して，省察の「理想的な」プロセスがどのようなものと考えられるかを明らかにしてきました（2.7節を参照）。そのプロセスをより具体的に記述するために，以下の5つの局面からなるALACTモデルを紹介しました。

第5章
実習生の個別指導：省察的な教師を輩出するための指導プロセス

1. 行為
2. 行為の振り返り
3. 本質的な諸相への気づき
4. 行為の選択肢の拡大
5. 試行

　省察を促すことの最終的な目標は，教師がALACTモデルのサイクルを自律的にたどれるようになることだと私は考えます。別の言い方をすれば，教師教育は実習生に省察させるだけでは十分ではなく，実習生が自分の力で，指導者のサポートなしに省察できるようになることが必要です[1]。つまり，教員養成プログラムが終わった後も発達し続ける能力，いわば成長しつづける能力を身につけさせるのです（2.9節を参照）。ここで「自律的に」という時，「個人で」ということを意味するわけではありません。自律的に学ぶ人というのは，自分自身の発達の方向性を決め，客観的に自身の発達をとらえられる人を指します。そしてそのために，他の人と協働する人のことです。このような人はまた，援助やフィードバックが必要な時だけでなく，自身の学びのニーズや次の局面にうまく進めたことに気づいた時にも，自ら人に助けを求めることができます。

　本章では，指導またはメンタリングのプロセスを通して実習生をより省察的にするという目標がどのように実現され得るのかという問いを中心に考察します（メンタリングという用語はヨーロッパでは一般的です。用語を単純化するために本章では指導を，メンタリングを含む用語として用います）。第6章では省察を促す時に仲間が果たす役割について述べます。

5.2 慣らしの方略

　省察の促進を中心としたアプローチに慣れていない教育実習生は，自分自身の学びに責任を取りたがらないものです。コームズら（Combs et al., 1974）とロジャーズ（Rogers, 1969）は，多くの学習者に見られるこの受け身な姿勢を指摘しています。カンター（Cantor, 1972, p. 111）もこの学生たちの姿勢を鮮やかに言葉にしています。

　さあ，いつでもどうぞ。何か申しつけてくれれば言われたようにやるよ。ただ，お願いだから放っておいて。あら探しをして，わからなくて恥ずかしい思いをさせるような質問をしないで。ただ一方的にしゃべってくれれば，ノートをとります。テストが近くなったら教えてください。少し暗記をして，あなたが答えてほしい内容が書きとめたノートを見返して，きっと合格してみせるから。ただ，お願いだから面倒なことはさせないで。うちらは詳しくないんだから。そのためにあなたはいるんでしょう。教えてください。

　コームズら（1974, p. 35）は次のように書いています。

　過去の経験を通して，彼ら（学生たち）は大抵，新しい事実を与えられないと何かを学んだと実感できないように徹底的に洗脳されてしまっている。

　新しい学び方に抵抗していては，成長することはできません。だからこそ，これまでの章で述べてきた，教育実習生と共に学ぶ際に重要になるいくつかの考えについて，再度手短に説明します。これらの考え方は，省察を促すどのようなアプローチを選んだとしても必要になる条件だといえます。
　まず，ゆっくり慣らしながら進める方略というのが，重要です（4.6節を参照）。確かに，教師になろうとする人は自分自身について省察する能力を獲得するべきです。しかし，教師教育者が，それを可能にするための枠組みを十分に提供することもまた必要です。教育実習生に，手助けを得ることなしにすべ

第5章
実習生の個別指導：省察的な教師を輩出するための指導プロセス

てを自分で切り拓くように強いてはいけません。教師教育者は，実習生たちに具体的な課題を与えて，選択肢を提示し，フィードバックを与えた後は，実習生の方から言葉で，もしくは暗示的に求めてきた際にだけ，援助することが許されます。教師教育者は個人差を考えなければなりませんが，徐々に実習生自身がより多くのことを判断できるように導くのです。

省察を身につけるプロセスは，たとえば，実習生仲間に比較的簡単な概念や原理について説明するといった容易で短い経験を振り返ることから始まります。

また，私たちは安心と挑戦のバランスのとり方についても議論してきました（3.6節）。学習の契約とモニタリングのスケジュールは，彼らが必要とするバランスをつくりだすのに有効です（Gibbons & Philips, 1979）。しばらくすると学生も自分たちの達成度を評価する責任を負えるようになります。このように自己評価が重視されることは，成長しつづける力を発達させるために，まさに不可欠なのです。しかし，それと同時に，ゆっくり慣らしながら進めるというのも，常に最優先すべき原理です。

最後に，指導のプロセスの中で獲得されるより理論的な見識が，教育実習生にとって有益なものでなければなりません。そしてそのためにも，その見識は実習生自身のニーズと，関心，考え方，省察と結びついていなければなりません。つまり，指導者は学問知（エピステーメー）（大文字の理論）よりも実践知（フロネーシス）（小文字の理論）を発達させることをめざすべきだということです。

これらのことを念頭に置いて，次節からは指導のプロセスについて見ていきましょう。

5.3 指導のプロセス：専門性開発のらせん構造

指導の最終的な目標は，教育実習生がALACTモデルを自律的にたどれるようになることです。つまり，継続的に，意識的に，自らの経験から学び続ける

5.3 指導のプロセス：専門性開発のらせん構造

ことによって，実習生たちはよりよい教師になることができるのです。指導者（教師教育者，または指導教諭）は教育実習生が省察を身につけるために，どのような援助をすることが可能なのでしょうか？

はじめに，らせん構造のひとつのサイクルをたどる上で，どのようなことが経験されるかを理解しやすくするために，カーカフ（Carkhuff）の2つの分類を紹介します。

> 援助のプロセスは次の2つの重要な局面に分類することができる。(1) 下方，または内的方向へ向かう局面と (2) 上方，または外的方向側へ向かう局面，もしくは方向性の出現の局面である。前者の局面における援助の目的は，それぞれの実習生が抱える問題の性質を知ることだけでなく，被援助者が自身や周囲の世界をどのように感じているかを知ることでもある。後者の局面では，被援助者の抱える問題の解決方法や，建設的な方向づけを確立し，実行できるようにすることが目標となる（Carkhuff, 1969b, p. 28）。

状況に対する省察が起こり得る内的方向へ向かう局面というのは，ALACT モデルにおいては第2，第3局面に当たります。ALACT モデルにおける外的方向へ向かう局面は，第1局面（および，次のサイクルの第1局面となる，第5局面）に当たります。第1局面は行為に向かう局面ですが，これに至るための土台は，外的方向への志向をもつ第4局面を通して作られます。第4局面では行為の選択肢の拡大が起こりますが，この時焦点は未来の行為に移っていることから，この第4局面でなされるのは，省察というよりも予期といえそうです。

サイクルのどちらの部分においても，指導者は教育実習生の中に起こっていることに気をつけている必要があります。そして，実習生が援助なしにはできないことだけを「肩代わりする」に留めるべきです。もっといえば，指導者は実習生の方から頼んできた時，またはらせん構造のある部分で明らかにつまずいている時にだけ，手を差し伸べるべきなのです。以下の2つの例を見てください。

第5章
実習生の個別指導：省察的な教師を輩出するための指導プロセス

1. 指導者の立ち会いのもと，ある教育実習生が実習生仲間に対して授業を行いました。授業の直後，その実習生は他の実習生と指導者にフィードバックを求めました。このような状況で手を差し伸べてしまっては，実習生が自分自身で授業を振り返ろうとすることが難しくなる恐れがあります（第2局面）。そうしたことが積み重なると，いつか実習生が自身の授業の改善について，すべてを他人任せにしてしまうようになる可能性があります。ですから指導者は，たとえば実習生に授業をまず自分自身で振り返ってみるように言うなどすればよいでしょう。実習生によっては，指導者の方から「何をしましたか？」「どう感じましたか？」「何を考えましたか？」「どのようにしたかったのですか？」などといった質問を投げかけることによって省察を促した方がよい場合もあります。

2. また別の実習生は，教室の秩序を保つのに苦労していました。そこで，この実習生は指導者にアドバイスを求めてきました。

    ここで指導者にとってまず難しい問題であるのは，実習生がまだ何が問題であるのかすらはっきりとわかっていない段階から解決策を求めていることです（解決策を求めること自体は，もちろん正当なことです）。この実習生はどうして規律を保つことができないのでしょうか？　これはどのクラスにおいてもそうなのでしょうか？　この実習生が規律を保てないということは，一体何を意味しているのでしょうか？　この問題を実習生自身はどう受け止めているのでしょうか？　また，この実習生がクラスでうまくできていることは何なのでしょうか？

    このような問いを通して，ぼんやりとしか見えていなかった問題の本質を自覚できるようになります。こうして指導者は現実の問題をよりはっきりと構造化する手助けをするのです（第3局面）。このような過程があってはじめて，第4局面（アプローチの選択肢の拡大）に進むことが有効になります。さて次に，指導者にとっての2つ目の難しい問題が生じます。指導者は自身にとって当然であるような解決策を思いつくと，それを実習生に差し出さずにはいられなくなってしまうことがあります。しかし，問題

さえきちんととらえられれば，実習生だけで解決策を思いつくことは十分可能なのです！　たとえそうでなかったとしても，指導者は実習生が自分で解決策を考えるように促すべきです。もし本当に実習生がどうしても自分では第4局面を越えられないようであれば，その時はじめて指導者は手を差し伸べてもよいことになります。

以上2つの例からいえることは，らせん構造の各局面をよく理解していることが指導者の援助能力を引き出すということです。だから，「学びの援助」というのは，「教育実習生がらせん構造の発達プロセスをたどるのを手助けすること」と言い換えられます。コームズら（1974, p. 26）は以下のように表現しています。

> 長い間，教育方法を教えることが教師教育の第一の役割だとされてきた。実際には，方法ばかりが強調されることを批判する者もいた。しかし，手段としての自己という専門家教育の概念は，別の側面を強調する。そこでは，教師教育プログラムは，それぞれの学生に合った方法の発見を援助すべきだと考えられる。つまり，学生自身や，学生の目的や，課題や，仕事上付き合わなければならない固有の人間集団や問題に，適した方法を見つけることを援助する，ということである。これは教える方法の問題というよりむしろ，学生自身が方法を発見するのを手助けするというものである。それは，教え方として正当な方法というよりも，その教師にふさわしい方法を見つけるということなのである。

この文章の後半で繰り返し指摘されているのは，特有の状況に関連する理論（小文字の理論）を構築する必要があるということです。

リアリスティックな教師教育の究極的な目標は，教育実習生が自分自身の指導者になることを身につけることですから，指導者はまた，実習生がALACTモデルに示されるらせん構造のプロセスを理解するように促さなければなりません。もちろん，そのためには実習生が，できれば異なる学びの場面で，サイクルを何回かたどる経験を積まなければなりません。そうでなければ，実習生たちは振り返って参照するような経験をもたないことになってしまうからで

す[2]。

　指導のセッションの前に，指導者に対する質問だけでなく，自分が省察した内容をノートに書き留めておくようにすることで，実習生に自らのプロセスをより自覚させることができます。指導カンファレンスの中で，これらの書き留めたメモを ALACT モデルの中にはっきりと位置づけていきます（第8章で，省察における日誌の役割とメタ省察（自分自身の省察についての省察）の役割を検討する中でこの問題を掘り下げていきます）。

5.4　基本的な指導スキル

　今，指導のプロセスとは「教育実習生がらせん構造の発達プロセスをたどるのを手助けすること」と説明しましたが，ここで指導者がもっているべき援助のスキルについてより詳しく議論しなければなりません。この節では，すべてのプロセスに関連する基本的なスキルについて説明します。次節以降では，ALACT モデルの各局面で重要になる個別の指導スキルを見ていきます。

―どのような援助が必要なのかを判断する

　教育実習生がどの局面にいるかを判断することは，最初の，明らかに基本的なスキルです。いくつか例を挙げましょう。

場面 A

　教育実習生が，自分が何をどう学びたいのかを知っている場合，その実習生が自律的にらせん構造をたどることができるのは明らかでしょう。指導者は自分が援助する必要があるのかどうか，自問すべきです。最大限に手を差し伸べるとしても，実習生に他の選択肢があることを示すくらいが最も有意義な援助の仕方であるかもしれません（第4局面）。

場面 B
　しかし現実には，そううまくいくことはほとんどありません。たとえば，実習生が自分の学びたいことを大まかにわかっていても，それを具体的に言い表せない場合もありえます（たとえば，「うまく説明する」ことを身につけたいと話す実習生が挙げられます）。これは 5.3 節（例 2）で扱った場面に似ています。ここでは，行為の選択肢の拡大の局面に入るほど問題が十分には明らかにされていないといえます。学生が学ぶのを手助けするために指導者がいるという原理により，指導者は実習生がまずは自身の問題を特定できるようになる必要があると考えなければなりません。この例でも，指導者は実習生がそうなるのを手助けするべきです。第 2, 3 局面をたどるのを手助けすることが重視されるべきでしょう。

場面 C
　さらに，教育実習生が学びの目標を全くもてていないという可能性もあります。その実習生は何が自身の役に立つのかさえわかれば，何かを学びたくなるでしょう。これは学びの出発点になります。つまり，この実習生は有意義な目標を見つけられるように援助されなければならないのです（第 1, 2 局面を重視）。

　これらの例からいえることは，指導者は実際図 5.1 に示されるような，ある種の意志決定モデルを用いているということです。実習生がどの局面にあるのかを明確にとらえられなければ，適切な援助はできません。
　それぞれの局面でどの援助モデルが特に重要になるかを吟味する前に，選択しうる学びを促すアプローチについて，考察する必要があります。

―学びへのアプローチ
　第 1 局面（行為）においては，まさに実践的な，たとえば「授業」などの，実践志向のことがらだけがあてはまると考える必要はありません。より認知的

第 5 章
実習生の個別指導：省察的な教師を輩出するための指導プロセス

なアプローチで第1局面に向き合うことも可能です。たとえば，論文を読むことは，省察と学びのニーズの形成を促す行為の局面となりえます。つまり，それぞれの局面で学びのプロセスを促す方法は多様にあるということです。欲求，思考，感情，行為という4つに分類して考えると，とらえやすくなります（ただしこの分類ははっきり区別できるものではありません）。1つめの分類は学びのプロセスを方向づけるものとして，最も重要です。つまり，その人が学びたいこと，変えたいと願っていること，関心をもっていることは何か？　というプロセスです。これは図5.1に示された意思決定モデルを支えるものです。では，これについては，適切に対処できたとしましょう。その次の行程は何だったでしょうか？　上記A, B, Cの3つの場面を使いながら，他の3つの分類がどのように学びのプロセスを促す異なる方法を表しているか，簡単に説明します[3]。

　場面Aでは，実習生は何をどう学びたいかわかっていました。前述のように，指導者は異なる行為の選択肢を（もし実習生がまだ思いついていなかったら）提示するとよいでしょう。たとえば，実習生が黒板をより効果的に使うにはどうしたらいいか学びたくて，それに関する資料を読んでいたとします（認知的なアプローチ）。この時，指導者は，黒板を使ってみてその経験について振り返るという（付加的な）実践の可能性を提案してみることができます（行為の次元からのアプローチ）。また実習生に，その課題についてどう感じているのか，黒板を使うにあたってどう感じるようになりたいのか，と尋ねてみてもよいかもしれません（感情のアプローチ）。

　場面Bでは，実習生は効果的に学ぶにあたり，学びの目標を自身で特定できなければなりませんが，その際，指導者はそのための方法をいくつか提示してもよいでしょう。たとえば，ものごとをうまく説明できるようになりたいと思っている実習生がいたとすれば，それはその実習生が不安を感じていることの証だと考えられます。実習生の学びの目標を特定するためには，その感情と，そのような感情が起こる状況を明らかにする必要があります（感情のアプローチ）。実習生にいくつかの教育学的理論の概略を読ませ，どの理論につい

5.4 基本的な指導スキル

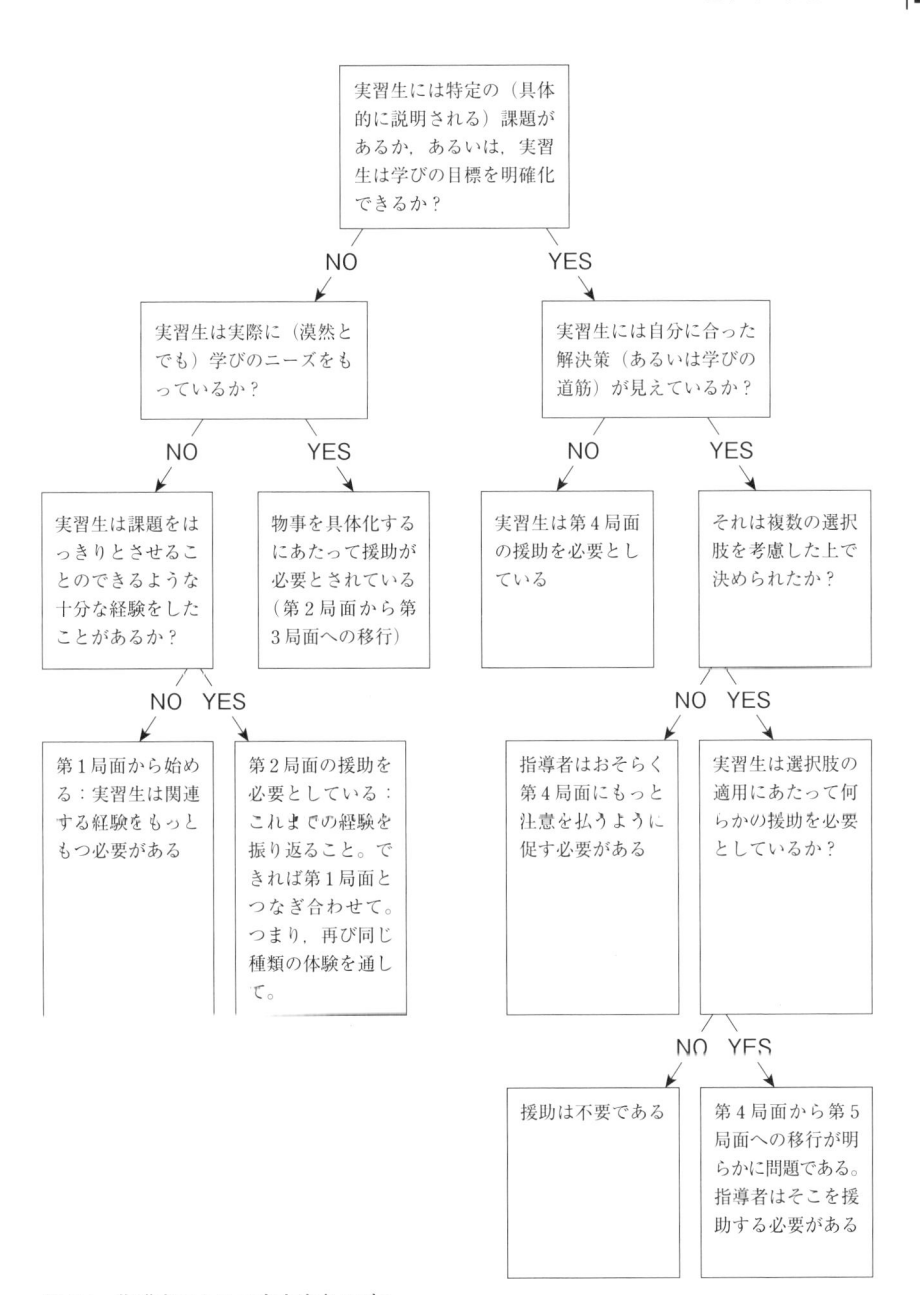

```
                    ┌─────────────────┐
                    │ 実習生には特定の（具体 │
                    │ 的に説明される）課題が │
                    │ あるか，あるいは，実習 │
                    │ 生は学びの目標を明確化 │
                    │ できるか？        │
                    └─────────────────┘
                      NO          YES
                     ↙              ↘
        ┌──────────────┐        ┌──────────────┐
        │ 実習生は実際に（漠然 │        │ 実習生には自分に合った │
        │ とでも）学びのニーズを │        │ 解決策（あるいは学びの │
        │ もっているか？    │        │ 道筋）が見えているか？ │
        └──────────────┘        └──────────────┘
          NO        YES            NO         YES
         ↙          ↘             ↙           ↘
```

NO側分岐	YES側分岐	NO側分岐	YES側分岐
実習生は課題をはっきりとさせることのできるような十分な経験をしたことがあるか？	物事を具体化するにあたって援助が必要とされている（第2局面から第3局面への移行）	実習生は第4局面の援助を必要としている	それは複数の選択肢を考慮した上で決められたか？

NO側・YES側さらに分岐：

- **NO**: 第1局面から始める：実習生は関連する経験をもっともつ必要がある
- **YES**: 第2局面の援助を必要としている：これまでの経験を振り返ること。できれば第1局面とつなぎ合わせて。つまり，再び同じ種類の体験を通して。
- **NO**: 指導者はおそらく第4局面にもっと注意を払うように促す必要がある
- **YES**: 実習生は選択肢の適用にあたって何らかの援助を必要としているか？
    - **NO**: 援助は不要である
    - **YES**: 第4局面から第5局面への移行が明らかに問題である。指導者はそこを援助する必要がある

図 5.1　指導者のための意志決定モデル

第 5 章
実習生の個別指導：省察的な教師を輩出するための指導プロセス

て詳しく勉強し，応用の仕方を学びたいかを考えさせる方法は，より認知的なアプローチであるといえます。行為の局面からのアプローチを用いるなら，実習生が「説明者」の役割を担うような場面をつくるとよいでしょう。そうした経験を省察することによって，問題を構造化させ，その実習生のための「成長プログラム」を組み立てやすくなります。

同様に，場面 C（実習生は何を学びたいかわからない）においても，指導者は第 1，2 局面に対する異なったいくつかのアプローチ（実習生はこれらを同時に応用することが可能）を用いることができます。実習生は授業に関する本を読むことから始めてもよいし（より認知的なアプローチ），同時に，自分は何が好きなのか，何が怖いのか，何を避けたいのかについて考えてもよいでしょう（より感情的なアプローチ）。また，少し「仕事」（たとえば，個別指導）をしてみることから始めて到達可能な学びの目標を探してみてもよいでしょう（行為からのアプローチ）。

ただし，学びの場面は実習生の学びのスタイルに合わせればよいというわけではありません。学びのスタイルはそれまでの経験の結果であることが多いので，慣れ親しんだアプローチ以外のさまざまな学びのアプローチの利用を学ぶこともできるはずです。しかし，指導者は，そうした場合には学びへの抵抗が見られる可能性があることを考慮しておく必要があります。

混乱を避けるため，以下の節では異なる学びのアプローチという課題については，必ずしも明示的には言及しません。しかし，学びのプロセスに関するこのとらえ方は，以下で検討する ALACT モデルの各局面でも重要な役割を担っています。

5.5　第 1 局面（行為）における援助

第 1 局面が行為の局面として特徴づけられることはすでに述べました。したがって，第 1 局面における援助とは，教育実習生に具体的な経験を積ませることを意味します。

5つの局面に1から5と番号を付けることで生じる不都合がひとつあります。それは，第1局面が必ずしも学びのプロセスにおける最初の局面であるわけではないということが忘れられがちになるという点です。結局のところ，このプロセスはらせん構造をとっているので，多くの場合，第1局面とはひとつ前のサイクルの第5局面であることになります。ですから実習生がこの局面で援助を必要とした場合，指導者はこの実習生がどのような行為場面に対して準備できているかを考えなければなりません。

　例を挙げましょう。すべての教師教育プログラムで，教科内容を説明する経験が積まれますが，これは第1局面のわかりやすい例と言えます。といっても，この経験にはさまざまな形態がありえます。つまり，1人の実習生仲間を相手に，実習生のグループ全体に，1人の子どもに（たとえば個別指導の場面で），またはクラス全体に対して，教科内容を説明する経験がありえるわけです。さらに，このようにさまざまな形態をとりながら説明する教科内容の複雑さの程度もまた，場合によってさまざまです。どの種類の経験がその教育実習生に最も適しているかということは，実習生がそれまでに積んできた経験によって違ってきます。

　だからといって，必ずしも実習生はいつでも最も複雑でない場面から経験していく必要があるというわけではありません。それでは実習生が問題に気づかない可能性があります。その場合，学びのニーズが生まれません。特に，学びのニーズは実習生自身の中から湧いてこなければならないという考え方に立つと，むしろ実習生にとって難しいような場面で説明する経験を積ませ，問題に直面することを経験させた方が，よいスタートになる場合もあります。その後，さらに学びを追究するためには，もっと単純な場面（たとえば，最初の場面で説明したのと同じ内容を実習生仲間に説明するような場面）の方が，より適しているかもしれません[4]。最初に挙げた説明の場面は，第1局面で重要になる2つの指導スキルを端的に表しているといえます。つまり，実習生の学びのニーズを基に進めるスキルと，実習生が新しい学びの目標に気づくようにするスキルです。より手短にいうならば，これらは学びのプロセスの継続を手助けす

ることということができます。

5.6 第2局面（振り返り）における援助

　先ほど，学びと行動のらせん構造を，内的方向へ向かう部分と外的方向へ向かう部分に分類しました。第2，第3局面にある教育実習生に対して提供しうる援助とは，このように実習生が自分自身について考え，結論に辿り着けるように励ますことです。この観点からすると，第1局面から第2局面への移行は，必須のものといえます。つまり，この移行から学びのプロセスの内的方向へ向かう部分が始まるのです。第2局面において実習生は，自身の行動の仕方や考え方，欲求，感情についての省察を行います。ここで実習生は，「安心」（既存の内的な心理的秩序を保ちたいというニーズ）と「成長」（可能性を広げること）の間に自分がいることに気づかされます。マズロー（1968, p. 49）は「安心のニーズは挑戦のニーズよりも優先される」と言います。ですから，らせん構造の中の第2局面では，教育実習生の安心感を支えるような指導スキルが特に重要になってきます。

> 関係性の決定的な要素とは，信用―不信である。被援助者は一般的に，信用する相手からの手助けならば受け入れる。信用できる関係性を育むためには，被援助者はまず援助者を信頼し，その援助者が言うことを信じることができなければならない。(Brammer, 1973, p. 49)

　それでは，安心できる雰囲気をつくり出すためにはどのような指導スキルが必要なのでしょう。この問いの答えを見つけるために文献に当たってみるならば，多様な理論と専門用語の山にぶつかります。
　ロジャーズ（1969）は受容，共感，誠実さという3つの主要なスキルに分類しています[5]。ブラマー（Brammer, 1973）は何十ものスキルを挙げています。イーガン（Egan, 1975）とカーカフ（1969a, 1969b）は，分類するスキルの数の面では，ロジャーズとブラマーの中間を行っています。

5.6 第２局面（振り返り）における援助

　さまざまな論者が挙げているスキルの指す内容を見てみると，違う用語を使っていたとしても，指し示している中身には似ている点がたくさんあります。たとえば，ブラマーが説明している多くのスキルは，ロジャーズが分類したスキルを詳述したものだということができます。イーガン（1975, p. 3）が下記のように説明している通り，援助者がどの程度経験を積んでいるかによって，具体的な下位スキルや一般的な概要をどの程度活かせるかが決まります。

　　このように段階やスキルを細分化することは素人を当惑させるかもしれないが，具体化し，特定化していくことで経験を積んだ熟達者にとってはとても役立つものになる。

　この節では，私が重要だと判断するスキルについて，ひとつずつ検討します。

受容

　たとえ指導者や実習生自身のもつ期待に添えなかったとしても，実習生は一人の人間として受け止められていると感じられなければなりません。実習生を受け止めるということは，彼らのニーズと可能性を確かな事実として受け入れること，また彼らの人格を裁かないこと，ということが含まれます。こうして受け止められていることは，実習生がはっきりと実感できなければなりません。次の例を見てください。

　　ある実習生は，社会的なスキルや感情の表出などに関わるすべてのものに，強い抵抗感をもっています。彼は数学に魅了されていて，授業と関係する学びのプロセスを知りたがるものの，その時の彼の関心も認知的な側面にのみ向けられています。

　指導者がこの実習生に対応する方法は，一般的に２つあります。１つめは，このようなケースでは滅多に成功しないやり方ですが，実習生に今まで無視してきた社会的なスキルと感情の領域に導こうとする方法です。たとえば，実習

第 5 章
実習生の個別指導：省察的な教師を輩出するための指導プロセス

生が授業をした後の授業検討会の中で，社会的なスキルや感情に関わるものが大きな役割を果たした授業中の一場面に注意を向けさせるのです。しかし，このようなことをした場合，おそらく実習生はすぐに指導者の言葉を自身に対する批判として受け止めてしまうでしょう。つまり，実習生は「あなたはおかしい。あなたには何かが欠けていて，ただちに直さないといけない」と言われているように感じてしまう可能性があるのです。実習生はどんどんと安心感を失って，「ふさぎこんで」しまうかもしれません。ここで起きているのは，変革のパラドックスです（3.2 節）。つまり，変革へのプレッシャーが逆に変革を阻止してしまっているのです。このようなアプローチはまた，対人関係に関わるものに対する実習生の抵抗感をさらに増大させてしまうかもしれません。このようなアプローチをとったときに実習生がどのように反応するかは，それまでの実習生と指導者との間で育まれてきた人間関係にかかっています。もし実習生が指導者に受け入れられていないと感じていたとしたら，否定的に受け止める危険性は大きくなります。そして，実習生は「場を乗り切る」ためだけの，心にもない行為を取りかねません。たとえば，彼が担当するクラスの子どもたちとの対人関係や感情の役割の重要さについて，口先だけで語り始めるかもしれません。

　この非受容的な接し方とは反対に指導者が特定のものへの抵抗性も含めて実習生を受け入れる場合もあります。実習生が授業中に気を配らなかった点について，指導セッションの中で指導者の方から注意を促すことはせず，指導者は常に援助者としての役割を心に留めて，実習生がたどる成長のプロセスを支えるのです。このアプローチによって実習生がそれまで避けてきた領域に自ら切り込む機会が生じますが，方向づけをしないというアプローチを常に用いてきた経験のない指導者にとっては，それは想像しづらい展開のようです。また，もう一度説明するなら，成長が可能になるためには安心へのニーズがまず必ず満たされなければならないのです。実習生が指導者から批判されることなく，自分の経験について自由に振り返ることが許されていれば，その実習生は自分が重要視している認知的な知識をさらに伸ばし，そうした類の知識の限界にぶ

つかる機会を得ることができます。そうすることで，今度は，自らの学びのニーズによって方向づけられる新しい学びのプロセスが実習生の中に生じるかもしれません。さらにこのアプローチなら，実習生は以前に獲得した認知的な知識やスキルを保ち続けることができます。ですから，実習生は感情や社会的スキルを身につけるためにも，認知的なアプローチを選択する見込みが高いのです。つまり，実習生自身の学びに対する先入観から，この実習生はまず感じたり行為したりするのではなく，感情や社会的スキルについて考えることから始めることになると思われます。私の経験からいえば，実習生がいつかこのようにすることができるようになるかどうかもまた，指導者が実習生を受容できるかどうかにかかっているのです。

共感

ロジャーズは，共感とは他の人間を「内側から」理解し，その理解していることを伝えるためのスキルであると解釈しています。共感は，ボウド，キーオ，ウォーカー（Boud, Keogh & Walker, 1985）のいうところの「感情に寄り添う（または，結びつく）」ことをめざしています。ここでまた，ひとつ例を挙げましょう。スーザンという学生が，以下のように言いました。

私は，遺伝学についての議論に完全に興味をもてないことにとても悩んでいます。教師になるための最終試験が近いのに，自分には本当に教師になろうという気があるのだろうかと疑問に感じてしまいます。

この学生に対して，共感的に対応するとこのようになります。

（指導者1）遺伝学の議論にさほど興味をもてないことで，あなたは別の仕事を選んだ方がよいのではないかと悩んでしまっているのですね？

もしこのような指導者の反応によって実習生が理解されていると感じること

第5章
実習生の個別指導：省察的な教師を輩出するための指導プロセス

ができたとしたら，それは実習生を大いに元気づける効果があるでしょう。スーザンは自分の経験について，そしておそらく自身の教職への適性について，今後もきっと振り返り続けることができるでしょう。

比較のために，別の反応の仕方を考えてみましょう。

（指導者2）あなたにとって遺伝学のどこが問題なのですか，スーザン？

これは明らかに共感的な反応ではありません。スーザンが伝えようとしていた実際のメッセージに返答してくれていないからです。確かに，これはスーザンが自分が抱えている問題をはっきりさせるためには役立つ質問かもしれません。しかし，それが役に立つのは，理解と信頼の関係ができた後の話です。

（指導者3）実習期間中に，自分は本当に教師になりたいのか，という問いに悩まされる実習生は多いですよ。

この指導者は問題を一般化してしまっているため，この問題が今この瞬間のスーザンにとってとても現実的な問題であること，スーザン自身にとっての問題なのだということについての理解が不足しています。

（指導者4）わからないかな，スーザン。遺伝学について興味が湧かないというのは，前から話し合ってきた同じ問題に由来しているんですよ。まだ，あなたは自分の仕事に責任をもてず，なるようにしかならないから努力しないで待っておこう，という姿勢を捨てきれていないのです。

これは自分を「賢く」見せようとする援助者の姿です。ロジャーズが強調するように，この反応の仕方は共感的な理解とは根本的に異なります。

共感的な理解の示し方と，「あなたの何が問題なのか，私にはわかります」というような決まり切った，上から評価するような理解の示し方とは，明らかに異なります。しかし，もしそこに細やかな共感がありさえすれば，理解の示し方は自ずと変

わり，学習者が次のように感じられるようになるかもしれません。「ようやく私を分析したり，裁いたりせずに，私でいることがどのような感じであるかを理解してくれる人が現れた。これで私は芽をつけ，学び，成長することができる。」(pp. 111-112)

ブラマー（1973, pp. 30-31）も同じ問題について取り上げています。

援助者は注意深く耳を傾け，以下のような質問を投げかけながら，内的な枠組みに入り込んでいく。「今現在，被援助者は何を感じているのか。彼はこの問題をどのようにとらえているのか。彼は彼を取り巻く世界の何に目を向けているのか。」もし援助者が，外的または診断的な枠組みで被援助者をとらえようとしているなら，その援助者は「何」ではなく，「なぜ」という疑問符を用いることになる。たとえば，「なぜ彼はこれほど気分を害してしまっているのか」，「問題の原因は何か」など。そして，援助者は，「彼は気分を害していて，よくない状態にあるようだ。私が彼を助けなくてはならない」といった判断をすることになる。つまり，外的な枠組みとは，援助者が観察者の視点から知性的な問題解決の枠組みを用いて被援助者を理解しようとする方法である。

そしてブラマーは，優秀な援助者というのは，外的な枠組みよりも内的な枠組みを用いるのだということを示す研究を紹介しています。

相手が言ったことを（何言かで）言い換えるという，たったそれだけの行為で誰かを援助することができるという考え方は，そのような経験をしたことのない人にとっては驚きかもしれません。これは，予想以上に難しい行為ですが（自分の考えや感情をしばらく投げ出して，完全に相手の枠組みで物事を考えるというのは，難しいことです），このような援助の仕方は人を力強く後押しすることができるということを最もよく証明するのは，このような援助の方法を実際に適用してみることに他なりません。

誠実さ

指導者は決して，本当は理解できていないことを受け入れたふりやわかった

ふりをするべきではありません。援助者が援助をする上で最も重要なのは，専門性という隠れ蓑を被らないで，自らの感情と思考をもちながら現実の人間として相手と向き合うことです。これを誠実さまたは真正性と呼びます。

誠実さの重要な側面のひとつは自発性で，もうひとつは一致性（指導者の言動が自身の思考や感情と常に対応するべきだということ）です。指導者が実習生に対して，「あなたの話していることはとても興味深いですね」とつまらなそうな表情を浮かべながら言ってしまっては，あまり良い印象は与えません。このような二重のメッセージを送ってしまうことは，明らかに実習生を不安に駆らせます。「指導者の先生の言葉を本心だと思ってよいのだろうか」，「あの見せかけの言動の裏で，一体何を考えているのだろう」というように。

言葉に表れたメッセージが本当に意図したものとずれる時にも，誠実さは欠如して見られます。実習生の話していることがとても興味深いと言っておきながら，すぐに次の話題に移ってしまっては，その指導者はとても誠実だとは思われません。そのような態度をとってしまっては，実習生は不安に駆られ，自分の感情をそれ以上深く検討することを求められていないと感じてしまうでしょう。

援助関係を確かなものにしていく過程の中で，誠実さは自己開示につながることもあります。つまり，指導者が自分自身の経験を紹介し始めることがあるのです。しかし指導者は，自身の経験を語ることが本当に実習生のためになるかどうかを慎重に考えるべきです。その自己開示の中で打ち明けられる話は実習生の思考の枠組みと関連しているでしょうか。関連している場合に限って，打ち明け話は援助関係を強めることにつながります。

具体性

指導者は，教育実習生が具体的な感情や思考，ニーズ，行為について注意深く考察できるようになるのを促さなければなりません。そして，実習生が一般論や漠然とした公式の中に自分を見失ってしまわないように，手助けしなけれ

ばなりません。次の例を見てください。

(教育実習生)「授業中に起こりうることを，事前に予測しておくのはいつも難しいです。すべてを予測するなんて，不可能ですし。」
(指導者1)「あなたが授業中に投げかけた質問に対するピーターの反応は，予想外のものでしたか？」

これを次の反応のし方の例と見比べてください (Egan, 1975, p. 103 より)。

(指導者2)「子どもが予想外の反応を示すことは，よくありますよ。」

　具体性の目標は，教育実習生が物事を具体化してとらえられるようにすること，つまりある状況の中での自身のふるまいやその状況についての考え方，そしてそれらに伴う感情やニーズに注目できるようにすることです。しかし抽象的で漠然とした言い回しをよくする教育実習生は，学びへの抵抗を示しているのかもしれないということは心に留めておくべきです。共感的な理解について議論する中でも述べた通り，指導者は教育実習生が自身の問題を具体化できるように促すよりも前に，実習生が指導者を信頼できる雰囲気ができているか，確認しなくてはなりません。
　図5.2に挙げた質問は，具体化を促すのに役立ちます。
　これらの質問のすべての答えを見つけるのは難しいと思われます。右側に挙げた質問は教育実習生にとって難しいと感じられることが多く，この事実からわかることは，実習生たちは生徒たちが何を考え，何を感じているのか全くとらえられなくなってしまうことが時にあるということです。もちろん，このような時には，次の授業の時に実習生がこの質問の答えを見つけるためには何をすることができるかを話し合うための，よい出発点となります。
　第2局面の重要な最後の作業は，1から8の質問の答えを結びつけること，言い換えれば教師と生徒の間に生じ得る循環的なプロセスを分析することです。たとえば，教育実習生自身の感情がどのように実習生の授業中の行為を決

第 5 章
実習生の個別指導：省察的な教師を輩出するための指導プロセス

定づけていたか，それらの実習生の行為が生徒たちの感情やニーズにどのような影響を及ぼしたか，それによって生徒たちのふるまい方がどのように変わったか，生徒たちのふるまいが及ぼした教師の感情に対する影響とはどのようなものだったのか，といった質問を通した分析です。このようにして，授業中のプロセスの本質的な側面が明らかになります。そして，教育実習生の省察は第3局面に入ることになります。教師と生徒との間の循環的なプロセスを自覚させるような第2局面におけるこのような省察の例は，2.7節に記しました。8.5節では，指導者の援助なしに教育実習生が教室の場面を自ら具体的に分析することが出来るようになるために，図5.2の「9つのエリア」を活用する方法をどうすれば身につけることができるのかという問いについて，より詳しく検討します。

5.7 第3局面（本質的な諸相への気づき）における援助

図5.2に挙げたすべて，または多くの質問に答えられたならば，第2局面（振り返り）はゆっくりと第3局面（本質的な問題への気づき）に発展していきます。第3局面においても，前節で説明した指導者のスキルは重要ですが，また別のスキルも重要になってきます。

0. 文脈はどのようなものでしたか？	
1. あなたは何をしたかったのですか？	5. 生徒たちは何をしたかったのですか？
2. あなたは何をしたのですか？	6. 生徒たちは何をしたのですか？
3. あなたは何を考えていたのですか？	7. 生徒たちは何を考えていたのですか？
4. あなたはどう感じたのですか？	8. 生徒たちは何を感じていたのですか？

図 5.2　ALACT モデルにおける第 2 局面で有効な具体化のための質問

向き合わせ

今回は，指導者の反応の仕方の例から見ていきましょう。

1. あなたはもっとはっきりしたルールを作れるようになりたいのだけれども，どういうわけか，いつも失敗してしまうのですね。
2. あなたの言葉は怒っているように聞こえるけれど，同時にあなたの顔には笑顔が見えますよ。
3. あなたは生徒たちに，自分は問題の答えだけに興味があるのではなく，問題の解法の方がむしろ大事だ，と伝えるようにしています。でも，テストを採点する時は答えだけで評価していますよね。
4. 一生懸命努力しているようにあなたは感じているのですね。でも「なるようになるから様子をみておこう」という態度もまた，あなたの中に見られます。たとえば，ほら，今のあなたの反応の仕方。

指導者は教育実習生の理想と実際の自己（例1），または言葉を使った表現とそれ以外の表現（例2），言っていることとやっていること（例3），自分自身をどうとらえているかと指導者の目にどう映っているか（例4）などの不一致を指摘して向き合わせることができます。

向き合わせることは，フィードバックと直接的につながっています。つまり，実習生自身の自己管理システムにおいては到底（内的な）フィードバックをしえないような事柄について，指導者が（外的に）フィードバックを与えるのです。

フィードバックが効果を発揮するために満たさなければならない基準について論じている研究がいくつかあります。それらを以下に簡単にまとめました。

・フィードバックの対象は個人の人格ではなく，観察された外見上の（下位的な）行動でなければならない。たとえば，あなたが否定的なフィードバック

第5章
実習生の個別指導：省察的な教師を輩出するための指導プロセス

を与える際，相手を人間として否定しようとしているわけではないということを明白に相手に伝える必要がある。
- フィードバックは相手の行動を解釈したり批判したりするものではなく，あくまでその行動を説明するものでなくてはならない。（たとえば，「あなたは内気ですね」と言うのではなく，「あなたは今，目線を下に向けましたね」と言う。）
- この説明の対象というのは必ずあなたが観察した行動であり，あなたがその行動をどうとらえたか，それに対してあなたはどう反応したかという内容が関わっている。そのため，ここでの説明は常に主観的なものになる。
- フィードバックは一般論ではなく，具体的なものでなければならない。具体的な，特定の，そして明確に説明される行動を対象にしなければならない。
- 行動してからフィードバックが与えられるまでの時間が短ければ短いほど，効果的である。
- フィードバックは，そこで与えられた情報を受け手が活かす機会が与えられていなければならない。よって，相手が変えることができないものを指摘することは，相手をイラつかせるだけでなく，意味のないことである（たとえば「あなたはなんて背が低いの」）。
- フィードバックは情報のみに限定し，その情報をもとに受け手が何をすべきかについてアドバイスすることは避けなければならない。ただ，相手に自身の行動を正す自由，および正さない自由を与えるのみである。
- フィードバックは，相手が求めたときに与えられなければならない。もしそのフィードバックに，与える側が自分の情報を誇示できるという価値しかなければ，それは破壊的な影響を与えてしまうだろう。
- フィードバックは，受け手がそのフィードバックに対して反応することを歓迎されていると感じられるような方法で組み立てられなければならない。

　学生が安心感を抱けていないうちは，向き合わせはほとんど役に立ちません。大抵の場合，学びへの抵抗を強めるだけです。したがって，向き合わせ

は，受容と共感，誠実さを伴っていなければならないのです。

　実習生が安心感を抱けるような学びの場面の中にあって初めて有効になるといえるのは，この後に説明するスキルについても同様です。特に実習生が自分に対して否定的なとらえ方をしてしまっている場合は，第3局面で明らかになった実習生の長所を強調することが，安心感を増す方法のひとつとなるでしょう。

一般化

　ものごとを具体化することで，最初は漠然としか気がついていなかった問題に着目させていくことができます。しかし，それと同時に，問題の相互関係が見えにくくなるというリスクを負っています。たとえば，教育実習生のふるまい方のすべてに一貫して関連する問題があったとしても，実習生がその問題を「ある特定の場面」にしか結びつけることができなくなってしまうということも起こり得ます。ですから，孤立した知識や経験を実習生が結びつけられるようになることを指導者が手助けすることが重要なのです。

　（指導者）「それらのことはすべて，生徒たちに何かをさせることに関係しているように私には思えますが，いかがでしょうか。」

今ここの経験の活用

　向き合わせや一般化の過程と同様に，具体化する時にも指導の際の対話は特有の役割を果たすことがあります。教育実習生と指導者の間の実際のやりとりを念頭に置くことで，実習生は指導者も関わっているある特定の局所的な場面について省察することができるようになります。このようなものごとの具体化は，向き合わせにつながります（向き合わせの節に挙げた例2，例4を参照）。また，実習生が省察する場面の数が増えるほど，一般化は容易にできるようにな

第5章
実習生の個別指導：省察的な教師を輩出するための指導プロセス

ります。

たとえば，いかに「主導権を握る」かということで悩んでいる学生にとっては，指導者とのやり取りの中で自分がどのようにして主導権を握っているかを省察することが，時に参考になるかもしれません。また，感情をもっと理解できるようになりたいと考えている学生は，指導セッションの中で抱いた自分自身の感情に自覚的になる練習を積むとよいかもしれません。

ものごとの明確化の援助

言語は，思考を支える重要な役割を担っています（Vigotsky, 1978）。問題や学びを具体化することによって（たとえば，書き留めることによって），学び続けやすくなります。この時，教育実習生が自身の力で問題や学びのニーズを明確化させる最初の一歩を踏み出せるように，気を配らなければなりません！

その上で，指導者は一群の問題や学びのニーズを理論（小文字の理論）と結びつけることがあります。ある行為の局面から別の局面へ移行し，クラスの問題を解決しようとしている際，その解決のプロセスの途中の段階において，実習生はまだ一般的に「大文字の理論」への動機付けができていません。実習生がより多くの問題に直面している状況の中でより多くを身につけることを促すような小さな原理，そして，実習生の行為をサポートするような小さな原理こそが，ここでは真に有効になります。これらの原理が，教育実習生がすでに自覚していることに結びつきやすい点は重要です（2.7節において，「今までと同じ」の原理について検討している指導者の例を参照）。第4局面では，これらの理論的な原理が，行為への具体的な提言によって補完されます。

私たちが組織した研修コース（第10章で述べる）では，実践に関連した原理を少しこの局面に付け加えることで，教師教育の学問的な水準を落としてしまうのではないかという懸念を露わにする参加者がよく見られます。しかし，このような懸念を示す参加者というのは，教育実習生に起こると想定されている学びのプロセスはらせん構造であり，第3局面が何回もたどられるということ

を忘れています。実践的な原理をもち込むことによって，実習生の省察や指導者が教える理論的な原理に対する実習生の理解を深めるだけでなく，実習生が指導の中で取り扱った問題についての文献に目を通すようになるなど，より理論的な時期への扉も開かれます。このリアリスティック・アプローチと大文字の理論を重視するアプローチとの大きな違いは，前者がALACTモデルの体系的な活用によって，理論についての学びをより現実的な意味のある形で促進している点です。つまり，理論は学生の具体的な経験や関心に結びつけられるのです。

5.8　第4局面（行為の選択肢の拡大）における援助

　いったん問題や学びのニーズが具体的に明らかになると，解決方法や「学びの道筋」の必要性が明らかになります。まず，指導者は第3局面での指導が終わった後，そのまま自動的に援助し続けるということをしないように注意しなくてはいけません。第4局面にもなれば，教育実習生は自分自身を援助できるようになっていることが多いからです。言い換えれば，いったん問題がはっきりすれば，学生は自分で解決策を見つけることができるのです（図5.1参照）。そうではない場合，そして実習生が自分が探している解決方法を自分一人では探り当てることが不可能であることに気づいた場合，はじめて指導者は知恵を貸すことができます。また，指導者は，実習生が最初に思いついた解決方法を選んでしまわないように，別の選択肢も考慮して（良し悪しを比べて）選択できるように，注意します。その際，リスク要因を無視してはいけません。最初はリスクの小さい解決策を，そして実習生がいくらか自信を得たところでよりリスクの高いものを試してみるようにした方が，実習生のためになるでしょう。もちろん，新しい解決方法が提示された際には，学びへの抵抗が生じることがあります。つまり，実習生は，リスクがとても高いと考えられる方法をほとんど選ぶことはない，または絶対に取らないのです。

　今最後に述べた事実はまた，この局面においても指導者が受容し，共感と誠

第5章
実習生の個別指導：省察的な教師を輩出するための指導プロセス

実さを示すことが重要であるということを示しています。これらが重要であるのは，具体化や一般化（ここでは選択肢の拡大），向き合わせ（ここではたとえば，実習生が理想とする解決方法と実際に実行可能な解決方法との不一致をつくなど）においても同様です。今ここの状況の中から新しい解決方法を思いつくこともあります。たとえば，実習生が主導権をうまく握れないという問題を抱えていた場合には，指導セッションの中で，主導権を握れるようになるための方法を見つけることができるかもしれません。また，教育実習生が選択肢として何があるのかを考え，その一群の選択肢からひとつを選ぶことを援助する際，新しい選択肢を明確にとらえられるように指導者が手助けをすることも，重要です。

　要するに，これまでの局面で不可欠とされてきたすべての指導スキルが，ここにおいてもまだ重要であるということです。目の前にある複数の選択肢の中から実際にどれかを選ぶとなると，実習生は戸惑うことがあります。ここでもまた，指導者が教育実習生を向き合わせることの他に，受け止め，共感を示すことが重要になります。以下に，このような場面での指導者の接し方の例を示します。

　　明日の授業でそれにどのように取り組むか，最終的に決めるのは難しいでしょう。

　指導者がすべきこととして最後にいえるのは，実習生が話し合いを通して問題の解決方法を一般化できるように手助けすることです。特定の授業について話し合う中で導かれた解決方法やそれらの解決方法の中にあるさまざまな原理というのは，他の授業にも応用できることがとても多くあります。たとえば，次のように実習生に質問してみてもよいでしょう。

・指導者：この原理を，他の授業にも応用していけると思いますか？

　教育実習生がもつ授業方法のレパートリーを広げていくことも重要であるこ

> **第 4 局面（選択肢の拡大）のためのガイドライン**
>
> 1. 学生は選択肢の拡大を十分能動的に行おうとしていますか？
> 2. 学生自身が選択肢を考案していますか？
> 3. それらの選択肢は十分具体的ですか？
> 4. それらは現実的ですか？（能力やリスクの大きさの面で）
> 5. それらを実行した際に表れるであろう効果を検討しましたか？
> 6. それらの選択肢は，他の場面にも使うよう，一般化できるものですか？
> 7. 最終的に，残された選択肢から選んだのは学生自身ですか？

図 5.3 選択肢の拡大

とは確かです。今日や明日の授業をうまくできれば良いというのではなく，最も重要なのは，どの授業においても適切な解決方法を選択できる能力を身につけさせることです。

図 5.3 に，ブラマー（1973）とイーガン（1975）に基づいて，第 4 局面のガイドライン（「チェック項目」）をまとめました。ここに挙げられたもののうちいくつかは，本節で説明したものです。説明していないものもありますが，あえて説明する必要はないでしょう。

繰り返しになりますが，第 3 局面で学びのニーズが明らかになった後，学びの道筋について考察し，最適な道筋を選択することが第 4 局面の中身になります（5.4 節も参照）。たとえば，教科書を使う勉強をしたり，特別な養成・研修プログラムに参加したりするなど（図 5.5 参照），サイクルから脱線する学びの過程がここで一時的に現れるといえるのです。

5.9　第 5 局面（試行）での援助

では，第 5 局面について検討しましょう。とはいっても，実際「第 1 局面での援助」ですでに述べたのと同様のことが，ここでも展開されます。結局のところ，第 1 局面と第 5 局面の性質に大した違いはありません。ただ，実習生が第 1 局面から第 5 局面に至る間の学びのプロセスの中でいくらか成長したというだけです。ここで重要なのは，経験から学ぶプロセスが行き当たりばったり

第 5 章
実習生の個別指導：省察的な教師を輩出するための指導プロセス

になってはいけないという点です。ALACTモデルは，閉じたサイクルを描くのではなく，らせん構造を描くものです。ですから指導者は，実習生が第5局面が最後の局面であると勘違いしてしまわないように気をつけなければなりません。第5局面もあくまで通過点としてとらえることが大切なのです。また，指導者は実習生が学びのプロセスの中で目先の目標ばかりに心を奪われ過ぎないように注意する必要もあります（Combs et al., 1974, p 35）。さらに，実習生たちが自分たち自身が子どもの頃に学校で受けた教育の中身よりも高いところに自分たちの目標を設定するように促さなければなりません。指導者は適切な行為の場面を設定することを通して，実習生たちに自分たちがそれまで知らなかった学びの目標があることに気づかせることができます。

5.10 その他のスキル

ここでは，援助のプロセスの中の特定の局面に直接結びついているわけではないスキルをいくつか紹介します。

沈黙というスキル

指導者は，本当に援助が必要な時にしか手を貸してはなりません。実習生たちが自分自身について考え，自分で自分を助ける機会を確保しなければなりません。ですから援助のプロセスは，控えめである必要があるのです。沈黙の時間を確保することが有効でしょう。省察したり，新しい知識を身につけたりするためには，実習生たちは指導者以上に長い時間を費やさなければなりません。ただし，沈黙の時間が十分に確保されていれば，実習生たちはじっくりとそれらに取り掛かる余裕が生まれます。

多くの指導者にとって，黙っていることは予想以上に難しく感じられます。ほとんどの人は，頭のどこかに，教材などのすべてのことを限られた時間の中で（大急ぎで！）済ませるような，昔ながらの活発な教師像を思い描いていま

す（Cantor, 1972, p. 173）。しかし，これは指導者の理想的な姿ではありません。指導では，実習生のニーズに合ったペースを保つべきです。

長所を強調して，活かす

　第2，第3局面にある実習生を援助する際，問題や学びのニーズに気づかせるように努力することが不可欠です。しかしながら，常に自分の問題や弱点にばかり向き合わせていたのでは，実習生は大きなストレスを抱えかねません。まずは実習生たちが自信をもてるようにしなければなりません。実習生たちが自信をもてるかどうかは，実習生の問題を指導者がどのように扱っていくかに左右されます。

> 学生が，現時点ではあるがままの今の自分の姿で十分だし，これからはさらに優秀になれるように援助してもらえるのだと感じられるようなプログラムと，学生の欠陥ばかりを指摘して，学生の自尊心を踏みにじり，失わせるようなプログラムとの違いは，極めて大きい。どの心理療法家も認めるように，人間のパーソナリティーの変革のためには人格をまず受け止めることが不可欠だ。人は，その時の自分を出発点として成長する他ない。その人がまだ到達できていないところからスタートすることはできないのである。よって，教職をめざす学生には「私のままでよいのだ」とか，「今の自分でもよい教師になることができるのだ」という気持ちをもたせることから始めることが必要だ（Combs et al., 1974, p. 118）。

　ですから，指導者は実習生が自分の長所に気づくように手助けする必要もあります（コーガン（Cogan, 1973）も参照）。ものごとの具体化，向き合わせ，一般化は，この時にも役に立ちます！　この場合，サイクルの第4局面の内容はその実習生の長所をさらに切り拓く可能性を探すものになります。

学ぶことの学びへの援助

　前述の通り，学びを援助する究極的な目標は，教育実習生が学びと行為のら

第5章
実習生の個別指導：省察的な教師を輩出するための指導プロセス

せん構造を自立的にたどることができるようにし，そうすることによって成長し続ける力を身につけることです。カーカフ（1969b, p. 35）はこれを以下のように表現しています。

> よって，援助のプロセスの目標とは，実習生やその他の人間と関連する形で，実習生をよい方向に促すコミュニケーションと建設的な行為のそれぞれを展開できるようにすることである。建設的な行為を一貫してとれるようになるためには，細やかな理解をきちんと識別している必要がある。そして，細やかな理解を一貫して為するためには，行為のフィードバックから学ぶことが必要である。健全な人というのは，理解は行為と同時進行的に行うので，実習生たちがそのバランスをとれるようにすることが援助の最終的な目標となる。

このように考えるなら，指導者に欠かせない最後の重要なスキルというのは，実習生が自身の学びのプロセスとそれがもつらせん構造に気づけるようにするスキルだということになります。時には，学びそのものが省察の対象にならなければなりません（メタ省察）。ここでも，つまり，実習生が再度らせん構造をたどるわけですが，省察の対象となるのが行為ではなく学びそのものだということです（図 5.4）。

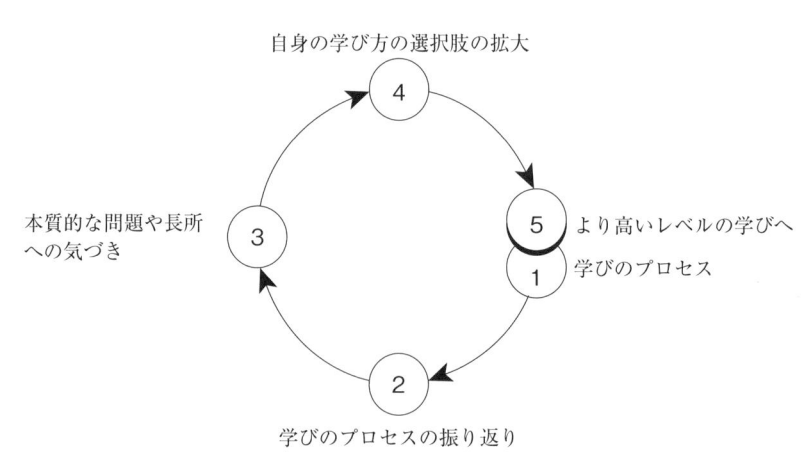

図 5.4 学び方の学び

5.10 その他のスキル

　教えることを学ぶプロセスの中で，行為と行為からの学びを交互に意識することがとても重要です。これが重要なのにはいくつかの理由があります。1つめに，こうすることによって実習生は，自分自身の学び方についての理解を深めることができます。2つめに，自らの学びについて省察することで肯定的な感情が生まれます。学びのプロセスは大抵難しく苦しいものですが，それを省察することによって目的が達成されたこと，もしくは目標に確実に近付いたことをはっきりと実感することができます。省察はまた，実習生たちに，それを自分でやってきたのだという事実に気付かせることができるでしょう。このような分析を通して生まれる肯定的な感情は，その実習生の学びに対する姿勢をも変化させます。これは知識を獲得することよりもはるかに重要なことです。

　もっと知りたいという自分自身のニーズを自覚し，そのニーズを表現し，それに基づいて行動し，そして結果として関連する概念を学ぶというプロセスを学生が経験することによって，自分は目標を達成できるし，達成する力をもっているのだという自分自身に対する信頼感をもてるようになる。このようにして教師としての肯定的な自己概念が膨らむことは，それを支える重要な要素である理解の深まりと連動して，もっと学びたいという欲求を生むことにつながる（Combs et al., 1974, p. 143）。

　学生たちに教え方の学びを身につけさせるために動機づけることは，いつもたやすいわけではありません。学生は自分たちの教え方にのみ関心を寄せがちです。学生たちが教えることに多くの問題を抱え過ぎていない時でないと，学ぶことの学びに注意を向けさせることはできません。そうでない場合には，教えることに関する問題が実習生たちの頭の中を占拠してしまっているからです[6]。

　実習生が一度，自分の学びのプロセスがどのように展開しているかを自覚することができるようになれば，指導者は援助のプロセスの中で指導者自身が果たす役割についてよりはっきりととらえられるように（そして話し合いの場にもち出しやすく！）なります。

第5章
実習生の個別指導：省察的な教師を輩出するための指導プロセス

5.11 結 び

　援助のスキルについての議論をまとめるにあたって，いくつかの重要な点を説明します。まず，学生がサイクルのどの局面において援助を必要としているのかに注意することが有効でしょう。異なる学習場面においても，ひとりの学生は同じ局面で何回もつまずきます。なかなか自分の行為をうまく省察できない学生もいます。また，自身の経験について考察はするけれど，問題を具体化することがどうしてもできない学生もいます。違う学生たちにとっては，こうしたことは全く問題ではないかもしれないけれど，そのような学生たちの中には，解決方法を考えたり，その解決方法を実行したりしようとする際に問題に直面する学生もいます。もし指導者がこのような実習生の学びの問題パターンを見抜くことができれば，援助のプロセスはよりうまく進められやすくなるでしょう（たとえば，指導者が学生に自身のパターンを自覚させるなどして）。

　最後に特に強調しておきたいのは，私は今まで援助プロセスをモデル化することによって，有利に話を展開してきたということです。もちろん，現実はモデル通りに動くことはほとんどありません。たとえば，サイクルの5つの局面も，いつもきちんと順々にたどれるわけではなく，学びのプロセスはもっと不規則的に展開するでしょう。また，問題が明らかになる第3局面でサイクルが止まってしまうということも十分にあり得ます。また，（その時点では）教育実習生に合う方法で解決できない問題というのも生じるでしょう。時には，教育実習生がその問題を受け入れることが必要になります。次の例を見てみましょう。

> 生徒たちに何かをさせるというのは，私（教育実習生）にとってとても難しいことです。私には向いていないのです。

　このような受容のプロセスは，その当事者にとってとても苦しいものです

5.11 結び

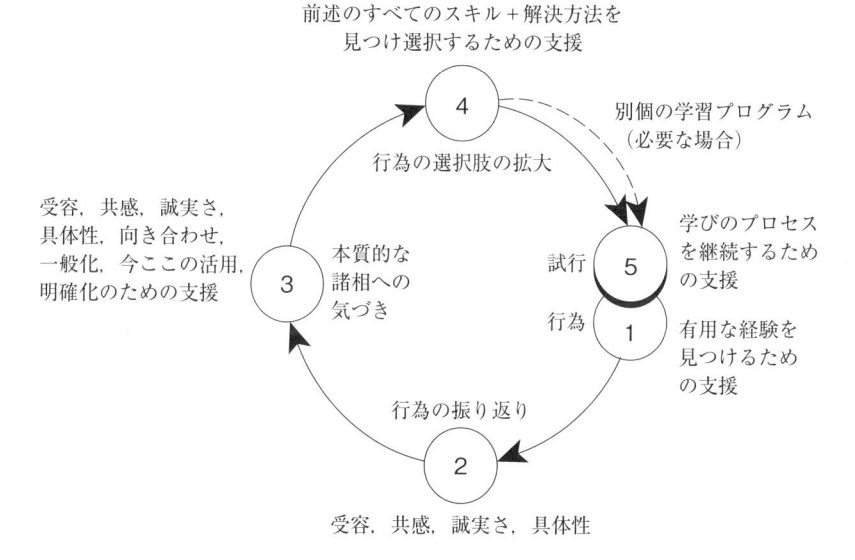

```
               前述のすべてのスキル＋解決方法を
                 見つけ選択するための支援
                         ④
                                    別個の学習プログラム
                    行為の選択肢の拡大    （必要な場合）
受容，共感，誠実さ，
具体性，向き合わせ，  本質的な              学びのプロセス
一般化，今ここの活用，③ 諸相への      試行 ⑤  を継続するため
明確化のための支援    気づき              の支援
                                行為
                                    ① 有用な経験を
                                      見つけるため
                     行為の振り返り       の支援
                         ②
               受容，共感，誠実さ，具体性
```

基本的なスキル：上図の中で，教育実習生がどこに位置しているのかを見極める。
付加的なスキル：
 a. 静かにしている。
 b. 長所を強調し，活かす。
 c. 学び方の学びを手助けする（モデルを理解し，自律的にモデルを活用できるように促す）。

図 5.5 学びを支援する（概要）

（自己イメージに影響するので）。いたずらに解決方法を探っているだけでは，この受容のプロセスは阻害されてしまう可能性があります。ですから，解決方法を探すだけではなくて，第 2，第 3 局面において用いた指導スキル――すなわち，受容（指導者による！），共感，具体化（どのような場面で問題が生じたのか），一般化（実習生が抱える複数の問題には共通点があるかどうか）などのスキル――を用いた方がよいでしょう。

注

1) これは，ひとりで学ぶことが教育の中でめざされる理想的な状況だということを意味しているのではありません。たとえば，初期の教師やバーン・アウト気味の教師が巧みな指導者に出会うことで，仕事への満足度に加えて，教師の仕

第5章
実習生の個別指導：省察的な教師を輩出するための指導プロセス

事の質が大きく高まることがあるでしょう。また，同僚と密に連絡を取り，しっかりしたピア・サポート学習（9.6節参照）を形作ることは，教師がその専門職の中で役割を果たす上で本質的です。しかし，ひとりで学ぶ能力は常に重要で，指導者の下で学んだり同僚と学んだりする形を補完するものなのです。

2) 実際，メタ省察というべきものです。ここで狙っているのは，自分の省察による学びのやり方を省察するということなのですから。
3) もちろん，特徴の区別は厳密なものでは全くありません。常に，どの特徴に強調点が置かれているということが問われるのです。
4) 指導者がすぐに，最も簡潔な状況から学びのプロセスを始めるべきだと決めることもあります。そうすると学びのプロセスがより効果的になると確信しているのです。しかし，多くの場合は逆です。なぜなら，実習生が本当の問題を見つけられないおそれがあるからです。
5) ロジャーズは誠実さと真正性という用語を交換可能なものとして使っていました。
6) だから指導者は，学びのプロセスについて実習生と話し合うふさわしい機会を見つけようとし，肯定的な学びの経験を増やそうとしなければならないのです。これは第1局面の「役立つ経験を見つけることを助ける」というスキルを，学ぶことを学ぶというレベルに言い換えたものです。他の本章で扱ったスキルも，同様にこのレベルに応用することができます。たとえば，実習生のもつ学びの傾向の受容，学びのプロセスにおける実習生のもがきへの共感の表出などはすべて，学ぶことを学ぶプロセスを刺激するために重要なものです。

　行為，学び，学ぶことの学びというそれぞれのレベルの関係についてのより理論的な分析については，デ・ヨン，コルトハーヘン，ヴベルズ（1998）を参照のこと。

第6章

実習生のグループ指導

Fred Korthagen

> なあ，パドラス。
> よいものとよくないもの，こういうことを誰かに教えてもらう必要があるんだろうか。
> ——ロバート・パーシグ（Robert Pirsig）『禅とオートバイ整備の技術』

> リアリスティック・アプローチの特徴は，教師教育者たちが実習生の実践的経験に基づいて指導するという点にあります。実習生同士の省察的な相互作用は学びのプロセスを深める働きがあるので，リアリスティック・アプローチの中では大抵の場合，教育実習生たちをグループに分けて指導します。ですから，本章では，教師教育の中でのグループ・セミナーの場におけるリアリスティック・アプローチを説明します。まず，実践的な経験に基づいて作業し，そしてそれらの経験を理論と結びつけるための5段階の手順について述べます。次に，省察を促進するためにグループ・セミナーで使われる4つの特定の技法について説明します。これらの技法の使い方や効用に関する研究結果も紹介します。最後に，さらなる可能性について検討します。たとえば，実習生が互いに指導し合えるようになるための仕組みである，ピア・サポート学習に向けた歩みについて説明します。

6.1 はじめに

第5章では，個別指導の中で省察を促すプロセスについて説明しました。もちろん，教師教育者は常に，実習生に個別的に対応する時間があるわけではあ

第6章
実習生のグループ指導

りません。さらにいえば、グループ学習は省察を促進するうえで不可欠です。なぜなら、他の実習生たちと経験を共有することで、それらの経験を構造化しやすくなると同時に、経験に関する他人の分析と自分自身の分析を比較することで、経験のとらえ方を新しく発見できることがあるからです。実習生仲間にフィードバックを与えてもらう機会も生じるでしょう。要するに、実習生同士で省察的な相互作用をもつことによって、専門家としての意図された学びのプロセスを一層豊かにするのです（協働的省察）。ノースフィールドとガンストーン（Northfield & Gunstone, 1997, p. 49）は次のように述べています。

> 教えることについて学ぶことは、協働的な営みである。教師教育は、小さなグループやネットワークの中でアイディアや経験を共有し、検討することで、最もうまく行われ得る。

また、ベルとギルバート（Bell & Gilbert, 1996, p. 57）は教師の成長に与える構築主義の影響を検討し、以下のように結論づけています。

> 社会的相互作用（たとえば対話や説明、語り）は、社会的に構築された知識の学習、意味の個人的構築、社会的な知識の再構築を促す。

省察の促進が教師教育の重要な目標であることは広く受けとめられています。しかし一方で、実習生のグループに対して省察を促進するような、セミナーなどで活用し得る技法や活動について説明している研究は不足しています。プログラムに関する説明のほとんどは極めて一般的なものに留まり（たとえば、Feiman, 1979, Zeichner & Liston, 1987）、将来教師になろうとする人たちが、自身の授業実践を批判的分析の対象にできるようになるための活動について詳しく説明してはいません（ただし、Harvard, 1994 は除く）。しかしながら、実習生をただ寄せ集めるだけでは、実践からの学びを促すのに十分ではありません。また、実習生のグループに理論を教え込むだけでも、あまり役には立たないでしょう。ですから、次のような問いへの答えは、まだ見つかっていないと

6.1 はじめに

いえます。「グループでの省察を促し，実践と理論をつなげるために効果的な方法として，何があるのだろうか？」

ここでも ALACT モデルが参考になるかもしれません。ALACT モデルは 5 つの局面から成るサイクルによって，理想的な省察プロセスを説明してくれているからです。しかし，ALACT モデルであっても，グループ・ミーティングという文脈の中で，意図されたらせん構造の成長を実習生に遂げさせるためにはどのような教師教育者の介入の仕方が有効か，という問いに，直接的には答えてくれません。本章では，この問いを扱います。教師教育者の介入の仕方に焦点を当てているという点で本章と第 5 章は似ていますが，第 5 章で個別指導における省察の促進に重点を置いたのに対し，本章ではグループにおける省察を扱います。

6.2 節では，実践経験を取り入れながら実習生のグループを指導する際のガイドラインとなる，5 段階の手順について説明します。その手順は，たとえば教育実習期間に開かれるグループ・セミナーなどで使うことができます。理想的には，いくらかの経験を積んだ後，実習生たちが大学に戻ってきて，教師教育者の指導の下でグループ・ミーティングを行い，また実習校に向かい，そしてまた大学に……という過程が続くことが望ましいと考えられます。このようなやり方は，往還モデルと呼ばれます（Van der Valk et al., 1996）。しかし，たとえほとんど「往還」を行えなかったしても，教師教育者は実習期間と理論を結びつけるように努めなければなりません。6.3 節では，6.2 節で説明した 5 段階の手順を実際のセミナーの様子をもとにより詳しく説明します。

その後 6.4 節で，省察を促すための 4 つの具体的な技法を紹介します。この技法は，大人数の集団（たとえば 200 人近い）でも使うことができます。6.5 節では，これらの技法を実際に活用した研究報告を概観します。6.6 節では，実習生を自立した学習者へと育てるためにとるべき次のステップについて考察します。すなわち，ピア・サポート学習という仕組みを通して，実習生が互いに指導し合えるようになることについて，検討します。最後の 6.7 節では，本章のまとめを記します。

第6章
実習生のグループ指導

6.2　5段階の手順

　教師教育におけるグループ・セミナーの中で，省察を通して学びを生みだす方法を整理するために，5段階の手順を開発しました（Hermans, Creton & Korthagen, 1993）。この5段階の手順は，学生たちの経験を真摯に受け止めて実践に基づく理論を構築しようとする教師教育者の手助けとなるでしょう。この5段階の手順は教育学的な構造を持ち，学びを促進する方法論ですので，ALACTモデルとは根本的に異なります。5つの局面から構成されるという点は同じですが，ALACTモデルは実習生の学びの理想的な在り方そのものだけを描いたものです。ただし，5段階の手順を使うことで教師教育者が実習生にALACTモデルの各局面をたどらせることができるという意味で，この手順とALACTモデルにつながりはあります。

1. 最初の段階としては，実習生がこれから経験することについて事前の構造化を図るための課題を与えられます。ここで事前の構造化を図る対象には，教室での経験や，大学での経験，さらには学校で教えるという経験が含まれます。理想的には，この課題は実習生自身の関心や学びのニーズに基づくものであるべきです。たとえば，学校で教える生徒の動機づけの問題に悩まされている実習生がいるとします。その場合に出される課題というのは，ひとり以上の高校生を対象としたインタビューを通して，高校生の動機づけの方法をとらえ，マッピングするという内容などがよいでしょう。この事前の構造化を図る段階を通して，実習生は学校で教える際にものごとをとらえるための「メガネ」を手に入れるのだといえます。

　　意図された通りの経験を実習生が積めるようになるためには，大学でスキルを磨くことが必要でしょう。もし他人に質問をする経験に乏しい実習生がいたなら，その実習生に対しては，セミナーで何を学びたいと

考えているかというテーマで実習生仲間に7分間のインタビューをするという練習をさせても良いかもしれません．その後，その実習生の質問の技術はグループの中で省察され，たとえばもっとオープンな質問を投げかけるような，より一層発展した練習を重ねることで，事前の構造化を進めていくこともできるでしょう．

2. この段階では，実習生は学校に行き，経験を積みます．たとえば，この例の場合は，高校生に実際にインタビューをします．この段階の最も重要な点は，ここで経験されたことが，その実習生に特有の関心を生み出し，ゲシュタルト（2.3節を参照）を引き出すことにつながるという点です．

3. 3つめの段階では，実習生は経験したことを報告し，教師教育者は実習生と共にその経験を構造化し，明確化や分類，一般化を通してゲシュタルトを焙り出します．構造化は省察プロセスに必須の部分です．実習生の報告というのは，ビデオに録画された実習生の授業の映像を使いながら細かい内容まで紹介する形をとってもよいし，教師教育者が投げかける質問に基づいてグループで話し合う形でもよいでしょう．構造化の目的は，実習生の積んださまざまな経験の「無秩序さ」の中に秩序をもたらすことです．

　「動機づけ」と「インタビュー」に注意を向けるように言われていたとしても，実習生の注意はまったく別のところに逸れてしまう可能性があることに，教師教育者が気づいておくことは重要です．たとえば，高校生のふるまい方に関心が逸れてしまう実習生がいるかもしれません．このような場合に，教師教育者がこれらの関心を構造化の始点として活用するところに，リアリスティック・アプローチの本質があります．このような場合，教師教育者は予定していたミーティングのプログラムを中断する覚悟をもっていなければなりません．もう少し柔らかく言い換えるとすれば，予定通りの経験を積むことが，必ずしも意図されたプログラムを実現する最適の方法であるとは限らないのです．

第6章
実習生のグループ指導

4. (大抵は莫大な量の) 経験を構造化した後ではじめて，それらの経験や惹き起こされたゲシュタルトに焦点を当てて，より詳しく検討することが可能になります。同時に複数の異なる事柄に焦点を当てることも可能です。たとえば，多くの実習生に共通する学びのニーズ（子どもと面談するときに，どのようにして安心感を作り出すことができるか，など）や，学んでいる概念の本質や一般的特徴（どのような動機づけを見分けることができるか，など），実習生が自身の経験を報告した際に浮かび上がってきた実習生のゲシュタルト（ある特定の年齢の生徒たちについてのゲシュタルト，など），これらのゲシュタルトと実習生の経験の関係（実習生のもつその年齢の生徒たちについてのゲシュタルトが実習生が投げかける質問にどのような影響を及ぼすか，など），ある能力の観点から見た際の実習生の長所と短所（共感的になる能力がどれくらいあるか，など），何を学んだか，次週までに学びたい目標は何か，など。リアリスティック・アプローチを注意深く適用するためには，教師教育者はこれらの中からどれに焦点を当てるかを考える際，実習生が口にした関心やゲシュタルトに沿うものを選択するように心がけなければなりません。

5. 前の段階ですでに，教師教育者は実習生の経験や発言を抽象的なレベルで分類するだけでなく，理論的な解釈を加えたり，異なるカテゴリーとの関係性や因果関係について指摘したりすることがあったはずです。このような理論的な概念や原理を教えるのが，第5段階です。この段階で身につける理論は，本に書かれているようなもの（たとえば，理論的な構造や概念同士の関係性についての記述を主とする理論や，研究報告書など）ではない方が好ましいということを強調しておきます。この段階でもなお，実習生たちに提示される理論というのは実習生の経験や将来設計と直接につながるものであるべきです。第5段階で扱う理論は，学問知（エピステーメー）ではなく，実践知（フロネーシス）の形をとるということです。ですから，第5段階は小文字の理論の紹介をする段階だといえます。

もちろん，実習生により多くの予備知識を身につけさせるために，教師教育者は古典的な文献を用いて大文字の理論を教えることもあるでしょう（たとえば，教育心理学の本の中の動機づけに関する章を活用する，など。）。このような理論の紹介をするに当たっては，短い講義をしたり，レジュメを配ったりしてもよいでしょう。標準的な教科書を使う場合には，大抵，そこに書かれた理論と経験との関係性をはっきりさせる必要があります。ただし，時には，実習生自身の経験に結びついた小文字の理論にこだわり，より形式的で科学的な理論の紹介は飛ばした方が良いこともあります。この後の第7章で，なぜ大文字の理論をこの段階であまり入れ過ぎない方がよいのかについて，より掘り下げて分析します。第7章では，各段階で大文字の理論にどれくらい時間を割くべきかを判断するうえでのガイドラインも示します。

　この後は，もちろんこのサイクルを繰り返しますので，新しい事前の構造化を図る段階に入ります。多くの場合，第4段階（焦点化）と第5段階（小文字の理論）はほぼ自動的に第1段階（事前の構造化）につながります。つまり，今日のテーマであった内容が，明日の授業経験の中で実践される課題となるのです。

```
教育実習生のグループを指導する5段階の手順
    1. 事前構造化 ←──────┐
    2. 経験                │
    3. 構造化              │
    4. 焦点化              │
    5. 小文字の理論 ───────┘
```

図6.1　リアリスティック・アプローチで教育実習生のグループを指導する際の5段階の手順の概要

第6章
実習生のグループ指導

　5段階の手順についての概要は図6.1を見てください。

6.3　5段階の手順の詳細

　この節では，ユトレヒト大学の教員養成機関であるIVLOSの2時間のセミナーを参照しながら，5段階の手順の詳細を見ていきます[1]。ここの参加者は，教科内容を学ぶ課程を修了し，中等学校で教鞭をとる前にIVLOSで1週間の短期的な研修を受けた，研修生と呼ばれる実習生たちです。この研修生たちはだいたい半分の時間，フルタイム職で働いています。免許はまだ取得していないものの，研修生ははじめから授業を1人で担当し，責任者である指導教諭も授業には立ち会いません。さらに研修生たちは，週に2回は大学に通います。大学では，主に研修生同士の経験の交流が繰り広げられます。できるだけ研修生たちの問いや経験にとって重要なテーマを網羅できるように，大学ではさまざまなテーマを扱った話し合いの場が設けられるのです。研修生たちは何に関心があるのかを示し，そこで挙げられたトピックに沿ったテーマ・セッションが計画されます。たとえば，実習に入ってから4ヵ月経った頃に，授業中「問題があった」生徒に対して行う授業後の面談が，話し合いのテーマになったこともあります。研修生たちはそのような面談が難しいと感じているようでした。このような関心は，教室の雰囲気に関わる問題に直面した新米の教師に共通してよくみられるものです。多くの新米教師は，まだこのような問題が起きることを事前に防ぐことができないので，クラスの雰囲気を改善する方法として，生徒と個別的に，または少人数で呼び出してプライベートな話し合いの場をもとうとするのです。もし上手くいけば，このような面談は教師と生徒の関係を大きく改善することにつながります。距離が近いため，大人数の生徒たちに向かって話す時よりも緊張感がなくなり，対立的な雰囲気もいくらか解消されると，新米の教師たちは感じることが多いようです。さらに，このような面談は，メタ・コミュニケーションのためにも活用することができます（たとえば，教師や生徒たちのクラスの中での話し合い方について議論するなど）。こ

のように，面談というのは，教師と生徒の関係が望ましくないパターンに陥ってしまうことを防ぐのに有効であるということが論証されています (Watzlawick et al., 1967)。

教師教育の枠組みの中で，大学で行われることになっている主な活動は，一人の正規の教師教育者が担当することになります。この教師教育者は，研修生たちがそれぞれの学校での経験を共有し，自分たちの問題を解決するに至り，理論的な見識を獲得し，自分の学びの目標を掲げられるようになり，そして，研修生たちが自身の学校での経験をもとに，大学で行われるどの研修の内容や形式が自分に合っているのかをとらえられるようになるための活動の責任を負っています。もし，その正規の教師教育者があまり得意でないと感じているテーマがあれば，その内容を扱う際にはそのテーマに長けているゲストの教師教育者を招きます。たとえば，放課後の面談がテーマとして選ばれた際，実際にゲストの教師教育者が招かれました。短い自己紹介をした後に，このゲストの教師教育者は次のような話を始めました。

> 省察するうえで重要なのは，物事を振り返り，あなたにとって何が難しいのかを正確に自覚することです。この活動はとても個人的な答えにたどりつくことが多いです。そして，そのような個人的な答えというのは，今回のミーティングの出発点とするに適しているのではないかと思います。皆さん一人ひとりに，授業後の面談について，何が問題であるのかを考えてみてほしいと思います。その際，私はすべての人に当てはまるような一般的な答えや抽象的な答えを求めるわけではありません。あなたたち自身がどう感じているのかを知りたいのです。省察の練習をする際には，できるだけ自分の答えを簡潔に述べられるようにすることが重要です。「これ！これが私にとっての問題です！」という声を一言で聞かせてください。まだ一言にまとめることは難しいかもしれませんが，だいたいこのようなことが問題だということなら，きっということができると思います。たとえば，「こういう面談について考える時，こんな問題やあんな難しさが思い浮かぶ」というように。または逆に，ここは楽しめるという部分を思いつく人もいるでしょう。ちょっと集中して考えてみてください。そして，それからひとつの文章で，以下の内容を書き留めてください。「授業後の面談について考えた時に頭に浮かんだこと。」

第6章
実習生のグループ指導

　これが第1段階の，事前の構造化です。教育実習生たちの注意は，思い浮かんだことに向けられ，「授業後の面談」というテーマの中で何に焦点を当てるか選択するように促されます。この例でいえば，この課題の後，どのようにして生徒を動機づけることができるか，生徒が抵抗してきたらどうするか，教師と生徒の距離を縮めるにはどうしたらよいか，生徒との対立をどのようにして解決すればよいか，自分の直面している問題を考察できるようになるためにはどのようにすればよいか，および，生徒に対してどれくらい誠実に向き合うべきか，といった質問などが交わされました。

　この後，2つのロールプレイングのセッションが行われました（第2段階，経験）。実習生のひとりが教師役になり，もうひとりの実習生が生徒役になりました。5分から10分程度のこのセッションは，セッション前に説明されたそれぞれの役の設定に沿って，対立関係やコミュニケーションの離齬が生じるようにつくられています。

　そのセッション前に為された役についての説明を以下にまとめます。ロールプレイングの役に割り当てられていない実習生たちは，自分自身が抱える問題や関心（第1段階で形作られる）を念頭に置きながら，そのロールプレイングを観察するように指示されます。

ロールプレイングの手順
　最初の場面では，生徒は9年生という設定でした。その子の学校の成績は不安定で，実習生が担当する科目でも，その他の科目でも，ようやく進級ができる程度でした。教師によれば，その子どもはもっとよい成績をとる能力はあると考えられるようでしたし，同僚の教師たちももう少し努力すればもっと高いレベルに行けるはずだと太鼓判をおしていました。今日の授業では，その生徒は授業に集中せず，ずっと電卓で遊んでいました。そして，ある時点で，その生徒に授業後に居残るように指示するに至りました。その生徒が，宿題をやってきていないことは明らかでしたし，さらには，隣や後ろの席に座っている生徒と常におしゃべりをしていたのです。ですから，実習生が説明したばかりの内容について質問された時，この生徒はそのとても簡単な質問にすら答えることができませんでした。授業後（昼休み）に面談をするために教室に居残るように指示したのは，この時です。

教師役についての説明と生徒役についての説明から，同じ場面に関する2つの視点が浮かび上がります。生徒の視点からすれば，宿題をしてこなかったことにはちゃんとした理由があるし，先生の授業は非常に退屈だと感じています。教師の役についての説明では，この生徒はもっと勉強ができるようになる能力があるにもかかわらず，とても不愉快な態度をとるということが強調されています。

ロールプレイングは，決まった形式に従って議論されます（第3段階，構造化）。まず，教師役を演じた教育実習生がロールプレイング中の自分の経験について，自分が実際に抱えている問題を参照しながら話します。次に，他の実習生たちがそれぞれのロールプレイングを観察しての意見を述べ，生徒役を演じた実習生がその経験についてどう感じたかを発言します[2]。

それでは，初回のロールプレイング・セッションについての話し合いをより詳しく見てみましょう。こうすることで，第3，第4，第5段階の詳細が見えてくるからです。このセッション（第2段階，経験）では，教師役はブリジットという実習生によって演じられました。ブリジットは，自身が気づいた問題点を以下のように話しています。

ブリジット「こちらが答えて欲しいと思っていることを生徒が答えるだけ，というような会話が何回かありました。彼が礼儀正しく，こちらに賛成してくれているように見せているのは，そうすれば，この面談から早く抜け出せるとわかっているからです。彼が頭の中で何を考えているのか，わかりませんでした。私はこの面談で何かの成果をあげられたのでしょうか。どうすれば，成果があげられたといえるのでしょうか？」

ブリジットは，彼女が教師役を演じ，もうひとりの実習生が生徒役を演じたこのロールプレイングが彼女自身が抱えている実際の問題を素描したものであり，とても現実的であると感じたと話しています。ロールプレイング後の話し合いの中での発言を，いくつか挙げます。

教師教育者「それでは，ブリジット。あなたはこのロールプレイングをどう思いましたか？」

第6章
実習生のグループ指導

ブリジット「バリアがあるように思いました。私は彼をまず座らせることから初めて，彼を冷静にさせ，その場面を乗り越えようとしていました。私との会話に集中して，あなたと話し合いたいと心から思っていることをわかって，というようなことを言いました。でも，難しかったです。実際，彼は立派な反論をしてきました。つまり，僕は実際のところ落第なんかしないというのです。私は，常に周りをきょろきょろして，他の生徒の気を散らしている，といった彼の授業中の態度について，ひとこと言いたかったのです。」

教師教育者「つまり，まずは彼を落ち着かせようとしていたのですね。」

ブリジット「えーと，私は，この日の授業だけでなく，いつも彼の授業中の行動には問題があるということをはっきりと彼に伝えることから始めたいと思っていました。私は，彼が宿題をするだけの能力をもっていると思っているのに，時々宿題をやってこないのがなぜだかわからないということを彼に伝えたかったのです。」

教師教育者「あなたのやり方は，ここまで成功してきたと思いますか？」

ブリジット「いいえ，あまり。彼に話が通じたと感じることはありませんでした。休み時間全部を使ってしまっても無理なように……いいえ，どうにかして私が言いたいことを彼に伝える方法を見つけなければなりませんね。もしかしたら，私はただ単に質問を投げかけてみた方がよいのかもしれません。私が教えている教科についてどう思っているのかとか，私の授業を座って聞いているのはあなたにとってどんな感じで，どんな気持ちになるのか，とか。」

教師教育者「今言ってくれたことの中に，とても大事だと思うことがありました。彼に話が通じていないという部分です。」［そして，教師教育者は黒板に，教師から生徒に向かう矢印を描く。］

ブリジット「ちょっとしたとっかかりを作ることすら，できませんでした。」

教師教育者「とっかかりさえ作れなかった。とっかかりを作ることについては，おもしろい法則があります。がんばればがんばる程，上手くいかなくなる，という法則です。」

ブリジット「はい。」

アストリッド「酢よりも蜂蜜の方がたくさんのハエを捕まえる，というようなこと

わざもありますよね。」

教師教育者「確かにそうですね。ほぼ同じことを言っていますね。ということは，酢を使ってハエを捕まえようとがんばればがんばるほど，話を通じさせようとがんばればがんばるほど，難しくなるということです。[教師教育者はこれらをすべて板書する。] どんどんと難しくなっていく状況を，どのような時に実感しますか？」

ブリジット「つまり，彼が私や授業から遠いところへ行ってしまい始める段階のことですか。私は彼を座らせておくこともできないし，落ち着かせることもできません。それに彼は，私のことを尊重してくれていないのです。」

（中略）

教師教育者「アストリッドは，抵抗の問題と，教師と生徒との距離を縮めることに注意を向けさせてくれました。これらのことは，今私たちが話し合っている内容に大いに関係しているように，私には思えます。」

アストリッド「はい。言葉には表れなくても，そうしようとしているのが明らかに伝わってきました。ブリジットは生徒に触れようと，一生懸命に手を伸ばしていました。でも，彼は机からどんどん離れていってしまったのです。面談中にサンドイッチを食べることを許可してあげたのは，いいアイディアだったと思います。彼があなたとの話し合いよりも昼食をとることに興味があることはわかっている，ということを彼に伝えようとしていました。」

教師教育者「そう。それは大事な点ですから，少し検討してみましょう。相手が抱えている問題，何がその人を不安がらせているのかを理解していることを伝える，という点です。[教師教育者は『相手の問題を理解していることを示す』と板書。]（中略）ピア・サポート学習について話し合った時に，あなたたちのグループはかなりの話し合いの技術を身につけていることがわかったので，きっとこのテーマについて話し合うのも初めてではないのでしょう。相手に共感しようとし，相手が考え感じていることを言葉に表そうとする，という今話し合っているテーマこそ，話し合いの技術と呼ばれるものの中身なのですから」

グループ全体「はい。」

アストリッド「きちんと聴いているということを，相手に伝えるのです。」

第6章
実習生のグループ指導

教師教育者「聴いているということを相手に伝える。［板書する。］もちろん，言葉になったものをそのまま聴くことはできますが，時には，いわば『行間に耳を傾ける』ことや，相手の心の中を理解しようとすることで，聴いていることを示すことができることもあります。そのような言葉になっていないものを言葉にするというのは，誰かに近づくひとつのやり方です。言葉にされることで，人は相手が自分のことをわかってくれていると感じるからです。これは，あなたの伝えたいことを誰かに通じさせるというのとは，まさに反対の作用です。ここでは，相手の発信しているメッセージを受信して，関係作りをするのに活用していきます（以下略）。」

ここで教師教育者が何をしているのかというと，まず，実習生の関心やゲシュタルトに注目させるという原理を活用しているのです。教師教育者自身の言葉を借りると，次のような作業だといえます（ミーティング後の記録より）。

私はこのグループと初対面だったので，帰納的なアプローチを活用する方がよいだろうと考えました。つまり，まずグループに動いてもらい，その動きの原動力がどこにあるのかを探しながら，いくつかの理論を紹介するという方法です。特にやりたかったのは，彼らの関心事を知り，彼らの視点を経験することです。その教科について考えている時に，実習生たちの頭の中を何がめぐっているのか，何を問題だと感じているのか，探り出したかったのです。そうすることで，私は実習生たちの言葉を理解できるようになり，出発点を見定められるようになります。だから私はほぼ毎回，振り返りの課題から始めることにしているのです。ここで焦点を当てているようなロールプレイングの場面について考察し，何が問題であるのかをまとめる，という課題です。なお，教育実習生が省察に関する授業を行った時の経験に結びつけて考察させようと工夫したこともありますが，実習生たちにはその意図があまり伝わらなかったようです。

この説明から，なぜこの教師教育者がこのようなミーティングの始め方を選んだかが明らかになります。彼は，教育実習生個人にとっての問題の核心は何かを尋ねることで，実習生たちの頭の中にあるものを探そうとしたのです。そうすることによって，教師教育者は実習生個々人の関心に合わせたコメントを発せられるようになるからです。導入の部分で，彼は実習生が自分たちの関心とどのように向き合っているのかを直ちに探るために，さまざまな方略を試し

ています。彼は，すでに話し合われ，全員に共有されている経験（ALACTモデルの各局面を紹介した省察に関する話し合い）を参照したり，実習生にそれに関連する自身の問題を発言したりするように促した後，さらにそれを具体的に述べるように指示しました（たとえば，「私にとっては，問題の核心は…」というように）。こうすることで，それぞれの教育実習生の主張が浮かび上がります。教師教育者は，それらの主張をもとに次のロールプレイング・セッションを観察する課題を考えます。このようにして，実習生の個々の関心がすべて話し合いの中で触れられるように心を配ります。これは第1段階（事前の構造化）が第3段階（構造化）への道筋を準備する様子を示す一例です。教師教育者は，個人個人の関心に基づく演習という，ミーティングの最後の課題に至るための出発点として，実習生たちの関心を活用するのです。彼にとって残念だったのは，省察に関する以前の授業と関連づけようと試みたことで，実習生たちが今話し合っている内容と省察というテーマとの関係性を実感できていないことがあらわになったことです。結果，彼はそれ以上に関係性について探究しても実りはないだろうと考えました。ここで大事なのは，彼が実習生の興味やエネルギーが明らかに向けられていない方向へと無理やり議論を進めようとはしなかったということです。

　まとめの時間に，ブリジットは自身と担当している生徒との問題をまとめて，このように述べていました。「彼が頭の中で何を考えているのか，わかりませんでした。私はこの面談で何かの成果をあげられたのでしょうか。どうすれば，成果があげられたといえるのでしょうか？」そこで，この教師教育者は何がブリジットを悩ませているのか，その問題について彼女がどのように感じているのか，ということを結びつけて検討するために，さまざまな方法を試みています。ブリジッドが話している最中にも，彼女が何をしようとしていたのかを理解するために，彼はこまめに確認の質問を投げかけます。（たとえば，「つまり，まずは彼を落ち着かせようとしていたのですね。」）。そして，ブリジットに彼女が選んだ方略が有効だったかどうか，尋ねています（たとえば，「あなたのやり方は，ここまで成功してきたと思いますか？」）。この時点で，

第6章
実習生のグループ指導

ブリジットはより正確な説明ができるようになります。「彼に話が通じたと感じることはありませんでした。」確認のために，彼はこの文章を板書しました。それに対してブリジットは，「彼に話を通じさせられませんでした」と答えました。これが第4段階，焦点化です。

　教師教育者は次に，一般的な法則を組み立てようとします。がんばればがんばるほど，難しくなる，という法則です。これは，第5段階，小文字の理論の内容です。教師教育者は，このグループ・ミーティングを後に振り返る中で，このミーティングでは，本当はコミュニケーションに関する法則を紹介する予定だったことを述べています。紹介する予定だった法則のひとつは，「成長の中では，前と同じことを繰り返さない」ことの重要性を強調する法則です（Watzlawiek et al., 1974, p. 116）。また，これに関連した法則で，前と同じことを繰り返すことは効果がなく，むしろ逆効果をもたらすことがある，ということを示す法則を例として挙げています。どのような場合でも，同じことを繰り返しているだけでは，何も達成できないのです。むしろ，同じようなことは繰り返さない方がよいし，全く違うことを試してみた方がよいのです。

　ブリジットの「彼に話が通じない」という発言は，まとめの時間にアストリッドが述べた，「彼の抵抗を崩して，教師と生徒間の距離を縮めたかった」という発言にとても似ています。それから，この教師教育者は，ブリジットが経験したことや分析したものとアストリッドが経験，分析したことを関連づけながら，アストリッドのゲシュタルトについて考えてみようとしています。教師教育者は，グループ全体に向き直して，法則をまとめながら，その法則が一役買っていた過去の関連する経験に遡って話を進めています。

　このようにして，ロールプレイング・セッションでの実習生の経験や，そこで呼び起こされたゲシュタルトを活用しながら，教師教育者はこれらの法則を実習生たちに教えるのです。ここで，教師教育者が用いる最も重要なスキルは，グループと個々人の両方に向かって話し，耳を傾け，質問を投げかけ，実習生たちがより具体的な発言ができるようにさせ，また，彼らが正確にそれらの法則を理解できたかどうかを確認するスキルです。何よりもまず，彼は実習

生の頭の中を占めているものが何か，すばやく理解することができるように努めていました。彼は自身が実践する実習生との関係の作り方やアプローチ方法を通して，このミーティングの中心テーマである，教師─生徒関係を改善する手段としての授業後の面談を成功させるために必要な姿勢やスキルの手本を示しているのです。

　アストリッドの反応を受けて，この教師教育者はアストリッドの関心を検討することが有効であると考えました。アストリッドは，多かれ少なかれ同じことを説明する法則を組み立てました。しかし，ブリジットは明らかに教師教育者の提言を受け入れることなく，自分の解釈に戻ってしまいました。これは，実習生にちょうど適したアプローチを見つけて，実習生たちを前進させることがいかに難しいかを示すよい例です。

　この教師教育者は，2つめの原理を紹介した時（「相手が抱えている問題を理解していることを示す」），そしてその後，以前の授業で取り扱ったトピックとその原理を結びつけようとした際に，実習生に適したアプローチをよりよく探し当てることができました。そのために，教師教育者は実習生たちに共感について話し合った内容をまとめさせ，そして彼らの言葉をそのまま板書していたのです。それだけでなく，彼は実習生がすでに知っていたことに加えて，新しい知識も提供しています。つまり，この共感という用語にロールプレイングで得た新しい経験を結びつけているのです。実習生は，この用語をピア・サポート学習（教師教育プログラムの主要な要素のひとつです。6.6節を参照）の文脈の中でしか知りませんでした。しかし，この話し合いを通して，共感という用語が生徒との放課後の面談の文脈でも効果的に使えるようになりました。実習生たちの関心やゲシュタルトを結びつけるための秘訣は，実習生たちが今いる段階よりほんの少し先へ進ませること，そしてそこから前進する作業は実習生たちと共に自身もたどることです。ひとつめの法則を紹介する時，この教師教育者はアストリッドを前進させることには成功したといえますが，おそらくブリジットは取り残されてしまいました。2つめの法則を紹介する時に，実習生たちを前進させることができたかどうかはこの資料からは読み取れません。

第6章
実習生のグループ指導

　どの時点でも，この教師教育者は大文字の理論を紹介するのをできるだけ慎重に控えることによって，実習生との結びつきを最大限に活用しようとしていました。大文字の理論の代わりに，彼はフロネーシス（小文字の理論）を提示しました。これは，実習生自身の経験に近く，どう行為するかを決める際に役立つような状況の把握の仕方を促してくれるようなシンプルで具体的な原理です。日常語を用いながら（相手のことを理解していることを示す，相手が何と言ったかきちんと聞いていることを伝える，など），教師教育者は実習生に「受容」と「共感」という理論的な概念を理解させようとしました。これはマッキンタイアとハガー（McIntyre & Hagger, 1992, p. 272）によってまとめられた下記のガイドラインに関連しています。

> 教師の専門性の発達は，教師自身のエネルギーや動機だけでなく，過去の実践を自分自身で理解することによってなされる。

　この事例で用いられたリアリスティック・アプローチの特徴は，教師教育者がいくつもの理論的な概念を教える準備をしているものの，それらを制限して使っている，という点です。結局，この教師教育者は，実習生たちに自身の経験を省察させることに関連した概念しか説明しませんでした。また，時には実習生のもつゲシュタルトにあわせてそれらの概念を適用したり改訂したりすることさえありました。ある特定の瞬間に適していると思えない場合は理論的な原理の数々も提示しないというこの教師教育者の判断は，彼の方略の重要な要素です。たとえば，生徒の自己イメージの改善よりも，実習生たち自身が「場を乗り切ること」や彼ら自身のふるまいに関心をもっていることが明らかだったので，教える準備をしてきた生徒の自己イメージの概念についての話し合いはしないという決断をしました。このような経緯の時には，その論理的な結果として，教師教育者は，彼がもつ「美しい理論」をすべて活用できるとは限らないという事実を受け入れなければならないのです。話し合われている経験と多少関連しているように見えるからという理由で，他の法則についても手早く

しゃべってしまいたいという誘惑にかられることもあるかもしれません。多くの場合，そのようなことをしても，労力の無駄遣いになるだけです。

　この方法論の欠点を挙げるとすれば，特定の理論に触れられるまでに時間がかかるという点です。理論的な事柄について，それとしっかり結びついた関心とゲシュタルトを引き起こすような経験なしに話し合っても役には立たない，という原理が重視されているからです。それと同時に，適切な経験を作るのを手助けすることによって，教師教育者が実習生の示す関心を操作する場合も生じるでしょう。この例に挙げた研修内容が，そのよい例です。つまり，このロールプレイングは，こちらのメッセージを相手に伝えるというテーマや，抵抗，共感といったテーマが議論されるように事前に構造化されていたのです（教師教育者がした役に関する説明を通して）。

　ここまでの話し合いの中で5段階の手順の詳細が説明されました。具体的なグループ・ミーティングの事例を挙げて説明することで，リアリスティック・アプローチの基本的な諸原理がどのように適用されるのかということをまとめることができます。

1. 教師教育者は教育実習生が学びのニーズに気づくのを手助けする。
2. 教師教育者は有用な「今，ここ」の経験を設計する。
3. 教師教育者は教育実習生たちが自分の経験を細かく省察するのを手助けする。

　これらの3つの中心的な原理は，第5章で紹介しました。教育実習生が実践場面からより多くのことを学びとれるようになるという点で，3つめの原理が大事です。実践場面から多くの事を学びとるということは，その場面について多くを知ることよりも大事だと考えられます。概念的な知識（学問知（エピステーメー），または大文字の理論）の発達は，むしろより細やかな知覚的な知識（実践知（フロネーシス），小文字の理論によって改善されるもの）の発達の後に起こるという考え方が背後にあるのです。言い換えると，教えることについての学びは，概念や概念同士の関係性について吟味するより前に，自分がもつゲシュタルトを詳しく省察することでそのゲシュタルトを自覚することか

ら始められるべきだと、私は考えます（これは次章の中心テーマとして扱います）。

省察プロセスにおける ALACT モデルの各局面を覚えている読者も多いでしょう。すなわち、場面を振り返った後（第2局面）、いくつかの本質的な諸相が明確化され（第3局面）、そして行為の選択肢が拡大されます（第4局面）。試行の局面（第5局面）は、教育実習生が次に実際に授業後の話し合いをした際にのみ起きるのではありません。グループ・ミーティングの2つめの部分において、教師教育者はそれぞれの実習生が実践する機会をもてるように短いロールプレイングを準備しているのです。

また、この例は、グループという環境づくりが重要であることを示しています。まず、グループ分けすることによってロールプレイングが可能になり、「今、ここ」の具体的な経験を積むことが可能になります。さらに、グループに分けられると、これらの経験についての話し合いが活発化しやすくなり、省察が促進されやすくなります。

6.4　具体的な4つの技法

グループでの省察を促すより具体的な技法は、他にもあります。ここでは、そのうちの4つを紹介します。これらの技法の背後にある考え方は、教師になろうとしている人たちは再構造化しなければ新しい教育の理論を受け入れることを阻んでしまうようなゲシュタルトをもって、教員養成プログラムに参加することが多いという考えです。例として、授業を「事実を子どもに伝達するもの」とみなす教育実習生を取り上げてみましょう。この教育実習生は、自身の生徒時代の学校での経験から、もしくはこれとは違う授業観を持つとクラスをまとめられなくなってしまうかもしれないという不安や恐怖感からこのような授業観を抱くに至ったのかもしれません。教育に関する文献は、学習者の活動が果たす重要な役割や、教科内容同士の関係性理解の促進に基づくような別の授業観を強調しています。グループ・セミナーの中で、教師教育者はいかにし

て実習生の授業についてのゲシュタルトの再構造化を促し，経験に基づいた教育理論の内面化を促すことができるでしょうか。人間の知的な枠組みというのは，たとえ矛盾する情報を前にした時であっても（Fiske & Taylor, 1984, p. 171），変化に対して抵抗することが一般的であるから（Turk & Speers, 1983），教師教育に携わるというのは，簡単な仕事ではないことは明らかです。

　これから説明する技法を下支えしている基本的な前提というのは，経験を（再）構造化しようとするプロセス（省察と呼ばれるプロセス）の有効性はその人の複数のゲシュタルトの相互関係性がどの程度考察されたかによって決まるということです。6.3節の最後ですでに述べたように，この前提は次章で理論的により掘り下げて検討します。授業を「伝達」ととらえている実習生の例でいえば，この実習生はたとえば，自身の授業の活動と生徒たちの認知的，感情的プロセスの関係性を整理しようとするかもしれません。彼女が省察することなく，教育理論が教師教育プログラムの中で教えられたとしても，それらの理論が実習生の授業中のふるまい方を方向付けることにはつながらないと，私は信じています。

　したがって，4つのそれぞれの技法は，教育実習生に教えることと学ぶことのそれぞれのゲシュタルトの関係性や，実習生たちのゲシュタルトと実際の行動の関係性を分析させるという基本的な考え方に基づいています。

レンガの壁[3]

　この技法は，教育実習生のゲシュタルトを省察しないと明らかにならないことが多い，教育に関するさまざまな目標や価値観の関係性を整理することを目的とします。グループに分かれた実習生はそれぞれ，教育的な目標や価値観が書かれた紙の「レンガ」を渡されます。なかには，教育実習生たちが何かを書きこまなければならない白紙のレンガもあります。ここで実習生たちに与えられる課題は，自分自身の「教えることに関するレンガの壁」を作ることです。最も重要な原理が書いてあるレンガが一番下に，その他のものを上に置きます

第 6 章
実習生のグループ指導

（図 6.2）。この壁は紙に貼り付けていく形で作られます。また，実習生は必要ないと判断したレンガを「紙くず入れ」に捨てていきます。

　これは，教えることに関する自分の目標や，重視している原理を省察するプロセスの最初の一歩です。グループの中のそれぞれのメンバーが作った多様な壁を比較することで，実習生が自分の考え方を主張することが促されると同時に，さらに，自分の考え方を批判的に省察できるようになります。

　一部のレンガにあらかじめ書き込んでおくことで，教師教育者は重要だと思われる教育理論を反映しているようなトピックに議論をもっていきやすくなります。たとえば，IVLOS プログラムでは，教育の目標にかなり重要な意味が付与されています。ですから，ここで用いられるレンガにはたとえば，「生徒たちは自分のしたことについて省察できるようになるべきだ」，「子どもにとって自信をもつことは重要だ」という言葉や，さらには「生徒たちにテスト対策をしてあげたい」とか，「生徒たちは私の話を聞くべきだ」という言葉が書かれています。また，次のような言葉が書かれたレンガも用います。「教室の中では静かにしなければならない」，「子どもは授業の内容と日常生活のつながりを見いだせるようにならなければならない」，「生徒たちは社会の問題に対して批判的な態度をとれるようになるべきだ」，そして「生徒たちは教科内容の『美しさ』を感じ取れるようにならなければならない」など。

　ひとつの教科に特有のレンガ，とりわけその教科に特有のその他の目標を満たすうえで必須条件となるような基本的な目標を表現しているレンガをひとつ

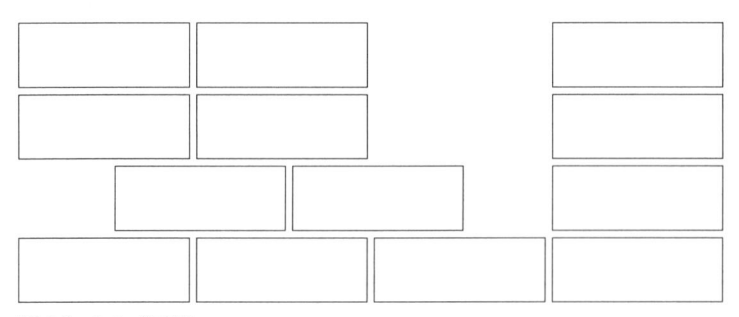

図 6.2　レンガの壁

か2つ盛り込むと，効果的です。数学を例に挙げるなら，「二次方程式の解法の習得」というレンガが適しているかもしれません。各教科に特有のレンガを用いることで，一般的な教育学的な考え方と，教科特有の考え方を結びつけてとらえられるようになります。

4欄の表

この技法は，教育の目標と実際の教師の行動との関係性を省察することを促すために考案されたものです。実習生は自分がよく担当する授業をひとつ選びます。できれば，それぞれの実習生が選ぶ授業は同学年を対象としたもの，もしくは似た教科内容を教えるものであることが好ましいでしょう。大きな紙に，4つの欄を書きます（図6.3）。実習生は，ひとつめの欄に教育において重要だと思う一般的な目標を書き入れます。この目標はレンガの壁の中に書かれた原理と同じものであっても構いません。2つめの欄には，1つめの欄に書いた一般的な目標から引き出される，これからの一連の授業に特化した目標を書き入れます。3つめの欄には次の1コマの授業で到達したい，さらに特化した目標を書き入れます。最後の4つめの欄は，授業後に書き込みます。ここには，実習生がその目標を達成するためにどのような工夫をしていたかを示すようなことばのやり取りの一部（たとえば，授業の録音記録の一部）を記入します。この最後の欄には，実習生が本当に3つめの欄に書き入れた目標を達成し

一般的な教育目標	一連の授業の目標	n回目の授業に特有の目標	n回目の授業で起きた特定のエピソード

図6.3 4つの欄

第6章
実習生のグループ指導

得たかどうかを示す証拠となるものが書き込まれなければならないことが，強調して伝えられます。

　その後，実習生は大学に戻り，互いの表を見せ合い，それについて話し合って，今回の表の下に次の時間の表を書き始めます。このような作業をすると，3つめ，2つめ，そしてさらにはひとつめの欄に変化が見られるようになることも多くあります。その人の目標と実際の教え方には矛盾があることに気づくことで，実習生は自身の教育観や，教え—学ぶプロセスにおける自身の役割についての考え方を変えていくことができるようになります。この際，教師教育者や同じグループの実習生仲間がそばにいることで，実習生が整理した自身の目標の達成を妨げるものを乗り越える方法を見つけやすくなります。なお，そのためには，注意深く計画された，長期的な方略および短期的な方略が必要となります。

　この活動が向かう方向はすべて，さまざまな授業に関連することが書き込まれた一連の列に表されます。私はよく実習生たちに，列と欄は大きな紙に描くように指示します。こうすることで，実習生仲間に彼らの「物語」を示しやすくなります。そうして，他の実習生は繰り返し「どうして？」という質問を投げかけるよう促されます。すると，実習生はできる限り自分の考えを明確化するために「物語」を話すことになるのです。

レパートリー表（レップ法）

　この技法は，教師の行動と生徒の特徴の関係性に関する実習生の理解を扱う技法です。この活動は，周囲の環境をやりくりしようとする際に人はどのような構成概念（construct）を使うのかを調べるために，ケリー（Kelly, 1955）が考案した技法です。実習生たちは，高校生の名前がひとりずつ書かれたカードを3枚ずつ，繰り返し受け取ります（図6.4）。このカードに名前がある生徒というのは，全員同じクラスに所属していて，教育実習生がよく知っている生徒たちです。あまり長く考えずに，その3枚のカードの中から他の2人と違うと感

6.4 具体的な4つの技法

| ジム | セリーナ | ヘレン |

図6.4　レパートリー表の手順で用いる3枚のカード

じるひとりのカードを選びます。次に，実習生は生徒たちの特徴や構成概念を整理しながら，その2種類に分けた生徒の違いを説明します。この作業を続けることで，その人個人の構成概念の一覧が出来上がります。レパートリー表は，教育実習生の行動の仕方が高校生に対する主観的な認識の仕方によって形作られていることに気づくきっかけになります。

　この活動をするに当たって，教育実習生を2人組に分けることをおすすめします。ひとりがカードを混ぜて，そのうちの3枚のカードをもうひとりの実習生に渡します。カードを渡された方の実習生が話す内容を，渡した方の実習生が書き留めます。それからもう一度カードを混ぜて……と続けます。構成概念が10個ほど書けたら，役割を交代します。

　すべての特徴が対立軸の片一方に位置づくことに気づくと，省察プロセスは促進されるでしょう。ですから私は，実習生に，一覧に挙げた特徴の逆の概念を答えるように指示することにしています。実習生が特徴とその逆の概念を自ら言葉にして整理することが重要です。なぜなら，この方法論に従えば，自分で好んで用いた言葉というのは，その人個人にとって特別な意味をもつという事実を活用することができるからです[4]。

　実習生は，構成概念の一覧と自身の行動との関係を省察するために，異なる特徴をもつ生徒たちへの自分の対応の仕方がどうして異なってくるのかを説明するように求められます。これは，真逆の特徴をもつ生徒たちへの対応の仕方を比較した際に，特に興味深い結果を生みます。実習生たちの行動やその背後にあるが目には見えない教え方の方略というものに対して，批判的に省察できるようになってくるのです。6.5節ではその一例を挙げて，この活動の結果についても紹介します。

第 6 章
実習生のグループ指導

接続の矢印

　この技法は，さまざまな目標と実習生の視点からとらえた生徒たちの特徴，そして教え方の方略の関係性に焦点を当てます。この「接続の矢印」の活動は，レンガの壁とレパートリー表を織り交ぜたもののように思えるでしょう。それら2つの活動の後に，それらの結果を踏まえたうえで行われると，効果的です。

　この活動では，紙のカードと矢印を使います。たとえば，「依存的」などといった，生徒の特徴のひとつと，「教科内容と日常生活の関係性の認識」といった，実習生が重要だと思う教育の目標が書かれたカードを手元に置きます。これら2つの項目は2枚の別々のカードに書かれています。それから，その2枚のカードの間に，紙の矢印を置きます。実習生は，カードに書かれているような特徴をもつ生徒を前にした場合に，もう一方のカードに書かれている目標を達成するためにどのような方略を用いるか，矢印の中に書き込みます（図6.5）。

　同じ質問を，反対の特徴が書かれたカードを置いて投げかけ直すこともできます。たとえば，「自立的」な生徒に，教科内容と日常生活の関係性をとらえられるようになるという目標を達成させようとする場合，どのように取り組みますか？　さまざまな目標や生徒の特徴に替えながら，この手順を何回も繰り返します。答えに挙がった方略について，グループ・ディスカッションで話し合うことは，もちろんより深い省察を促します。実習生は次に，矢印に書き込んだ方略をどのように実行するのか，どうしてその方略を選択したのか，その

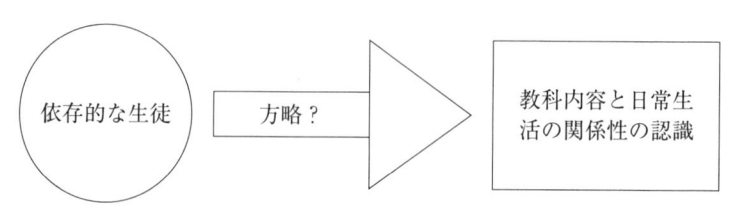

図 6.5　「接続の矢印」技法の活用

他の選択肢と比較した場合に浮かび上がってくるその方略の利点とは何なのか，などという質問を実習生仲間に投げかけることを通して，他の実習生たちが挙げた教え方の方略を理解することができるようになります。実は，これこそがこの技法の中で最も大事な部分です。この作業こそが，実習生にとって，高校生や，生徒の学び，授業についての自身の方略やゲシュタルトを再構造化することにつながるからです。

6.5 4つの技法の効果に関する研究

　これらの技法は，ここ数年間で，教育実習生や教師教育者の専門性発達のための研修グループによって取り入れられながら，少しずつ発展してきました。私は，オランダの大学の教師教育プログラムに参加している実習生のあるグループを対象に，これらの技法をより丁寧に調査しました。対象とするグループは，経済，生物，数学，歴史などのさまざまな教科（ただし語学は含まれない）の18人の実習生からなっていました。私は，その中の5人の教育実習生をサンプルとして，技法の効果を分析し，この技法を用いる際に伴う学びのプロセスを深く考察しました。グループの中のこの5人を選んだのは，彼らがそのグループを代表するに適していたからというよりは，とても現実的な理由からです。つまり，この5人（2人は数学，3人は生物の実習生）は，プログラムの大部分の間，一緒に指導を受けてきたメンバーだったのです。このグループの教育実習生たちがそれぞれ実習生一般を象徴し得ないという理由は見当たりませんが，あえて注意書きしておくならば，このグループには安心感や互いを気遣う雰囲気があり，これらの技法を用いる活動に間違いなく有利な環境であったということはいえるでしょう。これらの技法の効果というのは，このような要因と，その技法を用いるそれぞれの教師教育者によって変化するものですが，私のこの研究の目的は，これらの技法が有効であるとか，これらの技法がいかに素晴らしい成果を出すかというのを証明することではなく，むしろそれらの技法がどのような仕組みをもっているか，そして知的構造を変革することが可

第6章
実習生のグループ指導

能かどうか(とりわけ,先に述べた4つの関係性に関する知的構造)を検討することにありました。

「レンガの壁」の技法は,この18人の実習生のグループに対して,教員養成プログラムの当初から用いられていました。その教員養成プログラムは1年間のプログラムで,大学で開かれる4年間の教科内容中心のカリキュラムを終えた後に受けるものです。そのうち,私が対象とした5人の実習生グループには,大学で400時間,教育現場で400時間経験を積んだ6カ月後に,再度レンガの壁に取り組んでもらいました。その時までに,これらの実習生は中等学校で約80時間教える経験を積んでいました。

「4欄の表」の技法は,プログラムの1ヵ月目と2ヵ月目に用いられました。その期間,サンプルとした5人の実習生は初めての現場経験を積んでいる時期で,1対1型の授業を経験していました。つまり,6週間,それぞれの実習生は1人の高校生に週に1時間教え,それぞれの授業を録音した音声記録を聞きながら省察に取り組んでいました。音声記録は,授業中の短いエピソードとして4つめの欄に書き込むことができるよう,逐語的にテープ起こしされています。プログラムのこの段階における教育実習生の学びのプロセスは,インタビューやグループ・ディスカッションを通して評価しました。レンガの壁と同様に4欄の表の活動も,6ヵ月後に再度行われました。その頃は〈個別的最終授業実践〉の時期で,実習生たちは中等学校の2つのクラスを受けもつ正規の教師(指導教諭や実習生仲間の立ち会いなしに,成績や保護者への対応に至るまで完全な責任をもって働く)として働いていました。4欄の表の活動をする際には,実習生は担当している2つのクラスのうち,どちらか一方を選んで回答しました。

この段階では「レパートリー表」と「接続の矢印」は大グループと小グループの両方で実践されています。これらの技法によって引き起こされた学びのプロセスを評価するために,インタビューやグループ・ディスカッションを行いました。

これらの技法について,認知的および感情的な学びの成果を尋ねたり,問題

点を記入してもらったりするような，自由回答のアンケートを用いた評価も行いました。それでは，この評価研究の結果を見ていきましょう。

レンガの壁

　「レンガの壁」に取り組んでいる際，実習生たちが自分の教育観に合うレンガを選び，他のレンガを捨てる作業は何の問題もなく進められていました。選択したレンガを壁の形に組み立てる作業の方が，難しかったようです。さまざまな目標や価値観の関係性について考えをいくらかまとめなければ，1つのレンガを別のレンガの上に置くという作業ができないので，かなりの省察を要しました。どうしてそのように配置したのかと聞かれると，実習生たちは「目標Xを達成するためには，原理Yがあり，Xを達成して初めてZにたどり着くことができる。ただ，Xさえ達成できればZを叶えるのはわりと簡単です」というような文章を述べて，それぞれの教え方の方略をより明確に説明することができました。レンガの配置の仕方や，今のような発言から，教育実習生が重視している中心的な原理がすべての背景となってひとつ存在している様子が見えてくることがよくありました。5人の少人数のサンプルの方では，それぞれの実習生たちは彼らのもつこのような中心的な原理を以下のようにまとめました。

- 教育は，成果を生み出すことよりも生徒の中のプロセスを促すことをめざさなければならない。
- つまるところ，肝心なのはクラスがよい雰囲気にあることである。
- 何よりもまず，教科内容を生徒たちにはっきりと伝えなければならない。
- 生徒に要求する内容と，よい教師―生徒関係の間にほどよいバランスを保つことが大切だ。
- 規則や規律についてはっきりとした共通理解がなくてはならない。

第6章
実習生のグループ指導

　教員養成プログラムの冒頭では、明らかにそれぞれの実習生がつくり出すレンガの壁や口にする教育観というのには、共通点よりも差異の方が多く見られました。このことから、それぞれの実習生たちは、教えることや学ぶことについて、かなり異なるゲシュタルトをもってプログラムに参加してくるのだ、という仮説が裏づけられます。

　この研究結果から見えてきた重要な発見が、ひとつあります。それはつまり、教育実習生が作ったレンガの壁から浮き彫りになる、それぞれの実習生が重視する原理というのは、2回目にレンガの壁を再度作った際（6ヵ月後）にも何ら変わらないということです。この6ヵ月の間に、かなりの授業経験を積んでいたことを踏まえると、これは注目すべき結果です。前述の通り、実習生たちは中等学校で80時間教え、全員が2つのクラスの全責任を実習先の学校から一任されています。つまり、実習生たちは教師として必要な基本的な能力をこの間に身につけたといえるわけです。このような現場経験に加えて、実習生たちは大学でも400時間勉強しています。そこでは、いくつかの教育目標を実践の中で達成する方法に関する話し合いを多く行うなど、教育の理論と実践の関係性に焦点を当てた勉強を積んでいます。それでもなお、教育実習生が重視している基礎的な原理は変化しないというこの発見は、教育実習生の教えることと学ぶことについての概念の安定性に関する諸研究の結論と一致しています（(Calderhead & Robson, 1991) を参照）。

　アンケートでは、実習生たちがレンガの壁の技法を好意的に評価していたことがわかりました。「そこから何を学びましたか？」という質問に対する典型的な回答は「何が優先されるべきかを考えることで多くのことを学びました」、「この技法は刺激にもなり、助けにもなりました。教えることについての私の考え方を検討しやすくしてくれました」といったものです。

4欄の表

　4欄の表の活動の結果として最も明らかなのは、実習生たちが自分の教育目

標や教える際の行動をより詳しく，そしてより批判的に考察できるようになったということです。その活動によって，実習生たちは今まで目に見えていなかったものを見られるようになったのです。たとえば，アンケートには次のような回答が寄せられました。

- 自分は時に，非現実的な目標を掲げることに気づき，驚かされました。また，最後の欄を記入することで，その目標が到底達成し得ないものであると気づいた時には，より現実的な目標を掲げ直すことができました。
- 目標に到達できなかった時，次の授業ではよりうまく教えられるようになるために，具体的な計画を立てられるようになりました。
- この技法は，自分の成長をモニタリングする手段を与えてくれました。

実習生たちが作成した表から，この技法を使うことによって実習生たちが一般的な目標と下位的な目標を区別できるようになったことが読み取れます。実習生たちの共通の意見では，目標を述べることもひとつですが，たくさん考え，計画し，注意深く評価することが，その目標の実現のためには不可欠だととらえられていました。さらに実習生たちは，目標の実現は，授業中にいくつか適切なコメントをするくらいではなし遂げられないという事実に気づかされていました。

当初，レンガの壁の後に4欄の表の技法を使うことで，レンガの壁の技法を単独で使うよりも，実習生たちの目標についてより批判的に省察できるようになると考えていました。教育実習生の行動はその実習生の目標を表す根本的なものであるとも考えられますが，4欄の表は，なぜそのような行動をとったのか，なぜその他の行動をとらなかったのか，という問いを，実習生につきつけます。以下に，ひとつの例を挙げます。

自分が授業中にしたことというのは，自分自身の目標に実際に合ってはいなく，「他人がこう教えるべきだと思っているように教えなければならない」という必要

性に影響されていた部分が大きかった、と分析した実習生がいました。これに気づいて、彼は元々疑う余地もなく尊敬していた指導教諭を、批判的に見ることができるようになりました。実習生は、実習生自身の道を歩み出すことができるようになりました。また、この実習生は4欄の表の技法を大変気に入り、一年間の教員養成期間ずっとこの表を作り続けました。週末になると、いつもその一週間の授業を自分で評価し、4つめの欄に書き入れた具体的な授業経験をもとに、最初の3つの欄を書き入れました。彼は、こうすることで自分に合った授業スタイルを見つけやすくなったと話しています。

　これは、実習生の知的構造に関わる、質的そして量的な変化の一例です。研究対象となったほぼすべての実習生の中に、このような変化が見られました。それまで行動を無意識的に決定づけてきたゲシュタルトが意識されるようになり、批判的に分析されたり、時には変化したりすることもあるようになりました。また、仲間から投げかけられる「どうして？」という質問が枠組みの作り直しのプロセスを促す重要な役割を果たしているということも、この研究結果から明らかになりました。すでに述べた通り、このような観察を裏づける証拠を見つけるためには、より多くの研究を待つしかありません。そのような将来の研究においては、事前と事後の両方にテストをすることが必要となってくると考えられますが、問題は、省察を促すことなくいかに事前テストに答えさせるか、という点です。

レパートリー表

　この技法を小グループで行った際、実習生たちはその与えられた課題にとても真面目に取り組んでいたと同時に、ジョークやくすくす笑いもたくさん交わされました。この技法は、実習生を、自身の生徒観や、しばしば口にする独特な構成概念に気づかせる働きがあるようです。ですから、この技法を実践すると、実習生たちは何かしら恥ずかしい気持ちになってしまうかもしれません。実習生たちに共通する構成概念というのは、「賢い」、「好奇心豊富」、「勤勉」、

そして「生き生きしている」というようないくつかしか見えてきませんでした。たとえば，「おかしい」，「マリンバを弾く」や「外見を利用している」などといった比較的個人的な構成概念も見られました。

構成概念を整理することで，実習生たちは自分たちがもっている主観的な高校生観や若者全般に対する好き嫌いなどに気づかされます。実習生が異なる特徴をもつ生徒たちに対してどのように対応するか，ということに関する話し合いは，真逆の特徴をもつ高校生とのやり取りを比較することで，特に興味深くなります。こうして教師になろうとしている人たちは，自身の行動が適切かどうかという問いを省察できるようになります。たとえば，以下のような例を挙げるとわかりやすいかもしれません。

> ある実習生は「興味津々-無関心」という構成概念を整理し，無関心の生徒のためには，刺激的な例や活動を見つけようと努力を続けていることを報告しています。しかし，元々興味津々な生徒に対しては同じ程度の労力は割いていませんでした。「ボールを転がしておけば，彼らは拾ってくれるだろうと思って，私はそのボールをただ転がしているだけでした」。教える時の態度として異なるこの2種類の行動を省察することを通して，そのやり方では無関心な子どもたちが教師のけしかけにどんどんと依存してしまう危険性があることに気づかされました。一方で，興味津々の子どもたちは，おもしろく挑戦しがいのある活動がないので，やる気を失ってしまう可能性があります。このようなことに気づくと実習生は一時的に混乱してしまいましたが，その混乱の中で自身の方略が本当に適していたのかどうか，自分自身で問い直しているのです。

既存の考えに基づく理論の力が減退している時というのは，理論から動機づけに至るまでさまざまな原理について話し合うのに最適な出発点といえます。このような理論というのは，自身の教える時の行動を分析した後の方が，省察しない場合よりも，実習生の知的構造に浸透しやすくなると，私は信じています。

第6章
実習生のグループ指導

接続の矢印

　多くの場合，実習生たちにとって，接続の矢印の活動が，個々の生徒の特徴，教育の目標，および実習生自身の教える時の行動の関係性について批判的，分析的に考察する初めての経験となるようです。どうしてこのような行動をとるのか，という問いを追究することによって，実習生がそれまで省察したことがなかったであろうゲシュタルトと教え方の方略が浮かび上がってきます。たとえば，ある教育実習生が特定の種類の高校生に対して教える際の方略と，その実習生がつくったレンガの壁に書かれたひとつの基本的な教育目標とを整理することを難しく感じたという事実からも，実習生たちがこうしたことを振り返った経験がないことがわかります。ある実習生はこう言っていました。「私は，気に入ってもらうことで頭がいっぱいで，他のことはすべて頭から抜けてしまっていました」。またこの接続の矢印の活動によって，さまざまな生徒に対して用いている異なる方略を区別することができるようになった実習生もいます。この効果を示す論拠は何もありませんが，この活動をする前には実習生たちはクラスを多かれ少なかれ一体のものとして見なし，目標や教え方を生徒によって変えていこうという考えを全くもっていなかったのではないか，と確信しています。また，接続の矢印の技法は，実習生の方略をより豊かにすることにもつながります。一例として，「態度が悪い」という生徒の特徴と「他の生徒に対して敬意をもって接することができるようになる」という目標との間の矢印に取り組んだ実習生のケースを挙げます。この実習生はすでに，彼自身が具体的な場面における生徒の資質をどのようにとらえていたかをクラスにフィードバックするという方略を活用していました。しかし，この方略を整理する一方で，この実習生は自分もより相手を尊重するやり方で（態度が悪くないやり方で），この作業に取り組むべきであったということに気づかされました。

　接続の矢印に関するグループ・ディスカッションの結果，特別な場面の解決策を協働的に追求すること，互いの方略から学ぶこと，また自身の考えた方略

やその背後にあるゲシュタルトを疑ってみるということに行きつきました。前述の通り，このような疑いは，学びのプロセスの次のステップの重要な出発点となります。つまり，実習生は教育の理論の必要性を本質的に実感できるようになっていくのです。さて，私自身の方略は何かというと，教育の理論を，教育実習生が取り組まなければならなかったような特別な場面と密接に関係するような小文字の理論の形で紹介することなのです。

6.6 援助なしにグループで省察する

　レンガの壁やレパートリー表，接続の矢印，4欄の表などの技法は，省察を強く促すと同時に，それまで教師教育者の負担となってきた時間や手間を減らすという効果もあります。つまり，実際の経験からの省察的な学びを促す作業は必ずしもいつもより多くの時間をかけなければならない作業ではないということです。特に北米の教師教育者の多くは実習生に個人的なきめ細かい指導をいつもできるとは限らないほど大きな集団グループを担当しなければならないので，このような時間と手間を短縮できる技法を取り入れることはとても重要です。

　次に教育実習生たちは，互いの省察を促進できるようになって，教師教育者の立ち会いが必要なくなることが望ましいといえます。そのために，2人の私の同僚はピア・サポート学習という仕組みを開発しました（Tigchelaar & Mellef, 2000）。今ではIVLOS教員養成プログラムのほぼすべてのスタッフがこれを使っています。マッキンタイアとハガー（1992, p. 276）は次のように述べています。

> 同僚性は，個々の教師が教室での実践をよりよくしていくために不可欠な要素だということが論証された。

　1つの集団グループ全体の中で，教育実習生たちは自身の省察に枠組みを与

えるためだけでなく，互いが省察するのを手助けできるように，ALACTモデルを活用した研修を受けます。つまり，第7章で示したような指導のスキルの多くの活かし方を身につけるということです[5]。3人程度の小さなグループに分かれて，これらのスキルを練習します。そして実習中，この3人のグループは定期的に集まってピア・サポート学習を行います。それぞれの小グループはミーティングの度に短いレポートを書くように指示され，ピア・サポート学習の経過を評価し，小グループで話し合った内容を記します。また，教師教育者にサポートして欲しい問題があれば，レポートに書くこともできます。2週間に1回，教師教育者がまとめる集団グループ全体のミーティングも開かれます。これらのグループでのミーティングは，ピア・サポート学習のプロセスを支え，そして発展させるために行われ，さらなる指導スキルの研修としての位置づけもなされます。さらに，小グループでの指導セッションの中で話し合われた問題や関心に基づいて，グループ全体で話し合うテーマや問題が決められます。ここでは，教育実習生たちが互いの能力を伸ばすだけでなく，教師教育者が再び実習生の専門性の発達をサポートする役割を担います。教師教育者は小グループのレポートで提起されていた課題に基づいて新しい内容を盛り込むこともあります。

　このような手順を通して，専門家としての学びにおける責任が，教師教育者と実習生の間でバランスよく分配されます。この方法には多くの利点があります。ひとつめに，実習生たちが自分自身の学びについての責任をもてるようになります。この方法を通して，実習生がこれからキャリアを積む中でずっとピア・サポート学習を続けることができるようになり，そしてファイマン＝ネムザーとフローデン（Feiman-Nemser & Floden）がいうところの極度に個人主義的で非協働的な教師文化を克服できるようになることが，この方法の隠れた目的のひとつです。パットナムとボルコ（Putnam & Borko, 1997, p. 1247）は次のように述べています。

　生徒たちが教室で談話するコミュニティの中に参加することを通して，推論やコミ

ュニケーションや思考の方法を学び，探究したり理解したりする性向を得る必要があるのとちょうど同じように，教師は支援的な学習共同体の中で，自身の教育実践についてのとらえ方や，新しい複雑な教師の役割について考えをまとめる必要がある。

　互いの省察の支え方を身につけるプロセスは，ALACT モデルに関する教育実習生たちの洞察を深め，それによってそれぞれの実習生の省察する力が高められます。また別の利点としては，初期にさえ時間と手間をかければ，この手順は教師教育者の時間を節約することにつながるということが挙げられます。実習生仲間が貴重な指導者となり，教師教育者の役割を部分的に引き継ぐことができるのです（Hawkey, 1995; Little, 1982 参照）。さらに，小グループで書くレポートを通して，教師教育者は今現在進行している学びのプロセスや，実習生たちの前にたちはだかる不安や問題について具体的に知ることができます。これによって，教師教育者はグループ・ミーティングで取り上げるトピックを選びやすくなり，その選ばれたトピックは，自分たちに関係のあるものとして実習生たちに受け止められやすくなります。最後に，ピア・サポート学習の準備の間に実習生たちが獲得する指導スキルの多くは，学校で生徒たちを指導する時にもまさに重要になります。

　ここ数年で，実習生が実習期間中に e メールでやり取りができる**メーリングリスト**の利用が増えました（Admiraal, Lockhorst, Wubbles, Korthagen & Veen, 1998）。特に実習生たちが別々の遠く離れた学校で実習している時には（このようなことは〈個別的な最終授業実践〉で一般的です。2.2 節参照。），メーリングリストはやり取りを可能にする非常に優れた手段となります。e メールでのやり取りであれば，教師教育者が簡単にそれを見守ることができるし，ピア・サポート学習の経過を改善したり，明らかに特定の援助を必要としている実習生に手を差し伸べたりするために，必要ならば返信することもできます。IVLOS 教員養成プログラムの中で用いられるこのような遠距離指導に関して研究が行われ，実習生たちは e メールで経験を共有できる機会をありがたく思っている

けれども，互いに送る返信の内容はとても短いことが多く，精神的なサポートのレベルに留まっていることが報告されています。自分自身に対する，そして実習生仲間に対する省察を深めるためには，向かい合ったミーティングも不可欠であるように思われます（Admiraal et al., 1998）。

6.7 結び

　この章では全体として，省察や経験からの学びは学習者同士の相互作用によって深められるという点を示してきました。この本は，実習生個々人の関心に基づいて教師教育学を打ち立てる必要性を強調していますが，リアリスティックな教師教育は単に個人個人のプロセスに焦点を当てているわけではありません。むしろ逆に，このアプローチにおいて，教育実習生同士の省察的な相互作用というのは，不可欠なポイントです。この章では，グループという環境の中でも個々人の関心や問題を真剣に取り扱うことが可能なだけではなく，特定のグループ技法や手順を活用することで，個々人のプロセスをより一層深めることができる，ということを説明してきました。

　実習生に対して個別的にも（第5章）グループでも（本章）関わる教師教育者の実践的な仕事を詳しく検討してきましたので，次はいざ，専門家としての学びと，教師の知的構造と行動との関係性についての基礎的な理論的な枠組みを説明することにしましょう。「目に見えない関係性を浮き彫りにする」という原理は，この枠組みの本質的な要素です。この原理については，理論を中心に扱った次章の中で，焦点を当ててさらに検討します。

　しかしながら，次の章に入る前に，本章で説明した教育実習生をグループに分ける方法は教師教育者のスキルや姿勢が伴わなければ上手くいかないということ，そして，そのためには教師教育スタッフの専門性開発プログラムが必要であるということを，本章の締めくくりとして強調しておく必要があります（第10章でより詳しく扱います）。実習生の関心と本当につながっているような作業を行うことや，「重要な」大文字の理論を紹介する代わりに実際の役に立

6.7 結び

つような経験を設計すること，また実習生が自身のゲシュタルトについて振り返るように手助けすることは，特に講義に慣れてきた教師教育者にとっては，かなり大きな転換を必要とします。私の経験では，教師教育者が講義の形式にしがみつくことをやめ，理論に関するよく準備された講義がもたらす安心感というものを手放すことが，教師教育者にとって最も難しく感じられるようです。なぜなら，そうすると教師教育者は，予想不可能なことに向き合わなければならず，即興したり，さまざまな理論的な背景を実際に活用したり，具体的で役に立つ行動のガイドラインとしてそれらの理論をまとめる方法を学ばなければならないからです。そしてこれらのことは，教師教育者が実習生のことを本当に受容し，共感し，誠実さを示すことを通して，彼らと個人的に関わりたいと心から望まない限り，成功することはないのです。

注

1) この章の多くの部分は，オランダで出版されたもの（Wubbels, Korthagen & Tigchelaar, 1999）に載っています。本文の談話を描写した部分は，セッション中に録音したテープを書き起こしたものに基づいています。書き起こしてくれたトム・ソーメルス（Thom Somers）に感謝します。文章は意味する内容を保ったまま，要約されたり，話し言葉から書き言葉に変換されたりしています。文章を省略したところは「(中略)」で示しました。
2) これらの2回のセッションの後で，実習生は話の中で何を学んだか，どこに特に注意を払ったかを書きとめるように言われます。このセッションはゲスト講師が高校生役をするいくつかの短い話し合い練習で締めくくられます。ゲスト講師はそれぞれのロールプレイングで，実習生が抱える問題や学びの課題に向き合うような方法で生徒役を演じ，実習生がふさわしいふるまいを見つけられるように支えることで，1人ひとりの実習生のための学びの経験を作り出そうとします。
3) レンガの壁はオランダAPS研究所のハンス・パウ（Hans Pouw）のアイディアに基づいています。
4) ケリーはこの事実を使って，レパートリー表のテクニックを，人々が主観的に周囲の環境を知覚する様子を記述するためにデザインした研究方法として発達させました。ケリーは，人々が自分が作った構成概念で他者を採点することが困難ではないことを明らかにしました。逆に他の人（たとえば，研究者）から

第6章
実習生のグループ指導

そうされる場合とは対照的です。同じ原則を用いて，練習の最後には，実習生はクラスのすべての生徒を個人的な表からもってきた構成概念についての5段階の尺度で考えられるようになります。できあがった型は，実習生が生徒を見る時の個人的な構成概念の役割を明らかにします。

5) この指導スキルのトレーニングがどう実行されるかについてのアイディアは第10章にあります。第10章では，教師教育者の研修コースについて書いています。ピア・サポート学習に向けた実習生のトレーニングでも，同じような手順と構造を使います。私たちはまたこの一致を，実習生にはっきりと伝えています。それによって，彼らは講師教育者や指導教諭が指導してくれる方法にもより自覚的になるのです。

第7章

教師の専門家としての学び：
どのようになされているのか？

Fred Korthagen & Bram Lagerwerf

> *新しい学問を高等教育機関に導入するということは，認識論的な戦いに参入しようとすることである。これはまるで，よっぽど注意深く眺めていないと前進するのを見逃してしまうほど動きが遅い，カタツムリのような戦いだ。しかし，この戦いはそれでもなお起こっているのだ。*
> ―ドナルド・ショーン（Donald Schön, 1995）

教師教育へのリアリスティック・アプローチの理論と実践については前章までで説明しましたので，ここでは教師の専門家としての学びのプロセスの核となる部分を分析することにしましょう。最初に，教師たちの内的プロセスと行動の関係性について，新しい概念を示します。ここで，教師の知識のもち方を以下の3段階に分けます：ゲシュタルト段階，スキーマ段階，そして，理論段階。ゲシュタルトの形成，スキーマ化，そして理論構築のプロセスについては，教師その他の人びとへのインタビューの内容を抜粋しながら，具体的に説明します。そして，教えることについて学ぶことに関する既存の見解を理論的に見直した後，その既存の見解に含まれる教師教育に対する考え方，および授業に関する諸研究について議論します。その結果，本章で組み立てられた理論的なモデルは，問題解決のための方向性を示すと同時に，理論と実践の乖離についても説明している，という結論に達します。

第7章

教師の専門家としての学び：どのようになされているのか？

7.1 はじめに

　マンビー，ラッセルとマーティンが近刊の著作の中で（Munbi, T. Russel & Martin, 2001）述べているように，教師教育の科学的な基盤とは何かを探究することを通して，教師たちがもつ知識の性質に関しても研究が確実に進められてきました。たとえば，「宣言的知識と手続き的知識」(Peterson & Comeaux, 1989)，「パーソナル・セオリー」(Carter, 1990)，「心象」(Fenstermacher, 1994) や，「技巧的知識」(Calderhead, 1991, Desforges & McNamara, 1979) など，学術文献には多くの異なる説明が掲載されています。また，私たちの専門的な思考というのは，いくぶんか構成主義的な要素を含んでいるといえ，構成主義的なパラダイムの中で研究を進める研究者たちは，教師が意識的かつ体系的に意味を構成しながら理解できるようになることに重点を置いた研究を発表しています。多くの場合，この構成主義に則って専門的思考を理解しようと思うならば，教師たち自身の経験を再構成することから始められるし，始めるべきとされています（Korthagen, 1992, Schön, 1987）。

　こうしたテーマに関する研究は確実に進んできているのですが，一方で，教師のもつ知識の性質についての基本的な疑問は，いまだに解消されていません (Bennett & Carré, 1993, p. 12, Calderhead, 1988)。デフォルグ (Desforges, 1995, p. 386) は，以下のように不満をこぼしています。

> 教えることを学ぶという分野の研究は，教師たちの技量，信念，および実践が成長していく様子を興味深く説明してきたけれども，これらの変化について，学習についての理論や授業に関する理論の文脈から説明できたことはほとんどない。

　近刊のマンビーらの著作 (Munby, T. Russel & Martin, 2001) によれば，「教師のもつ知識の性質や発達の仕方は，教育学および教師教育を研究する現代の研究者たちによって，ようやく理解されはじめている状況」にあります。たとえ

7.1 はじめに

ば，心象（イメージ）としての知識は，どのようにしてより論理的に構造化された知識に結びついていくのか？ これらの2種類の知識は，相矛盾する働きをしてしまう場合でも，共存し得るのか？ どのようにして心象は発達し，変化するのか？ 経験を「再構成する」とはどのようなことなのか？ そして最後に，最も重要な疑問のひとつですが，知識というものは，どのような形のものであれ，どのようにして感情や活動に結びついていくのか？

　これらの疑問が複雑なのは，教師たちのもつ専門知識の性質に深く関係しています。教師たちの専門知識というのは，その他の知識（人間は互いにどうつながっているか，といった常識的なものをはじめとして）から簡単に切り離すことはできません。と同時に，教えることに関する概念間には，何ら独自で一般的な，階層的に整理され得るような秩序も存在しないのです。

　教えることに関する知識のこのような特徴は，数学などの分野の知識の諸特徴とは根本的に異なります。数学においては，知識の発達を理論立てることは比較的容易だといえます。1950年代に遡りますが，当時オランダ人数学教師ファン＝ヒーレ（Van Hiele）と妻ファン＝ヒーレ・ヘルドフ（Van Hiele-Geldof）は数学的思考をいくつかの段階に分類し，各段階の相互の関係性を説明する1つのモデルを構築しました[1]。本章では，このモデルを応用することが，上述の疑問の多くに回答するための枠組みを獲得することや，教えることを学ぶという，より複雑な状況に対する理解を容易にしてくれることを示します[2]。もっと具体的にいえば，本章の目的は，ファン＝ヒーレの段階モデルに基づく，専門家としての学びにおける諸段階のモデルを紹介することにあります。この新しいモデルでは，人間の諸機能に含まれる要素として，感情的，意志的，そして活動に関する要素が挙げられます。この観点から，私たちは，教えることとは単なる認識に関するプロセスではない，とするハーグリーブス（Hargreaves, 1998a）の考えに賛同します。

　私たちのモデルの紹介の仕方は，いくぶん型破りかもしれません。というのも，理論的な枠組みから始めるつもりはないからです。むしろ，理論的な枠組みをつくることをめざしていこうと思います。7.2節では，本章の基礎となる

第7章
教師の専門家としての学び：どのようになされているのか？

基本的な考え方を概略的に提示します。これらの考え方については，7.3節，7.4節，および7.5節の中で，より詳細に論じます。7.6節では，教えることに関する知識の段階モデルを，経験的データを用いて詳述します。7.7節では，各段階の相互の関係について，より詳しく分析します。7.8節は，提示したモデルにおける理論的基礎の部分を見直し，それを人間の行動に関するより広い文脈の中に位置づけようとするものです。7.9節の中では，教師たちの思考と行動の関係を枠づけることについて，教師教育について，そして研究について，同モデルが含蓄する考え方を議論します。同節では，このモデルが，「省察」(Calderhead, 1989, Zeichner, 1983)，「枠組みを組み変える」(Schön, 1987)，教育実習生の「関心」(Fuller & Bown, 1975)，教育現場に出ている最中に起こる教師教育で学んだ内容の「洗い流し」(Zeichner & Tabachnick, 1981)，そして「行為の中の知」(Schön, 1987) といった，教えることの学びという分野におけるさまざまな概念や原理についての説明モデルを提示することが可能であることをも示しています。私たちは，ここで示すモデルが，教師教育における理論と実践の乖離という，広く一般的に指摘されてきた問題の核に届くものであると信じています。そして，この理論と実践との乖離の問題は，専門家としての学びのプロセスについてのこれまでのとらえ方が不自然であった結果として生じたものであることが，このモデルから見えてくるでしょう。最後の7.10節においては，この段階モデルを片手に，本書の今までの章を振り返ってみようと思います。

7.2 学びの3段階

まず，下の例を見てください。

ある小学生が，「12 + 9 = 22」と書きます。これを見たウィルソン先生は，すぐさま反応してこう言います。「間違っていますよ。12 + 8 = 20 だって知っているでしょう？ だから 12 + 9 = 21 よ。」

7.2 学びの３段階

　この場面を分析してみましょう。まず，多くの教師教育者はこの先生の対応があまり適切ではないと思うでしょう。彼女は，子どもが22という答えにどうやってたどり着いたのかを理解しようとしていませんし，子どもに問題の解き方を見直すように促してもいません。そして，彼女はこのような問題の解き方を，子ども自身に考えさせる手助けもしていません。このような対応をしていたのでは，この子どもが似たような間違いを繰り返す可能性は高まってしまいます。さらに，多くの他の教師ならこの場面を見て，クラス全体での話し合いを始めるとてもよいきっかけになると思うでしょう。そしてこの子ども１人だけでなく，もっと多くの子どもたちを問題の見直しの作業に巻き込んで，生徒同士の交流をうまく活用できないか試みようと思うでしょう。

　しかし，とにかく，ウィルソン先生は上述のような仕方で対応しました。教師教育者として，私たちは，この対応をどのように説明することができるでしょうか？　長い間，教師を「考える人」「決断する人」と見なすのが主流だったので，研究者たちは教師がこの種の場面に対して何かしらの理論をもっていて，その理論を基に状況を解釈し，どのような対応をするか合理的に決断しているものと信じていました。授業のあとに教師に自身がとった対応の根拠を尋ねれば，私たちは，状況の認知，解釈，論理的思考，決断，そして活動という一連の説明が返ってくることを期待します。しかしながら，ここで得られる一連の説明が，本当に教師が実際の短時間に頭の中で考えたことなのか，という問いにぶつかるわけです。

　まず，ドルク（Dolk, 1997）が瞬間的授業場面と呼ぶこのような場合では，状況の認知，解釈，そして反応をそれぞれ分けてとらえることは不可能に近いと思われます。それらは３つともに同じ短時間の間に起こり，合わさることで教師のそれまでの数多くの経験に根づいたひとつの活動となって現れるのです。もし私たちが教師に説明を求めていなければ，この教師の対応はおそらく，教師自身によって意識されることはなかったでしょう。なぜなら，この教師は自身の対応の仕方が「自然」だと感じていたはずだからです。「自然」というのは，教師自身が生徒だった時に教師たちが間違いに対してどのように対

第7章
教師の専門家としての学び：どのようになされているのか？

応していたか，という記憶に基づく感覚です。

2つめに，教師の中で起こる内的プロセスがもっぱら認識のプロセスであるとは考えられません。教師の行動を決定していた可能性のある膨大な量の項目を提示せずとも，下記の事柄が行動の要因であったことはすぐにご理解いただけるでしょう。

- 感情：たとえば，ジムがまだ間違いを続けていることへの苛立ち
- 過去の同様の経験：たとえば，ジムやその他の間違い続ける子どもたちについての経験
- 価値観：たとえば，この教師にとって，この学年の子どもが100までの数の足し算問題を間違うことなく解けることが何よりも重要なのかもしれないということ
- 役割に対する考え方：たとえば，教師とは正しい答えを「伝達する」人間だという考え方
- ニーズや関心：たとえば，足し算の練習をなるべく早く終わらして，教師が考えていた引き算の問題により多くの時間を割きたいという希望
- 習慣：たとえば，さらなる問題を避けるための手段として，ただちに誤答を訂正する習慣

これらの思い，感情，価値観，考え方などがすべて合わさって，上記の場面はウィルソン先生にとって個人的な意味をもつものとなり，ほぼ自動的に（すなわち，ほとんど無意識的に）先生なりの対応がとられたのです。この対応は，過去の，類似する彼女の経験に根ざしたものです。これは，この教師の内部から（すなわち，考え方，内部プロセス，および特定の行動をとろうとする傾向，の3つが合わさって）特定のゲシュタルトが惹き起こされる現象である，と説明できます。

上記の例に関するこの2つめの分析は，1つめの古典的な分析を退けるようなものではありません。教師がきわめて意識的に動いている場合，とりわけ，

活動をとる前に「立ち止まって考える」(Schön, 1987) ちょっとした時間があった場合には，古典的な，知覚―解釈―思考―活動で構成される一連のプロセスによる説明の方が有効でしょう。しかしながら，授業中の場面ではほとんどの場合，「瞬間的な教師の行動」，すなわち，思考や感情，付加的な意味，そして活動は区別することのできない全体を形成しているという説明の方が，教師の行動をより正確にとらえられると考えられます。エロウ（Eraut, 1995）も教師の行動や省察を分析するうえで，この立場をとっています。彼はまた，教師に許された時間の長さがこの教師の「認知様式」に与える影響の大きさを強調しています。本章で，私たちは授業の最中に起こる2種類の情報処理の方法の差異を紹介するだけでなく，これら2種の情報処理方法がどのように相互に関係しているか，という問いを議論したいと思います。

　「ゲシュタルト形成」は，とても一般的な学びの種類です。なぜここで学びについて述べるかといえば，一度ゲシュタルトが惹き起こされると，別の同様の状況下でも似たゲシュタルトが惹き起こされやすくなるからです。多くの場合，ゲシュタルトが形成されることが学びのプロセスの完結とされていますが，それはゲシュタルト以外には何も習得しなくても事足りるからなのです。

　時に，学びがより深まり，「予備知識」が発達します。このような場合，教師はある状況から惹き起こされたゲシュタルトについて省察しなければならないと感じます。たとえば，教師が自身の活動とその理由を説明したいと思った場合，あるいは，教師が自身の考え方を他人のものと比較しようとする場合です。私たちはこのプロセスをスキーマ化と呼びます。このプロセスの結果として形成されたスキーマは，より詳しく，一般化された形で，すなわち，基となった実際の経験からやや遠のいた形で，ゲシュタルトを説明します。ただ，まだここでは教師が〈理論構築〉の段階にあるとはいえません。「理論」という用語は，教えについての明確な結論を導くような，複数の原理や定義を結ぶ論理的で一貫したネットワークを意味します。たとえば，もしウィルソン先生が7.1節で述べた構成主義的な原理を受けいれるとすれば，生徒たちが理解を深めるためには自分たち自身を実際に振り返り，省察する経験が必要なのであ

り，生徒の誤りを指摘して正しい解を教える自分の癖は逆効果をもたらす，という結論に論理的に辿りつくといえます。これが，私たちのいう〈理論構築〉なのです。

ゲシュタルト形成，スキーマ化，そして理論構築は，ある分野に精通するための3つの異なる段階です。これから，この3つの段階をそれぞれ詳しく見てみることにしましょう。

7.3 ゲシュタルト形成

ゲシュタルト形成のプロセスは人生のかなり早い時期から始まります。

・例1

赤ん坊と母親の強い結びつきの中で，赤ん坊の中にはとても安定したゲシュタルトがつくられます。このゲシュタルトは，母親の赤ん坊の見つめ方，母親の愛情のこもった言葉，母親の体の温かさ，母親をとりまく匂い，母親がもたらす心地よさ，食事に伴う満足感，そして，母親に近寄ろうとするような行動の傾向などを含みます。この赤ん坊につくられるゲシュタルトは，赤ん坊の父親がその子の母親に会う時に惹き起こされるゲシュタルトとは全く別物です。父親は赤ん坊と異なるニーズをもち，当然彼の彼女との経験は，赤ん坊のものとは違うのです。

人生の多様な経験を通して，ゲシュタルトは人びとの中に形作られます。これらゲシュタルトは，それがつくられたときの具体的な場面に強く結び付いています。経験したことのある場面に似た状況下では，ゲシュタルトは再創造され，今ここにいる私たちの立場を理解しやすいものにしてくれるのです。
以下に，もう2つ，身近なゲシュタルトの例を記します。

・例2

7.3 ゲシュタルト形成

人は学び（learning）という観念にとても親しんでいます。下記のような日常的な言い回しをよく耳にすることがあるでしょう。
・うちの犬が新聞を取ってくることを覚えました（learn）。
・思ったことを口にすることが必ずしも良くないことを学びました（learn）。
・手紙を書くためにパソコンの使い方を勉強しています（learn）。

くり返しになりますが，ほとんどの人は学びという言葉を定義する必要性を感じていません。それは，暗黙のゲシュタルトだけで十分に理解できていると感じているからです。このゲシュタルトというものは，単に認知的特質ばかりではありません。これは，感情，ニーズ，価値観や，学びに関する過去の経験をも含んでいます。このゲシュタルトさえあれば，学びという言葉が使われる会話・状況のほとんどに対応できると考えられます。

・例3
授業という言葉に関しても，同じことがいえます。誰もがみな，多少なりとも授業（一般的には授業を受けること）を経験しています。その経験から，この言葉の意味を明示しなくても，ほとんどの人は教師を教室の前に立ち，何かを説明する人だと考えます。それが映画や舞台で再現される教師の姿であり，子どもたちが「学校ごっこ」をするときのイメージなのです。ですから，もしある生徒が「電池」(battery)でなく「電地」(batery)と書いたら，教師はその生徒の誤りを指摘して正すことが「正常」と思われているわけです。そして，教師や授業場面に関するゲシュタルトには，多くの場合，感情や価値観が多く含まれています。

これらの例は，また，同じ種類のゲシュタルトが異なる複数の状況に結び付けられうることも示しています。似ていると感じられるさまざまな経験は，似たゲシュタルトを形成します。たとえば，「学び」に関連する前向きな印象のゲシュタルト，といったように。一方で，ある特定の学びの状況が，異なるゲシュタルトを発生させる可能性もあります。たとえば，もしある人が過去にパ

第7章
教師の専門家としての学び：どのようになされているのか？

ソコンで数多くのトラブルに遭ってきたとすれば，新しいワープロの使い方を学ばなければならない状況は最低のイメージ，不快感，そしてその状況から逃避しようとする活動を伴うゲシュタルトを惹き起こしてしまうかもしれないのです。

　ゲシュタルトのひとつの特徴は，人がある種のニーズや関心を抱く場面で惹き起こされる，という点です。これは，赤ん坊の例で最も明らかに見ることができます。学ぶこと（学び）や教えること（授業）に関するゲシュタルトが生徒の中に形成されるのは，クラス内で起こっている事柄に取り組まなければならないときです。ニーズや関心は，ゲシュタルト形成を惹き起こすだけでなく，注意をいくつかの対象に集中させることで，その人のものの理解の仕方を特徴づけます。つまり，人をとりまく環境の中のある物はその人にとって重要になり，ある物は無視されます。そして，重視される物とは，その人のニーズを満たすのに役立つものです。さらに，ゲシュタルト形成時の私たちの感情は，将来このゲシュタルトが再び惹き起こされたときにも味わう可能性があるのです。たとえば，学びのゲシュタルトは「面倒」という感情と結びつくのかもしれません。

　ゲシュタルト形成のもうひとつの特徴は，その基礎にある概念やルールがほとんど明確でない，という点です。2，3語を用いてあいまいな描写ができれば，まだよい方なのです。ここで用いられる2，3の語は，その分野の専門家が概念やルールを定義する際に比べて，かなり日常語に近いものです。

　　ゲシュタルト形成とは，ある状況が，過去の類似する経験をもとに，あるまとまったニーズ，考え，感情，価値観，意味づけと活動の傾向を生み出すプロセスです。ゲシュタルトとは，その状況の中のある特定の，その人のニーズを満たすような，現実に意味をもつ特徴によって惹き起こされます。ゲシュタルトは惹き起こされる際，過去の似た経験をしたときの感情を伴います。一般的に，ゲシュタルトは無意識で無意図的に作用します。言語はゲシュタルト形成のうえで，あまり大きな役割を果たしていません。人びとは，自分たちにとって自明と思われる言葉を使うだけです。

7.4 スキーマ化

　日々の生活の中で人々が新しい状況に出くわした際，基本的にゲシュタルトがあれば，過去の経験を活かすことができます。しかし，時折，人は何らかの問題の発生や，あるいは単なる好奇心から，自分自身のうちにあるゲシュタルトについて改めて考え直そうとすることがあるのです。このような時，人々は自分のゲシュタルトの特徴のいくつかを認識し，説明し，指摘する必要性を感じます。たとえば，無関心な生徒を課題に取りかからせる方法を探る教師の場合のように，そこで感じられる必要性は実用的なものかもしれません。あるいは，ゲシュタルトは純粋な知的好奇心から触発される場合もあります。いずれにせよ，このような必要性が実感される背景としては，概して，目の前にある状況をうまくまとめなければならないというニーズがあることは明確でしょう。なぜなら，人は自分が理解できているものの方が，そうでないものよりも扱いやすいからです。多くの場合，この種の理解は「子どもの誤りを指摘し，正しい解を教えることは問題の発生を事前に防止するのに役立つ」という理解と変わらず，直感的な一般化に基づきます。注意しなければならないのは，このような一般化はこの分野の専門家が同じ状況を観察するやり方とは必ずしも重ならない，ということです。

　ここで，このようなスキーマ化のプロセスの例を見てみましょう。

　実習生が〈学び〉について詳しく考えるようになると，彼女はそれが実はかなり面白いトピックであることに気づかされるでしょう。学びのプロセスで人は何かを得ますが，その「何か」は世にある無数の種類のもののどれでもいいわけです，ある人は，スキーなどの身体能力を身につけるかもしれないし，フランス語を話す能力や，数学の方程式を解くための知識を身につける人もいるかもしれません。また，初めには気が合わないと思っていた相手と仲良くなる方法を学ぶ人もいるかもしれません。そして，人はどのようにしてこのような能力を身につけるのでしょうか？　人間の何がこのようなことを可能にしているのでしょうか？　また，誰が何を学ぶかによって，学びのプロセスは異なるのでしょうか？　時折，人はすでに何かを学

第 7 章
教師の専門家としての学び：どのようになされているのか？

んだつもりでいながら，慣れない状況に出くわすと，まるでその能力を失ってしまったかのように見える時があります……この現象を理解するためには，「転移」という概念が有効だと思われます。

関心の高い実習生にとって，学びについて知らなければならないことは山ほどあるでしょう。ですが，だからと言って，その実習生が学びについてある「理論」をもっているとは，まだいえないのです。

スキーマ化のプロセスの中で，人は，諸概念と概念同士の関係性をまとめて，頭の中で枠組みをつくります。その結果として形成されるスキーマは，ゲシュタルトよりはるかに認知的な性質をもつのです。

同じように，人は「授業」についてのスキーマをつくることができます。教えるということを特別詳しく考えてみる必要のある人というのはほとんどいないでしょうが，教師教育に関わる人間であれば，自ずと詳しく考えることになるでしょう。このような人たちは学ぶ人なくして教える人はないということを実感します。授業を「説明すること」や「知識伝達」だとする一般的なゲシュタルトと，「よい授業」を「効率的な知識伝達」であるとする考え方との間に，さほど大きな飛躍はありません。

これこそまさに，教師教育の場に多くの実習生がもち込む考え方なのです。しかしながら，教師教育者は多くの場合これを誤った考えだととらえています。一方，私たちは，実習生たちに彼ら自身の考え方とは別のものを勧め，彼らの実践の中で私たちが勧めた方を採用してもらうことを望むのは，根本的に間違っていると考えています。うまくいけば，彼らは自分たちがもっていたのとは別の考え方を身につけることができるかもしれません。しかし，実践では，自分たちの内にある授業についてのゲシュタルトに無意識的に従って活動するものなのであって，そのゲシュタルトは，生徒としての長年の経験に根ざしているため，教師教育を受けたところで変わりはしないのです。したがって，彼らに必要なのは新しいゲシュタルトの形成につながる新しい体験なのです。このような新しいゲシュタルトについて省察することを通して，実習生

は，彼ら自身の授業についての新しい概念を，自分たち自身の独自のものとして，意識的につくることができるのです。この新しい概念が教師教育者のものの見方と合致してくるのは，この時の新しい経験が適切なものであった場合に限られます。これは重要なテーマですので，専門家としての学びに関する分析結果について議論する7.9節でまた論じることにしましょう。

　これらのスキーマ化の例に特徴的なのは，新しい概念（たとえば，学習スタイル，転移，授業で用いる手段など）の形成とそれら概念同士の関係性を含んでいるという点です。つまり，ゲシュタルトに含まれる特定の特徴が意識されるようになることで，ゲシュタルト内の細目が知覚されるようになるのです。ゲシュタルト形成の場合とまったく同様に，このプロセスは具体的な例を伴う経験に支えられます。その人のニーズが，特定の項目に注意を向けさせる役割を果たしています。

　スキーマ化のプロセスは，人が何を見て，考えて，しているのか，ということを話すことや，自明だと思っていたことを改めて詳しく見つめなおしてみることによって，後押しされることが多くあります。1人の実習生の授業の後に，他の実習生たちのためにグループ・ディスカッションの時間を設けると，授業についての考えのスキーマ化が促されるかもしれません。ここで重要なのは，実習生たちが自分の言葉で物事を自由に発言できると実感しているかどうかです。この段階では，専門用語で表現しなければならないというプレッシャーを感じさせることは逆効果をもたらします。なぜなら，それでは実習生の言葉がその実習生自身の活動を方向付けるゲシュタルトから切り離されてしまうからです。一方で，複数人のグループが共に活動することで，全員が重要だと感じるものを表現する言葉を見つけることの必要性を実感する機会が生じます。このような必要から，その分野の専門家が用いる専門的な用語が少しずつ取り入れられていけばよいのです。

　少し時間を経ると，ある分野に関連するスキーマ化された知識は自明であることと感じられることが多くなり，そのスキーマはあまり意識されず，意図せずに使われるようになります。それはまるで，スキーマ全体が1つのゲシュタ

第7章
教師の専門家としての学び：どのようになされているのか？

ルトに成り下がってしまうかのように見えます。ファン＝ヒーレ（1986, p. 46）はこれを段階の格下げと呼んでいます。この例を，以下に記します・

> 教師教育を受ける前，とある実習生は「12 + 9 = 22」と書いた生徒に対して瞬時に反応し，その生徒の誤りを指摘したとします。教師教育での多様な経験を通じて，この実習生は知識伝達が実はあまり効果的ではないということを，理解し，変化しました。この実習生は，子どものために体験をつくること，また，生徒らの学びのために不可欠な生徒自身による省察を促すことの大切さに気づきました。指導を受け，グループ・ディスカッションに参加することを通して，この実習生は授業と学びについて，自覚的なスキーマを形成しました。そのスキーマにおいて，「経験」や「省察」は中心的な役割を担っています。ある程度の期間，そのスキーマに基づいて教えていると，この実習生は「12 + 9 = 22」と書いた生徒に対して，再び瞬時に反応するようにはなるのですが，今回は，生徒に計算をどう見直したらいいと思うかと尋ねる形で反応するのです。この具体的な活動場面の中で，この教師のスキーマはまるでゲシュタルトであるかのように機能します。言い換えれば，この教師はほとんど無意識的に活動するのです。

段階の格下げのおかげで，関連する諸スキーマはあまり注意を要さなくなります。このことが，人を他のことに集中できるようにしてくれているのです。

> スキーマ化は，物事をよりわかりやすくするニーズに基づいています。それは長期的なプロセスであり，この中でゲシュタルトはより深く省察され，より多くの「内部性」をもつようになります（Skemp, 1979）。つまり，ゲシュタルトの中のより多くの要素と要素間の関係性が徐々に明らかになり，言語化されるということです。注意すべき（言語化すべき）特定の要素を決めるのは，その人のニーズです。スキーマ化とは，かなりの抽象化を要する作業です。ゲシュタルトが惹き起こされたときの具体的な場面の重要性が小さくなる一方で，要素間の関係性の仕方は簡略化・象徴化されていくのです。

> スキーマ化の結果，スキーマがつくられると，初めて出くわす状況においてより意識的な活動ができるようになります。このスキーマは，多種の具体的な副スキーマから構成されるとともに，それ自体がより大きなスキーマの一部であるかもしれません。

学習者は，過去あるいは現在の経験を通してその人の内に形成されたゲシュタルトをよりわかりやすいものにしようという思いでそれを省察することで，スキーマ化をなし得ます。

　スキーマによって，人は自分のしていることが正しいかどうか判断できるようになり，自分の活動に責任をもち，自分のしたことの善し悪しを確かめることができるようになります。

7.5　理論構築

　豊かなスキーマを組み立てた人は，その構造を説明する必要性，すなわち，そのスキーマの論理を確立し，その論理構造を明確にする必要性を感じるようになるかもしれません。とりわけ，論理的な誤りが高いリスクを生む恐れがあるような場合，あるいは，そのスキーマではあまりに複雑化しすぎてしまっていて，論理的に整理しなくては学びや作業を続けることが困難だと本人が感じた場合，この必要性は生じやすくなります。

　　たとえば，経験豊富で学びについてのスキーマ（経験，知識，技術，転移，省察といった概念と，これら概念同士の関係性を含む）をすでに築いている教師は，自身のスキーマの裏にある論理に関心を寄せるようになるかもしれません。その教師は，1つか2つの基本的な原理を見つけて，他の概念や概念同士の関係性をその原理の上に組み立てていこうとするでしょう。この教師が，誰もが自身の経験をもとに個人的な意味づけを構成するという構成主義的な原理を受け入れることにたどり着いたとします。そうすると，以後，この教師は学びについての理論すべての土台となる基礎的な原理として，この原理をとらえるようになります。この教師の理論は，「知識」と「転移」といった概念同士の関係性をはじめとする，ほとんどの関係性を自身のスキーマに則って説明するものとなるのです。

　　おそらく，この教師は，自身の学びについての考え方に沿って授業を考察する必要性を感じることになるでしょう。もし授業が学びを促すためのものであるなら，それはもはや自明の現象だとはいえないことになります……。一方で，教師は生徒に知識を伝達しようとするプロセスで役に立つものについて，よりよく理解できるようになります。また一方で，教師は授業を知識の伝達であるとする自身の見方が

第 7 章
教師の専門家としての学び：どのようになされているのか？

有効性をもつとまだいえるかどうか，問い直すようになるかもしれません。最終的に，授業を学びの手助けであると再定義する可能性もあります。この頃になると，2つのスキーマ（授業についてと，学びについて）は互いにかみ合うようになり，ひとつの理論を形作ります。それは，おそらくこの教師にとっての「学びと授業についての理論」なのでしょう。こうして，授業と学びは表裏一体になるのです。このような考え方が，この教師が元々もっていた学びや教えることについてのゲシュタルト（この2つのゲシュタルトは別々のものだったでしょう）と，どれほどかけ離れたものになるかは，注意に値するでしょう（7.3節の例と比較してみてください）。

特定の状況の特徴をとらえることとそれら特徴（特質）に何らかの論理的な説明を加えることとの間にあるもの，および，この2つの段階の関係性を通して，私たちが理論と呼ぶものは形成されます。スキーマ化の中で，ゲシュタルトは言葉や図式で説明されるようになります。しかし，論理的な議論は，図式では表せません。理論形成において，すべてのものは言語化されなくてはならず，これは「物語の裏の論理」の探求をうながすさまざまな不確かさに行き着く可能性があります。下の2つの例を見てください。

・言葉で表せなくても，人は何かを学んでいる可能性があります。人が何かを「学んだ」前と後の状態の差を的確に記述することは可能なのでしょうか？
・学びについての行動主義的な見解と人間主義的な見解をひとつに統合することは可能なのでしょうか？

これらの問いは，素人目にはぎこちなく，人工的に見えるような定義を生み出します。道を行く一般の人からすれば，専門書に書かれた学びの定義が，セントラル・パークが59番街から始まっていることを今日はじめて知らされた時の「学び」とあまり関係しているようには感じられないのです。

理論形成は，組み立てられたスキーマに規則性や実証性を求めることから始まります。出発点，定義，および論理的に導きだされた前提を組み立てることが，主要な

点です。ここでは何もかもが言葉で表現されなければならず，このことはスキーマ内の諸概念の中身と概念間の関係性について，再考することにつながる可能性があります。

必ずしもスキーマを理論化することが好ましかったり，可能だったりするわけではありません。日常生活の中では大抵，スキーマ，あるいはゲシュタルトさえあれば事足ります。ただ，ある分野の専門家になりたいとか，何か重要な疑問についてより確信をもちたいという特別な望みをもった時のみ，物語の裏の論理を理解する必要性が発生するのです。このような必要性は，予期せずに生じるかもしれないし，今まで論理的な理論を構築する必要がなかった分野に深く関わるようになった時に生じるかもしれません。教師教育者は，自分自身が授業や学びについて考えることにどれほどの時間と労力を費やしたか，そして自分自身の学びのプロセスが学ぶことへの内的な必要性（ほとんどの場合，実用的な必要性というよりは知的な好奇心）にどれほどうながされていたかを，忘れてしまうことが多くあります。そうした人が学生たちにより短期間で自分たち自身がいるのと同じ段階に来られるようにしてやりたいと望むのは，ごく自然なことといえます。しかし，そのために努力する中で，元々の実習生たちの目的の邪魔をしてしまうことも多く，この点については7.9節で見ることにします。

7.6 経験的証拠に基づく3段階の説明

本節では，私たちの分析を経験的に説明するために，インタビューの抜粋をいくつか紹介します。ここで，「説明」という言葉を選んだのは，教師の専門家としての学びにおける諸段階について，きちんと確証された理論を語るにはまだまだ早すぎるからです。私たちは，いくつかの異なる形式のインタビューを用います。加えて，素人，高校生，実習生，新米教師，そして経験豊富な教師と，回答者も多種に渡るように選びました。そして，カーター，カッシン

第7章
教師の専門家としての学び：どのようになされているのか？

グ，サベッツ，スターンとベルリナ（Carter, Cushing, Sabets, Stern & Berliner, 1988）やコープランド，バーミンガム，デミュール，デミディオ・カストンとナタル（Copeland, Birmingham, DeMeulle, D'Emidio-Caston & Natal, 1994）など，この分野の他の研究者らが採用してきた研究方法に基づいて作成した形式のインタビューを実施し，そこから得られたデータを提示します。これらのインタビューの中で，回答者らは教室の風景をビデオで観て，その後その場面についての質問を受けます。以下に示す3つの実例は，少数の高校生と1人の生物教師が，多くの生徒が赤点を取ってしまったテストについて話している場面を録画した5分間のビデオを観てもらい，それについて半構造化されたインタビューをしたものです。

回答者1：13歳の中学生

質問者：「あなたが今観た内容を1文で説明していただけますか？」
生徒：「赤点を取った生徒とそのテストについて話をしている教師。」
質問者：「その話について，どう思いましたか？」
生徒：「うーん，なんていうか，あの教師はとても温かみのない性格の人だと思います。図がいっぱいで，ちゃんとした，読みやすい文章が載っている本があればいいのに。そっちの方が，授業で教師にいろいろと教えられて，すぐに覚えなければいけないとか言われるより，ずっといい勉強法だと思うんですけど，そうじゃないですか？」
質問者：「つまり，あなたは生徒たちが言おうとしていることに共感できるということですか？」
生徒：「はい，私が受けている授業ではいつも実技をしたりわかりやすい図なんかを使ったりしていて，そのおかげで理解しやすいんです。すべてがどういう関係にあってどう作用しているのか，図をみているだけですぐに理解できるんです。」
質問者：「話し合いについてはどう思いましたか？」
生徒：「ほら，教師っていつも『これは自分の専門の科目で，君たちは3日前から準備を始めないとダメで，ああでこうで…』とか考えているでしょう？　でも，私たちは他の課題もやらなきゃいけないんですよ！　そのテストの勉強を始められる前に，他に2つテストがあったりしたら，もう終わり。そうしたら3日前から全部勉強するなんて，本当に無理なんですよ！」
質問者：「つまり，生徒が言っていた問題のいくつかは，あなた自身の経験からよ

くわかる，ということですか？ あの話し合いの中の教師についてはどう思われましたか？」
生徒：「あの教師はすべて一歩一歩こなさせようとするけれど，着実にやることなんてどうでもいいんです！ すべてをきちんと説明して，よい図を補足的に用いれば，全部理解できるわけで，どんなに進度が速くても問題ないんですよ。」（中略）
質問者：「あなたがおっしゃっていることを裏付ける論理はありますか？」
生徒：「わかりません。」
質問者：「つまり，『もしこうなら，こうこうこういうことになる』といった文章を作れますか？」
生徒：「えーと，もし教師たちがもっと上手く，もっとわかりやすく物事を説明してくれて，もっと理解しやすい図を描いてくれれば，成績は伸びます。」
質問者：「そのことについて，何か理論を知っていますか？」
生徒：「いいえ？」［生徒はこの質問に驚いた様子］

　質問者が議論そのものに注意をむけるように何回か誘導したにもかかわらず，生徒はビデオの中の会話の構図にはほとんど目を向けていません。代わりに，生徒は中学生の直面している問題と教師たちの教室内でのふるまいに注目しています。これらの問題点は明らかに，この生徒自身の「関心」を映しており，この「関心」がビデオ内容に対する理解の仕方を決定しているといえます。問題点に関して，この生徒は，概念や概念同士の関係性，しかもその関係性の論理的な関係に至るまで，ある種のスキーマをもっているかのようです。
　しかしながら，このビデオに出てくる会話の構造に関してのみいえば，この生徒はゲシュタルト段階にあるといわざるを得ません。つまり，この会話については，「このような会話は無意味で，聞いていてイライラする」というような大まかな見解があるのみなのです。質問者が質問を繰り返しても，生徒は自身のこのような考えを言語化したに過ぎません。生徒は，自身のゲシュタルトを自由に表現するための概念をあまり多くもってはいないようです。目にした現象がその人にとって自明であることは，ゲシュタルト段階の典型的なケースです。つまり，この例でいうと，こういうことです。生徒はこれこそまさに教師の話し方だと考えているのです。この例は，いかに文化的要因が生徒の考えを形作っているかを示しており，また，文化的，社会的，そして心理的な要因

第 7 章
教師の専門家としての学び：どのようになされているのか？

がゲシュタルト形成のプロセスにおいて，いかに複雑に相互作用しているかを表しています。さらに，私たちが教師でない人の例を最初に取り上げた理由も，ここにあります。すなわち，人が教師になろうと真剣に考え始めれば，ビデオを観た際，自然と教師－生徒間のやりとりとその限界に目をやってしまうようになるからです。

回答者 2：大卒の科学の教育実習生

質問者：「あなたが見た内容を 1 文で語っていただけますか？」
実習生：「授業，彼は授業をしていました。まじめで，無駄のない授業を。彼は，生徒たちが赤点を取った理由を生徒たちに説明しようとしていました。理由の分析はすでに完璧に済ませていて，何が問題だったのか，的確に理解しています。以上のことは，とても明白ですよね。私が見たのは説教ですよ。」
質問者：「どうしてそうおっしゃるのでしょうか？　どうしてこれを説教だと思ったのですか？」
実習生：「彼はかなり長い時間話していました。ある時点で，彼は生徒たちが落第した原因を言い並べていました。進度の速さ，外からのプレッシャー。あと，彼は生徒たちに口を開かせませんでしたね。生徒たちは何回か『はい，でも先生の教え方にも問題があったのではないでしょうか？』と言って聞いてもらおうとしています。まあ，明らかに，もちろんそれは原因ではなかった。それは，彼の説明と合致しませんでした。それは，彼が考えていた原因ではなかったのです。この会話はむしろ，何が根本的な問題なのかを一方的に伝達しているようでした。そしてその中での生徒の役割といえば，ほとんど何もありませんでした。」
（中略）
質問者：「この種の状況，つまり，あなたのことばで言う説教や，一方的な伝達というものについて，他に何かご存知のことはありますか？」
実習生：「私がこれを説教と呼んだのは，自分が経験した大学の講義での教授の説教と同じだと感じたからです。説教者というのは，ある特定の分野において自分の見方を伝達するためにいて，生徒はそれを単に吸収して，もしかしたら後の人生でその知識を実用化するかもしれない程度です。言葉のやりとりはほとんどありません。あと，どうしてあの生徒たちが教師のもとに来ているのか，私にはよくわかります。誰もがよく感じるように，教師は経験豊かだから，誰よりも分別があると，生徒たちは思っているのでしょう。」
質問者：「私は，これらのことについて何かご存知ですか，とたずねるに当たって，教育学や教育方法学の知識をも想定しています。この点については，いかがでしょ

うか？」
実習生：このような状況を見て，私は「生徒たちはすぐにこの場を後にするだろうけれど，それでは何も得ない」と考えます。生徒たちは問題を話し合ったかもしれませんが，その問題に対して自分たちが実際に何か手を打てるかどうかということは，ここでは話し合っていません。ですから，この観点から，私はこの教師は議論を十分に活かしきれなかったと思います。意見交換をできたことは確かです。でも，せっかく生徒たちが問題を抱えて彼のもとにやってきたのに，彼は解決してやれなかった。最後には「さあ，もう，今度からはもう少し早くから勉強を始めて，もっと多くの時間を費やすんだ。今度は，テスト前日まで放っておくんじゃないぞ」と言っているだけです。つまり，生徒たちの勉強時間が短いと90％くらいの割合でこういう結果になる，と主張しているわけです。そして，今度からはそうしないようにと注意しているのみ。この議論は，事態を何ら変えてはいません。」
質問者：「この状況に適応できる教育学あるいは教育方法学の理論をご存知ですか？」
実習生：「いいえ，確かに，そういうものを私はほとんど知りません。」

　この実習生は，教師と生徒間の会話を観察することを通して初めて，いくつかの論理的な関係性を認識するスキーマ段階に到達した，と結論付けられます。このスキーマの主要要素は，「説教」や「一方的伝達」といった概念です。「このような手法で一方的に伝達すれば，問題の事態はあまり変わらない」というのが，ここでの論埋関係のようです。このインタビューの最後の部分から，この実習生は理論段階には到達していないことがわかります。

回答者3：教育学の教授

　次のインタビューの最初の部分で，回答者はビデオで見た内容についての自身の考えを説明します。彼は基本的に，生徒たちが教師と違ったように問題を分析していて，教師は自分のやり方こそが正しいやり方だと説得しようとしている，と感じています。「この種の状況についてご存知のことをお教えください」という質問への回答としては，教師-生徒間のやりとりについてのゴードン（Gordon）の著作や対人行動に関するリアリー（Leary）の論，また，議論の技術についての理論を挙げています。

質問者：「この種の状況について，ご存知のことをお教えください，という私の質

第 7 章
教師の専門家としての学び：どのようになされているのか？

問に対するあなたの回答をまとめますと，ゴードンおよび「これは誰の問題なのか」といったゴードンの原理をいくつか挙げられてから，議論の技法についても触れられて，また，あなたはこの状況にはまったくと言って良い程に会話がないという事実を簡潔に述べられました。そして，リアリーの観点から，あなたはリアリー・ローズ［リアリーが考案したふるまいのマッピングモデル］の図を描いたうえで，あなたが教師の立場ならできたことを述べ，それからあなたは，こういうことに対する人の考え方は大抵とても深いところで固定的になっているものだから，この状況を実際に自分が経験するとなると，おそらくとても難しいのだろうということを推測されています。これら多くの点を裏付ける論理構造はありますか？　これらをすべて結びつける論理はあるのでしょうか？」
教授：「非会話の話からはじめれば，おそらくそこから他の諸概念に円や矢印なんかでつないでいけると思います。」［教授はある絵を描き始める。図7.1］「リアリーは，会話を研究する1つのやり方です。ゴードンはそれに新しい視点を加えていて，私は教室の場面を観察する際や，教室外での議論の場で，この考え方をよく応用しています。」

もちろん，この2人のそれぞれのやり方はとても密接に関連しています。両方とも段階的に進みますし，対称的な会話と相補的な関係などについて考察されているのです。これらは1つの理論を構築します。そしてその結果……。」［教授は先ほどの絵にさらに手を加える］
質問者：「これは理論と言って差し支えありませんか？」
教授：「私の言ったことを1つの理論にすることはできるでしょう。私の頭の中では多少なりとも，これは理論の形を整えていまして……。」

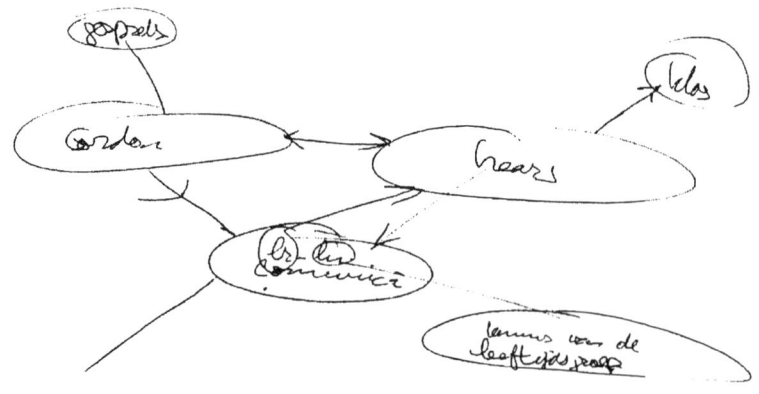

図7.1　教授が描いた図

質問者：「あなたは，ビデオを観ている間には，この理論になり得る論理構造が頭に浮かんでいなかったとおっしゃっていましたが，その点についてご説明いただけますか……？」
教授：「ガイドラインと言いますか……たとえば，この男性教師は本当に今すぐ生徒たちに始めてほしいのならば，より早い時期から勉強を始めてほしいのならば，違ったやり方をしたほうが良い……そういうことが絶えず私の頭をよぎっていましたが，それをここ［絵の中］に簡単に描き入れることはできませんでした。それはむしろ，諸概念を覆う全体的なネットワークとでも言いましょうか。その中には論理構造がたしかにあるはずなのですが，今はその構造をつかめていません。」

教授が挙げた諸理論に関して，教授が理論段階に達していることは間違いありません。教授はそのいくつかの理論について，著作もあるのですから。ただ，インタビューの中で，教授はこれら別々の諸理論をつなぐ論理的関係性を見つけようとしています。これらの諸理論と各理論の中の諸要素は，教授がこの場面を解釈する際に何かしらの影響を及ぼしているようですが，意識されるレベルではないのです。教授は，そのような理論・要素間の関係性を探ることより，実用的な活動のガイドラインをみつけることに集中しています。後になって，インタビュー中にこのガイドラインと諸理論の間の結びつきに気づいたにすぎないのです。私たちはこれを，格下げされた理論段階の例ととらえます。これは一度理論段階に到達した回答者が，現実の場面について考えるように促された時に見せる独特の段階です。つまり，このような場合，現実と結び付けて考えようとすると，段階の格下げが必要になるのだと考えられるのです。

7.7　3段階の相互の関連について

本節では，3段階モデルのいくつかの側面についてより詳しく議論することで，私たちの枠組みをより豊かにしようと試みます。そのうえで，私たちはとりわけ，3つの段階の相互の関連に注目します。

第7章
教師の専門家としての学び：どのようになされているのか？

教師の知的構造の発達

　ここで，私たちは段階間の移行についての主要点を整理しようと思います。今まで見てきたように，ゲシュタルト形成は学びの最も一般的な形です。しかし，学びのプロセスは，それよりも深いものになることがあります。時折，異なる物や状況を見て「同じ」と感じさせるものは何であるのか，理解しなくてはならなくなります。このような時も，現実をいくつかの側面からとらえることが必要になります。こうした場合，人は自身のゲシュタルトの特徴に関する理解を深めなくてはなりません。つまり，ゲシュタルトの諸要素やその要素間の関係性から，ある知的構造（スキーマ）が形作られる，ということです（Van Hiele, 1986, p. 50）。そのゲシュタルトの，「内部性」（Berliner, 1987, Skemp 1979）はより拡大して，より意識され，より固定化されます。このような現象を起こすためには，人は自身のゲシュタルトについて省察しなければなりません。スキーマの要素の量と質が増せば増すほど，そしてその要素間の関係性が強くなればなるほど，スキーマは豊かなものになります。

　人がスキーマ段階に到達すると，その人はスキーマ内の多くの要素や関係性の中から主要なものを抽出する必要性を感じるかもしれません。たとえば，学びについての構成主義的な理論を受け入れることで，人は1つ以上の基本的な仮定からたくさんの原理を導き出すことができます。このことで，世の中は少し理解しやすくなります。論理によって物事を明らかにし，それらが正しいことを確認することは，世の中に関する理解を深める1つの方法です。この理論段階で，私たちはファン＝ヒーレ（1973）と同じ結論に達するかもしれません。すなわち，関係性のネットワーク（スキーマ）とは，少数の関係性がそこから他の関係性が論理的に導かれる核となるように，再整理されたものである，と。言い換えれば，既存のスキーマ内の関係性と関係性との間に，新しく関係性がつくられるということです。古いネットワークに含まれる関係性は，新しいネットワークにおいて中心点となるわけです。

7.7 3段階の相互の関連について

省察

　新しい段階への移行を促すためには，人は自身がすでに獲得した知識や，今までに積み重ねてきた経験を振り返り，それらをなんとか新しい構造にまとめ上げなくてはなりません。これこそまさに，（4.5節）で私たちが定義した省察なのです。一方で，私たちは教師の意思決定と教師教育を研究する研究者らは省察という概念についてそれぞれ異なる概念化の方法を用いており，この違いが教育の目的と教師の役割についての多様な考え方を生み出していることを示しました。それと同時に，省察についてのすべての概念化様式に共通する特徴として，省察する人が自身がすでにもつ知識や経験を整理したり，整理し直したりする，という点も挙げられます。省察に関する異なる概念様式の裏にあるそれぞれの教育学的な見解は，どのようにこれらを整理するかを決定しています。この3つの段階とそれらに関連する諸プロセスを，図7.2にまとめました。

段階の格下げ

　知的に構成された諸概念と相互の関係性は，書き出してみたり，図に描いてみたり，言葉で説明してみることで，具体的に，そして理解しやすい形になり，とらえやすくなります。こうして，理論や複雑なスキーマは，ゲシュタルトとして機能し始めるのです。人はこうなったものをほとんど「機械的に」使えるようになります。これは，〈段階の格下げ〉として知られています（Van Hiele, 1973, p. 101; 1986, p. 53）。段階の格下げは，活動者にそれ以外のものに注意を向けやすくしてくれます。また，段階の格下げの2つめの，さらに重要な働きは，人が活動中に省察することなく，すでにもつ知識をもとに活動できるようにしてくれることです（7.6節での回答者3の例を参照）。この原理は，ゲシュタルトが教室内での教師の行動をほぼ決定しているという私たちの考えに関連しています（Korthagen, 1993c; Wubbels, 1992b も参照）。段階の格下げの現象

第7章
教師の専門家としての学び：どのようになされているのか？

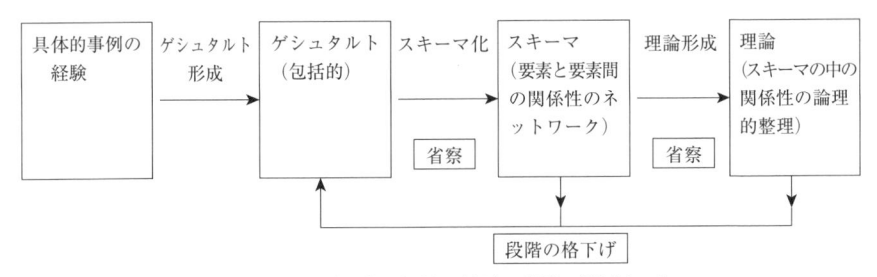

```
┌─────────┐ ゲシュタルト ┌─────────┐ スキーマ化 ┌─────────┐ 理論形成 ┌─────────┐
│ 具体的事例の│   形成   │ ゲシュタルト│ ────→  │ スキーマ  │ ────→ │ 理論    │
│  経験    │ ────→   │ (包括的) │        │(要素と要素間│       │(スキーマの中の│
│         │         │         │        │の関係性のネ │       │関係性の論理 │
│         │         │         │        │ットワーク) │       │的整理)    │
└─────────┘         └─────────┘        └─────────┘       └─────────┘
                         ↑            省察      ↑    省察       ↑
                         │                     │              │
                         └─────────────────────┴──────────────┘
                                    段階の格下げ
```

図7.2 学びのプロセスの各局面（特定の領域や付随の段階に関連して）

は，ベルリナ（1986, 1987）の専門家としての成長のモデルとも重なるところがあります。ベルリナのモデルの中で，専門家段階は，状況を直感的にとらえられることで素早く柔軟に活動できる専門家らの段階を指しています。

3 段階の諸特徴

たとえば，「長方形」とか「学び」というものに関して人がどの段階に達しているかということは，どのようにして判断することができるのでしょうか？

前述の議論に従えば，「〜とは何か？」という問いへの回答の仕方こそが，重要な判断基準になるでしょう。ゲシュタルト段階の人は「……のようなもの」などと言って，例を1つ挙げるかもしれません。ゲシュタルト段階の人に「学びとは何か？」と問うたなら，「たとえば，スキーができるようになること」（自分にとって身近な例を挙げる）と答えることは想像できるでしょう。スキーマ段階の人なら，その特徴を列挙すると考えられます。「学び」を例に挙げるなら，学びの諸特徴を挙げるわけです。そして，理論段階に到達した人ならば，その定義を言うことができるでしょう。クーン（Kuhn, 1977）によれば，「良い」理論には最低でも5つの特徴があるそうです。その5つの特徴とは，正確であること（すなわち，データと矛盾しないこと），広範囲のデータを示しながら明らかにすること，首尾一貫していて，他の確立している諸理論とも矛盾しないこと，簡潔なこと（すなわち，独立した多くの現象にある規則

性を与えていること），そして，実り多いこと（すなわち，目新しい結論を導くこと）です。

「なぜそうなのですか？」と問われれば，3つの段階の人の回答にはさらに明確に差が現れます。ゲシュタルト段階の人は質問自体に驚いて「だって，そういうものなんです」などと言います。スキーマ段階の人は，自身の述べた特定の特徴が的を得ていることを証明するために，例を挙げて説明することができるでしょう。理論段階の人は，自身の定義が必要かつ十分であることを示すために，論理的な議論を進めるでしょう。

これらの質問を投げかければ，3つの段階にはかなりの差があることは明白になるでしょう。ゲシュタルト段階は，その人が特定の経験をした現実の場面における感覚的な認識に密接に結びついています。言い換えれば，ゲシュタルト段階において，私たちは具体的な状況とその文脈に結びついた〈状況に埋め込まれた知識〉（Borko & Putnam, 1996, J. S. Brown et al., 1989）をもっているのです。この段階では，私たちは定義上，状況の未分化で全体的な表象を取り扱おうとしています（Van Hiele, 1973, p. 143）が述べるように，「イメージとは，言葉では表されないとても包括的な表象である」のです）。スキーマ段階では，経験と状況はもはや1つの全体として理解されてはいません。代わりに，それぞれの独立した要素や，特徴や関係性に注意が向けられます。この段階において，これらの要素，特徴の関係性を指し示すために，はじめて言語が使われるのです。理論段階では，スキーマの関係性が論理的関係性のネットワークの主要要素になります。「もしこうなら，こうこうこうである」という論法が，経験や状況を明らかにするのに利用されるのです。

実践知（フロネーシス）と学問知（エピステーメー）の関係

ほとんどの現場教師のスキーマは，状況を抽象的に理解することよりも，特定の状況を前にした際にどう活動すべきか知りたいという欲求に彩られています。これは，実際の場面で大事な特徴を理解できるようにならなければなら

ず，その必要性ゆえに，実践知（フロネーシス：小文字の理論）を身につけなくてはならないという必要性に由来しています。教師たちのスキーマは，実に，学問知（エピステーメー）のような種類の知識よりも実践知（フロネーシス）の方を多く含んでいます。

理論段階における知識は基本的にみな学問知（エピステーメー）です。このような知識は，論理的枠組みを基に特定の種類の状況を理解しやすくしてくれます。ここでの理解は，同じ状況の下で活動するための能力とは異なります。活動できるようになるためには，段階の格下げが必要です。

学びにおける連続性と不連続性

段階の移行とは，単なる一般化や抽象化のみを意味するわけではないという点に，注意してください。ゲシュタルト段階にいる人は，ある特定の物事について，スキーマ段階の人とは異なる様子でそれをとらえます。このことが，専門家と素人との間の意思疎通を困難にしてしまうことがあります。外部世界に伝えるために頭の内にある状況や物の表象を質的に変化させるには，段階間の移行が不可欠なのです。

学びのプロセスが進むに従って，ひとつの段階の中でもよりゆっくりとした発達を見ることができます。たとえば，ゲシュタルト段階において，はじめの内はひとつ以上の現実のものや状況と密接につながっています。似た状況をより多く経験するに従って，人は徐々にこれらの経験から抽象的なゲシュタルトを形成します。ゲシュタルト段階の中での具体性から抽象性への発達は，段階の格上げには必須です。ある現象や物の集合に関する主な特徴に気づくこと（スキーマ化）は，ある程度の抽象化を経てからでしかあり得ないのです。

スキーマ段階でも，これに似たゆっくりとした発達が見られます。この発達は，単純な関係性のネットワークの状態からより複雑な構造へと向かいます。豊かなスキーマは，理論段階への正しい移行に不可欠です。つまり，人が多くの関係性を認識できてはじめて，基本的な諸特徴とそれらから論理的に導き出

される他の諸特徴とを識別できるようになるのです。

　まとめると，教師の知識の発達には多種のプロセスが含まれています。それは，ひとつの段階内におけるゆっくりとした発達と，ひとつの段階から次の段階へと移行する発達とに分けられます（図7.3）。段階の移行が起こる際，そのきっかけとなる問いは知識の根本を変化させるため，その発達のプロセスは不連続的になります。ゲシュタルトが形成される時には，人は，多くの場合無意識的に，特定の状況下ではどのように活動すればよいかという点に注意を集中させています。スキーマ化の最中には，人は意識的にゲシュタルトをよりしっかりとしたものにしようと努力しています。そして，理論構築の段階では，スキーマ内に論理的な規則性を見出すことが求められます。このゆっくりとした発達と，不連続的な移行との差は，ラメルハートとノーマン（Rumelhart & Norman, 1981）の発表した既存のスキーマの中での情報量の緩やかな増加，〈増大〉と「新しいスキーマの創造」（Rumelhart & Nouman, 1981, p. 45; Vosniadon & Brewer, 1987 も参照）を含む〈再構築〉との区別に対応しています。

主観的な諸理論

　人は，十分に豊かなスキーマを完成させる前に論理的な説明を必要とすることが多く，ここにひとつの問題が生じる可能性があります。人はスキーマに「狭い」論理構造を当てはめ，このせいで正しい理論構築ができなくなってしまうことがあるのです。たとえば，教えることは知識を伝達することであると考えていた教師は「効果的な知識伝達」に関する図式の関係性のネットワークを組み立てるかもしれません。ここでつくられる知的なネットワークが強固なものであればあるほど，この教師に授業についての考え方を見直させることは難しくなります。マンドルとフーバー（Mandl & Huber, 1983）に沿って，私たちはこのような狭い規則性を主観的な諸理論[3]と呼ぶことにします。

　たとえば，ある教師の主観的な理論として，以下のようなものが想定できます。「生徒が私の説明を理解できないなら，私はもう一度説明してあげなけれ

第7章
教師の専門家としての学び：どのようになされているのか？

ばならない。」このような狭い規則は，現代の学びについての諸理論（大文字の理論）と一致する，全体を考慮した規則の邪魔をしてしまう可能性があるのです。

7.8　3段階モデルの理論的な基盤

　この時点までくると，読者のみなさんは専門家としての学びにおける私たちの段階モデルの裏にある理論的基盤について知りたいと感じているかもしれません。私たちの述べてきたことの裏にある論理とは何なのか？　基礎となっている前提とはどういったもので，それらの前提からどのようにしてその他の原理が導き出されているのか？　言い換えれば，私たちはこのモデルに関して，理論段階に達することができるのか？　ということです。

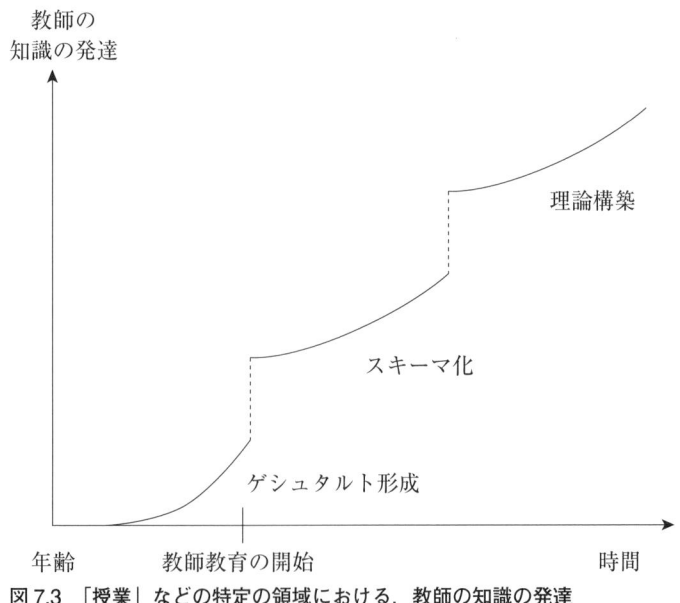

図7.3　「授業」などの特定の領域における，教師の知識の発達

7.8
3段階モデルの理論的な基盤

出発点

　私たちの出発点，すなわち，私たちのモデルの第一の原理は，心理学における認知的変容（Mayer, 1981 を参照）の影響を受けた行為–理論パラダイム（Groeben & Scheele, 1977）という原理に由来します。このパラダイムの最初の出発点というのは，人の行為は必ずしも本人の自覚はないものの，個人的な目標に基づいている，という考えです（Skemp, 1979, p. 2）。このことはニーズという言葉でも説明できます。つまり，人の活動は，個人的ニーズを満たすことを目的としているのです（Maslow, 1968）。ここでいう活動とは，「環境との相互作用」だけでなく，頭の中で経験を整理する，といった知的な活動をも含みます。

　行為–理論パラダイムの2つめの出発点は，個人の行為は知的構造（蓄積された経験，知識，信念など）に左右され，さらに，その知的構造はつねに発達し調整されている，という考えです（Groeben & Scheele, 1977）。後者の前提は構成主義の基礎ともなっています（Fosnot, 1996, Sigel & Cocking: Von Glasersfeld, 1990）。

　活動は個人のニーズに由来し，個人の知的構造とその人をとりまく環境の中の物や状況との間には相互作用が起こっている，という上記2つの出発点は，互いに密接に結びついています。なぜなら，すべての人間は，とりまく環境を理解することを基本的なニーズとしています。それなしでは，人はどうすることもできず，完全に環境のなすがままになる他ありません。知的構造はその理解の手助けをしてくれ，状況や物の位置づけを可能にしてくれるのです。知的構造の諸特徴の重要性は，その特徴を発揮させたニーズの重要性に応じて決まります。

　私たちは，個人が環境を理解する最も初歩的なやり方はゲシュタルト形式で，ゲシュタルトは私たちに大抵の場合，無意識的，あるいは半ば無意識的に，物や状況を統一体として見て，そして対応できるようにしてくれるものだという考え方を，ゲシュタルト心理学から拝借しました（Ellis, 1950）。教育現

第7章
教師の専門家としての学び：どのようになされているのか？

場では，このことは，ひとつの状況の中に潜む広範囲でたくさんの条件や細かな出来事が一体のものとして包括的に知覚されることを意味します。

社会的文脈

このことは，社会的，文化的，心理的，そして物理的な要因の間の複雑な相互作用を示唆しています。まず，ゲシュタルトに含まれる知識は，その人が過去に遭遇した具体的な状況と結びついていて，その状況に関する主観的で価値観をふんだんに含んだ記憶の影響を受けています。この考えは，ある状況と，その状況を経験する人と，その経験の文脈との間に起こる相互作用，というファン＝マーネン（Van Manen, 1990）の概念に沿っています（Carter & Doyle, 1996; Clandinin, 1985 を参照）。たとえば，前に例として挙げたウィルソン先生の状況において，クラスでのディスカッションに関わるネガティブな過去の諸経験がこの教師のこの状況下での行動を決定したのだと考えられるのです。

ヴィゴツキー（1978）やギデンズ（1984）のような論者の説を受けて，私たちは文脈というものの役割をもっと広い社会文化的な視点から見てみることにします。たとえば，ウィルソン先生は授業を早く進める必要性に駆られていた可能性があり，また，その焦りは規定された過大なカリキュラムによって教師の肩に重く圧し掛かったプレッシャーのせいかもしれません。これはマクロな社会経済において生産を重視するあり方，そして，人間関係の中でケアする心の価値に対する評価が衰退していることを反映しているのかもしれません。H. バーラックと A. バーラック（H. Berlak & A. Berlak, 1981）が指摘しているように，教えることの専門家は，クラス内の交流に参加する人がそれぞれにもつ価値，目的条件や個人的ニーズの対立の中で，ジレンマを抱えています。後者の例を挙げるとすれば，ウィルソン先生はジムが自身の計算方法を見直すように言われたら抵抗するのではないか，と考えた可能性がありますが，もしそうなったとすれば，それは，彼の文化的背景の影響ゆえのことかもしれないのです。

3段階モデルの理論的な基盤

しかしながら，状況に含まれる多様な要素は，重要であると同時に数多く，とても複雑に相互に関係しているので，「行為している」最中，ウィルソン先生はこれらの関係性について省察する時間はありません。何よりもまず，彼女は活動しなくてはならないのであって，状況のゲシュタルトがあって初めて，彼女はとっさに行為することができるのです。

心象

行動を決める包括的な考え方を指す言葉として，〈心象〉という語を用いる論者もいます（Connelly & Clandinin, 1984; Denis, 1991 など）。「心象とは，写真が被写体を示すのと似ているが，より慣習化された形で知覚された出来事を示すものである」（Bruner, 1964, p.2）のです。これらの心象は視覚的なだけではなく，他の感覚によって受けた印象をも含んでいることがあります（Dennett, 1991, Johnson, 1987）。しかし，この用語を使う際には，2つの点に注意しなくてはなりませんので，私たちは心象ではなく，〈ゲシュタルト〉という語を用いることにしました。注意しなくてはならないひとつめの点は，カルダーヘッドとロブソン（Calderhead & Robson, 1991, p.3）が指摘したことですが，「心象という概念は，認知心理学の分野でも教授に関する諸研究の中でも，正確に定義されたことのない，かなり粗い概念」だという点です。たしかに，この語は，現実におけるひとつの状況に対する文脈依存的で具体的な頭の中に生じた印象を示す意味や，授業や教育に関する一般的な考えを指す意味など，多様な現象に使われることがあり，比喩の概念に近いものとなっているのです。2つめの点は，〈心象〉という語は，何か視覚的なものを指すように受け止められがちな一方で，他の感覚による印象や行動の傾向も含意させることが重要であるという点です（Bennett, 1991）。私たちのモデルをより深めるためには基本的な考え方を正確に整理しなくてはならないのですが，私たちの考え方では，心象よりも，ゲシュタルトという言葉の方が適しているように思われます。ゲシュタルト心理学に沿って，私たちは特定の文脈をもつ具体的な「今ここの状

況」によって教師のうちに（多くの場合，ほんの一瞬の間に）つくられる包括的なまとまりとして，この語を用います。コルトハーヘン（1993c）が述べるように，「ゲシュタルトの中に，人のニーズや価値観，意味，考え，感情や活動は，すべてひとつの不可分の全体にまとめ上げられる」のです。

3段階モデルは理論なのか？

本節で説明される関係性のネットワークは，理論なのでしょうか？　少なくとも，前述のように理論を定義した場合には，これは理論ではない，と私たちは考えます。むしろ，組み立て中の理論，とでも言いましょうか。偏狭な論理的規則性だけで構成されるわけではないものの，もっと多くの経験と手直しを要するものなのです。だからこそ，理論ではなく，モデル，という言葉を用いてきたのです。

このモデルを確立しようとするうえで，私たちは2つの土台に多大な影響を受けています。ひとつめは，ファン＝ヒーレ・モデルです。このモデルは，数学や科学などの学校科目で経験的に実証されているものの，教師の知識に関する分野ではあまり広く検討されていません。さらにいえば，ファン＝ヒーレのモデルと私たちのモデルとの間にはある重大な違いがあります。3段階に区分しているという点では私たちと変わらないのですが，ファン＝ヒーレは最初の段階（地平段階と呼ばれます）をもっと視覚的な，見た目に関する表現で構成されるものとしており，私たちのゲシュタルト定義の方が広い意味をもっているのです。このことは，ファン＝ヒーレ・モデルが幾何学教育の文脈の中でつくられたことに関係しているかもしれません。以上のことから，私たちのゲシュタルト−スキーマ−理論モデルは，ファン＝ヒーレ・モデルの拡大版といえます。

2つめとして，私たちの組み立て途中の理論は，ゲシュタルト心理学をも土台としています。よって，これは主流の認知心理学に包含されるだけのものとはもはや言い切れないのです。アンダーソン（Anderson, 1980）が認知心理学

についての有名なハンドブックの中で，知的心像に1章を費やしているにもかかわらず，最近の認知心理学者らは，学びのあまり意識的でない側面よりも，私たちがスキーマ段階と呼ぶ側面ばかりに注目しているといえます。彼らは，感情的な側面よりも認識的な側面に（Pintrich, 1990），そして，長期的な学びのプロセスよりも学びの結果としての生産物（たとえば，人の内につくられたスキーマの構造）に興味をもちがちである（Freudenthal, 1991, p. 87）ともいえそうです。また，意味の創造におけるゲシュタルトや心象の役割に関する議論は，1980年代に書かれた意味論の書物をめくってみても，全く見つけることができません（Johnson, 1987）。1990年代には，言葉では表現することが難しい知識を生む学び，といった，いわゆる見えない学びへの関心が若干高まりました（概要を知りたい方は，Berry & Dienes, 1993; Epstein, 1994 を参照ください）。

　教師の学びについての理論を構築しようとする私たちの試みは，以上の2つの枠組みを土台としていると同時に，新しい統合体を示してもいます。したがって，よりたくさんの経験に支えられる必要性があるとともに，私たちが今までに組み立ててきたネットワークの中の関係性により磨きをかけていく必要性があるのです。

　また，人間の機能に関する斬新な見解を発表してきたかつての多くの創造的な研究者の功績にも，私たちのモデルは支えられています。過去の経験と日常の知識との組み合わせが，「世界像」と呼ばれるものをつくりあげる，と論じたワツラウィック（Watlzawick, 1978）は，このような研究者の1人です。ボーゲン（Bogen, 1969）やガザニガ（Gazzaniga, 1970）など，心理療法や脳研究の分野の諸発見に裏づけられながら，ワツラウィックは知的心象におけるリアリティーの表象は脳の右手前部分のみで行われていることを論じています（Korthagen, 1993c; Wubbels, 1992b も参照）。この研究以降，脳組織はもっとずっと複雑であることが解明されてきたものの，ワツラウィックが示したものは，リアリティー表象のプロセスを理解するのに今も変わらず役立っています。心象（私たちのいうゲシュタルトの意味で）の典型的な性質と，それと結びつい

第7章
教師の専門家としての学び：どのようになされているのか？

た脳の右側部分は，アナログです。一方で，スキーマ段階と理論段階は脳の左側部分と結びついていて，脳のデジタルな構造を活用しています。ワツラウィックが経験によって理論を支えようとするのに対して，ヴベルス（1992b）は彼の理論がまだ論理的に立証されていないことを指摘しています。

　特定の神経生理学的なプロセスと心象の形成との間にある関係性について，私たちの考えを裏付けてくれるのが，D. I. ローソンとA. E. ローソン（D. I. Lawson & A. E.Lawson, 1993），コスリン，ファン＝クリークとカービー（Kosslyn, Van Kleek & Kirby, 1990）です。バーロー（Barlow, 1990）は，「神経は心象の中の一群のゲシュタルトが注目する特徴のみに選択的に反応する」と述べています。実に，授業のプロセスによく知られたゲシュタルトの法則（たとえば，閉合の法則。7.9節も参照）を適用すると，私たちはより深く目の前の現象を教育の文脈の中で理解することができます（より深く知りたい方は，Dolk, Korthagen & Wubbels, 1995を参照ください）。

　ゲシュタルト段階は，行動は人体内で同時に働く多くのシステムに方向付けられており，感情は原始的な意思決定のプロセスと結びついているというダマシオ（Damásio, 1994, pp. 83-84）の考えに対応する心理学的概念として理解されてよいでしょう。ダマシオによれば，私たちの行動が1つの「デカルト劇場」的な情報に基づいていると考えるのは，幻想なのです（Edelman, 1987）。ダマシオ（1994, pp. 97-98）は，心象が私たちの人間としての機能に重要な役割を果たしており，またそれは神経の配列パターンと密接に結びついていることを強調しています。「現在は絶対にここにはない。私たちは意識をもった時点で，現在に間に合うことは到底できないのだ」と彼は指摘しています。ガザニガ（Gazzaniga, 1999, p. 73）はこれと同じ現象を「知的プロセスに関連する大多数の事柄は，私が気づく前に脳で起きている」という言葉で説明しています。

　似た考えを示す文章は，ジョンソン（1987）も残しています。彼の著書『心のなかの身体―想像力へのパラダイム変換』（*The Body in the Mind*： *The Bodily Basis of Meaning, Imagination, and Reason*）は，意味と理性の理論における現在概

念の危機についての議論から始まります。彼は，自身が〈心象スキーマ的構造〉と呼ぶ，非計画的でアナログかつ表象的な性質をもつものに関する適切な研究の皆無を指摘します。ジョンソンの議論は人間らしい動き，つまり，物の操作や知覚的なやり取りは，何度も繰り返されるパターンによるもので，このパターンなしでは，私たちの経験は無秩序で理解不能なものとなってしまうことを示すことから始まります。彼はこのようなパターンを「心象スキーマ」と呼び，以下のように論じています。

> それはゲシュタルト構造をしていて，関係し合い，統合された1つの全体に整理される部分のあつまりで構成されている。それによって，私たちの経験は認識可能な規則性となって現れる。この規則性を理解し，それについて考えようとすると，この肉体に基づくスキーマが中心的な役割を果たす。なぜなら，はじめは既存の心象スキーマが肉体的なやりとりの構造として発生するにもかかわらず，より抽象的な認識のレベルで組織される意味をもつ構造として比喩的に発達・拡大する可能性があるからである（Johnson, 1987, pp. xix–xx）。

経験豊富な教師が理論段階にいるということは，より多くの経験と専門知識を身につけた教師は他の教師よりも教室内の場面を録画したビデオを観た際に，よりさりげない関係性を確認できる，とするコープランドら（Copeland et al., 1994）の叙述に裏付けられています。

7.9 もたらされるもの

本節では，3段階モデルを導入することでもたらされる効果についてより詳しく探求し，教師の思考や行動，教師教育，そして研究に貢献したいと考えます。

第7章

教師の専門家としての学び：どのようになされているのか？

教師の思考と行動

　教師の思考の仕方と行動との関係は，この数十年の間，授業や教師教育に関する書物において最も注目されているテーマのひとつです（Carter, 1990）を参照）。本章の文脈に沿ったところで興味深いのは，教師の行動が実際に理性的な思考に基づいているのか，という問いです。教師のルーティンの役割に関する多くの出版物（たとえば，Clark & Yinger, 1979; Halkes & Olson, 1984）は，教師の行動の大部分が自動的あるいは機械的なふるまいであるという事実を強調して述べています（Unwin & McAleese, 1978, p. 677 も参照）。カーター（1990, p. 297）は，教師の活動はルールやルーティンによって大きく左右されており，よく熟慮された慎重な気の使い方というのは教師たちの現場における思考の中ではさほど大きな働きをなしていない，と結論づけています。エルバズ（Elbaz, 1991）は，教師の知識ははっきりとした筋の通った単純なものではなく，広く包括的で個人的な意味に満ちた，かなり意識もされず語られずとも存在する類のものであると指摘しています。スターンバーグとカルーソ（Sternberg & Caruso, 1985, p. 148）は，省察されたことのない「暗黙の知識」こそが，人が教師として大成するかしないかを決める重要な要素だと論じています。ラッセルら（1988, p. 67）によると，「専門知識は，語ったり紙上に書いたりできることばかりではない」のです。結局，厳密で論理的な思考というものが教師が教室内で出くわす問題を解決するのにあまり役立つ道具ではないことに気づき始めている，というクラークとランバート（Clark & Lambert, 1985）に私たちは賛成します。

　デニス（1991, p. 171）は，「心象は，人びとが世界に働きかけて変容を繰り広げる行動を規制するに当たり，重要な役割を果たしているようだ」と論じています（Kaufman, 1985 も参照）。彼は，オシャニン（Ochanine, 1978）が提案した，心像にある人間の活動を規制する機能を強調する「作用心象」という概念にも触れています。デニスは，「心像は，人に世界の内的モデル（すなわち活動によって構成され，活動を整理するようなモデル）を提供するという点で，表象

の特別な形態のものであると考えられている」と続けています (p. 171)。これらのことから，省察されることのなかった教師の行動は，ゲシュタルトというものによって導かれているのだろうと考えられるのです。この仮定は，閉合と呼ばれるゲシュタルト学習理論の有名なまとまった諸原理にも立脚しています。この理論のものの見方では，人間は未完の情報を完結させる傾向があるといいます。このことを表すよく知られた例が，一部が抜き取られた絵をみても，人は欠けた部分を「見る」ことができる，という事実です。CDプレーヤーが曲の途中で突然止まっても，私たちは頭の中でその続きのフレーズを「聞く」ことができます。これまでにゲシュタルト心理学の研究は，未解決，未完結の経験がある特定の緊張をつくることを示してきました (Rickers-Ovsiankina, 1928; Zeigarnik, 1927)。私たち人間は，この緊張を解くために何とかしようとしがちなのです。ゲシュタルト・セラピーの理論はこの原理を対人関係にまで拡げています。つまり，人々は対人的な場面でつくられたゲシュタルトの閉合を求めて必死になる，というのです (Korb et al., 1989, p. 9)。過去の経験はゲシュタルトを決定し，そしてまた完結のプロセスをも決定するのです。言い換えれば，私たちは以前にある状況を完結させたのと同じ活動を繰り返す，すなわち，（再び—行為する (re-act) という意味で）「反応」するのです。たとえば，もし，子どもとして，私たちが権威主義的な父親とどうにか折り合いをつけて問題ある状況を打開できたとすれば，これは私たちが以後いざこざを前にした際にとる活動を方向づける経験になるかもしれないのです。だからこそ，私たちは「行動傾向」をゲシュタルトの定義の中に盛り込んでいるのです。

　教師が教室内における自身の役割を説明するのに用いるメタファーの研究を見ても，教師の行動におけるゲシュタルトの役割について，同じ考えが表されています (Bullough, J.G. Knowles & Crow, 1991; Créton, Wubbels & Hooymayers, 1989; Munby & Russel, 1989; Tobin et al., 1990)。教師は教室内の状況をかなり安定した，半無意識的な比喩を用いて解釈し，それに従って活動しがちです。その他，ベテラン教師たちが，教室内を写した一連のスライドを見ると瞬時に反応して写真の中の生徒たちが「よく作業しているかどうか」を見極めている（教

第7章
教師の専門家としての学び：どのようになされているのか？

師にとってはまさに基本的なゲシュタルト！）というカーターら（1988）の発見からも，私たちの考えは裏付けられるといえます。コルトハーヘン（1993c, p. 310）は以下のように私たちの見方をまとめています。「教えている間，周囲の環境の中にある特定のきっかけが教師のゲシュタルトを働かせ，瞬時の解釈と反応を惹き起こす。このようにして，論理的な分析は回避され，教師たちは多くの異なる刺激に同時に対応できるようになる，と私たちは仮定する」のです（Day, 1984; Doyle, 1974 を参照）。

ただ，このことは，ルーティンの中で教師が突然予想外の結果を目の当たりにした際によく起こる行為の中の省察（Schön, 1987）の可能性を否定しているわけではありません（Schön, 1987, p. 26）。先に説明したようなあまり意識的でない状態で種々雑多な何百もの決断を下しながら教師は授業を進めているのであって，省察することはほんの数回しかない，と私たちは考えるのです。授業後，教師たちは〈行為の中の省察〉とショーンが呼ぶものを用いて，自身の決断に対して，ゲシュタルトがどのように作用していたのかを確認するかもしれません。8章では，どのようにすれば教師がそのような省察をできるようになるのか，いくつかの技法を説明します。

私たちの分析結果から，ある重要なことが見えてきます。まず，理論構築のプロセスは教室内での教師の働きにあまり貢献しないことが多いということ。理論段階からゲシュタルト段階へ，段階の格下げが起きてはじめて，新しく整理された教師の知識は自身の無省察の行動に影響を及ぼし，ショーン（1987）が「行為の中の知」と呼ぶものを導きます。つまり，教師教育は理論的な見識を実用化して，ほぼ自動的に，省察もあまりせずに，活動できるようになることにもっと重点を置くべきです。とはいってもなお，私たちは教師教育者が理論の役割を見過ごしてはならないことも頭に入れておかねばならないし，すでに存在しているゲシュタルトの健全な発達に心を注ぐべきなのでしょう。これから，以上の考察に磨きをかけていきましょう。

教師教育における理論と実践の乖離

　教師の専門家としての学びに関する私たちのモデルは，教師教育に，とりわけよく言われる教師教育の実践への効果のなさについて，重要な示唆を加えるものです（第1章参照）。「意味と理性に関する諸理論の根本的な崩壊」とジョンソンが呼ぶ状況についての彼の考えを読めば，教師教育におけるこの問題についての近年の見方は，経験に根ざしたゲシュタルトの役割を否定していることがおわかりいただけるはずです。ある特定の科学的パラダイムが支配的な状況でよく見られるように，授業と教師教育の分野の研究者たちは，教師教育における理論と実践の乖離を教師教育で提示された学問知（エピステーメー）を教育実践にうまく移行できるようにできていないという問題，言い換えれば，既存の知識の「適用」を促せていないという問題として，その理論立ったパラダイムを疑うこともなく解釈しがちです（Berry & Dienes, 1993, p. 130）。私たちは，この考え方が教師と授業についての根本的な誤解に基づいているというラウデン（Louden, 1991）と同意見です。教師教育として教えられることと実際の教師の学校での教え方との乖離は，こうした誤った考え方によって作り出された虚構にすぎないのです。教えることについて学ぶことは，適切なゲシュタルトを発達させるプロセスであって，学術書から学んだ理論を実践に適用する方法を見につけるものではないのです。教師の準備教育プログラムを受け始める教育実習生というのは，生徒として教育に携わった何千という時間を含む，何年もの人生経験を積み重ねてきています（Lortie, 1975; Zeichner & Gore, 1990）。こうした経験から，教育における諸場面で特定のゲシュタルトが惹き起こされるのです。実習生たちは教師教育で提供される情報をすべてそのゲシュタルトというフィルター越しに見ることになります（Stofflett & Stoddert, 1994; Bullough et al., 1991）も参照）。もし彼ら教育実習生が，教えることとは知識を伝達するである，という考えをもってプログラムに参加してきたとすれば，それとは異なる考えに関する理論は彼らのゲシュタルトの中には部分的にしか還元されず，したがって教室内での彼らのふるまい方にもあまり反映され

第7章
教師の専門家としての学び：どのようになされているのか？

てきません。この現象は，ザイクナーとタバクニク（1981）が教師教育の実践に与える影響を観察した際に発見した「洗い流し」効果として知られています。たとえば，SOL の数学教師教育プログラムの効果に関する研究（第4章で説明）で，ヴベルスら（1997）は，同プログラムで構成主義的な見解を教えたことが，プログラムを受けた教師たちが数学を説明する際により多様な例を示せるようにしただけで，生徒の思考を豊かにしようとする努力には結びつかなかったことを示しています。

　私たちのモデルは，教えることについての学びは単なる認識のプロセスではなく，感情（Hargreaves, 1998a, 1998b を参照）や個人的ニーズに影響されているという点を強調します。新米教師にとって最も重要なニーズとは，授業をなんとか乗り切ることです（Fuller & Bown, 1975; Katz, 1972）。このニーズは，権威主義的な教師が厳しい規律を押し付けることでクラスをまとめていたのを見た経験などを含む，クラスの手綱を握り続けることに関するゲシュタルトを惹き起こします。このようなゲシュタルトは，教師がさほど支配的に描かれないような授業や学びについての理論とは相容れません。自分が生徒たちの考え方に影響を及ぼそうとしていると考えると，実習生は，意思を疎通するという複雑な行動を繰り広げながら，どうすればクラスをまとめることができるのだろうか？　という不安に駆り立てられます。言い換えれば，教師教育者が新米教師のゲシュタルトの上に理論を組み立てさせたいと思ったところで，新米教師のうちにある，場を乗り切りたいというニーズに関連するゲシュタルトは，教育者が思い浮かべる方向性のスキーマ化や理論構築にとってあまり都合のよい出発点とは言いがたいことに気づかされるだけなのです。ゲシュタルトが教師の行動の基礎を形作るという私たちの仮定と合わせて見てみると，このことは授業と学びについてのベテランの理論が教師教育プログラムのはじめの段階における新米教師の行動に影響を及ぼすことはほぼ不可能である，という結論にたどり着きます。理論の説明の後に，実践への応用をうながす目的でどれだけ練習問題やトレーニングの要素を盛り込んでも，それは基礎を固めることなく壁からつくって家を建てようとしているようなものなのです。結局，すべてをさ

かさまに考えないといけないのです。これをフロイデンタール (1991) は反教育的倒置と呼んでいます。

リアリスティック・アプローチ

　授業についての学びを諸段階に分けるこの見方は，多くの教師教育プログラムの失敗の原因を説明するだけではなく，教師教育にリアリスティック・アプローチを導入する理論的な基礎を提供するものだと私たちは信じています。教師教育者の望むようにスキーマ化を進めるプロセスで必要なものとは，的確な経験を整理することですが，そうした経験の経緯は教育実習生のニーズや関心に沿って行われると同時に，意図されているスキーマ化のプロセスを可能にし（これはまだ理論構築ではない点に注意！），それら経験を省察する機会を与えてくれます[4]。「的確な」という語は，それら経験の中で，ニーズとそのニーズに関連したゲシュタルトが惹き起こされ，教育者が想定していたものに近い形に磨かれていく可能性をもつようになる，という意味です。ここには常にある程度の不確実さが伴います。つまり，教師教育者は教育実習生に経験がどのような作用を及ぼすかを確信することは不可能なのです。ですから，教師教育者の長年の経験によって，一部の種類の経験が惹き起こす影響はいくぶんか予測しやすくなるとはいえ（たとえば，プログラムの始めに教室で授業をした経験は，ほとんどの場合，「場を乗り切る」ことや「教室内の規律」に関するゲシュタルトを惹き起こします），教育者は事前にプログラムを完全に計画することはありえないのです。専門家としての学びにおける諸段階モデルに沿って組み立てられるプログラムは，必ず柔軟なものでないとなりません。すなわち，どのような経験を次にすることがその教育実習生に的確かというのは，その手前の経験に対する実習生自身の省察の結果によって異なってくる，などというように。

　私たちのいう的確な経験とは何かと言えば，よっぽど不適切な場合を除き，教育者が変えたいと思うゲシュタルトを学生（実習生）自身に批判的に考えさ

第7章

教師の専門家としての学び：どのようになされているのか？

せる機会を与えるような，挑戦的なものを指します。たとえば，もしある教育実習生が授業とは知識を伝達することだという頑なな考えをもっていたとすれば，この場合の的確な経験とは，この教育実習生に伝達がうまくいかないことを発見する機会を与えるようなものになるわけです。すでに述べたように，そのような予想外の結果は省察をうながし，いわゆるゲシュタルトやスキーマ，主観的な理論のステータスの格下げを導く可能性があります（P. W. Hewson & M. G. Hewson, 1989）。このことは逆に，教育実習生の中に「概念変容」へのニーズを生じさせ（P. W. Hewson et al., 1992; Wubbels, Kortahegn & Dolk, 1992），ショーン（1987）が「枠組みの組み変え」と呼ぶプロセスを促進します。的確な経験は，教師としての経験でもあり得るし，また，教師教育プログラムにおける生徒としての経験でもあり得ます。後者のタイプの経験は，教師として授業を乗り切ることに関するゲシュタルトに重点を置かないことによって，学びと授業の関係を教育実習生が省察しやすくなるという点で，より多くの利点があります。

　気をつけるべきは，準備教育プログラムの中で初めて授業を行った実践経験は，教えることと学ぶことに関する古典的な考え方を強化することに繋がる場合が多いということです（Feiman-Nemser & Buchman, 1986; Korthagen, 1985）。3.5節で指摘したように，IVLOS 教師教育プログラムでは，最初の実践教育期間（6～8週）は1対1型の経験を行います。つまり，1人の教育実習生が1人の高校生に授業を行うのです。授業はカセットテープに録音され，教育実習生は事前に構造化された日誌をつけながらそれを省察します。このやり方は，前述の内容をふまえると，とても的確であるように感じられます。すなわち，教育実習生はここで，わりと単純で脅迫的でないような状況の中，学びや授業についての暗黙のゲシュタルトと付き合わされるのです。私たちが担当していたある教育実習生は，この経験を以下のように説明しています。「私の中で，この経験を機に何かが変わりました。教師視点から，生徒視点に変わったのです」[5]。

　前にも述べたように（6.7節），教師教育へのこのようなアプローチを採用すると，教師教育者の専門性は古典的な講義者としての専門性とは全く別のもの

ととらえられることになります。何よりも，リアリスティック教師教育者には，しばらく理論を置いておいて，的確な学びの経験をつくり，これらの経験の省察を促すだけの能力が求められます。多くの学校で採用されている伝統的な実践と比べて，このような作業は決して簡単なものではありません。まず，この経験はできる限り現実的なものでなければなりません（たとえば，教育実習生は，自身の専門職としての立場に，この経験が直接関係していることを実感できなければなりません）。と同時に，伝統的な実践への時期尚早な適応は避けなければなりません。さらに，この時の経験は，脅迫的なものでありすぎてはなりません。もし脅迫的でありすぎたら，ゲシュタルト形成からスキーマ化へのプロセスの出発点が誤ったゲシュタルト，特に，なんとか乗り切ろうという思いだけに由来するゲシュタルトによって，阻まれてしまいます。10章では，教師教育者がこのような働きをするために必要なスキルの発達について述べます。

授業や教師教育者に関する研究への影響と知識のまとめ

　本章では，教師の専門家としての学びに関する私たちの分析を裏づける多くの理論を集めてきたものの，私たちの理論は現段階ではまだ発達途上にあり，今後より多くの文脈で確認して行く必要があります。とりわけ，この理論が教師教育実践に抜本的な，パラダイムの変革ともいえるものを惹き起こそうとしているため，より進んだ研究が，緊急に必要です。

　本章で説明した考え方は，研究自体のあり方にも大きな変化をもたらすかもしれません。特定の授業場面において，頭の中で何を考えていたのかを，その場面を録画・録音したビデオやテープを見聞きした後に説明させる，という「再生刺激」法の妥当性は，段階の格下げの原理によって揺るがされます。この研究方法には，ある問題があるからです。というのも，授業中に誰かが格下げされた段階で知識を用いたとすれば，その知識のゲシュタルト的性質は，この方法を用いることによって台無しにされてしまうのです。あたかも，授業に

もその知識が意識されていて，スキーマまたは理論段階にあったかのような誤解を生む可能性があるのです。さらに，アージリスとショーン（Argyris & Schön, 1974, p.7）が記しているように，人は自身の行動を，本当の要因とは異なる「擁護的理論」を用いて説明することが多くあります。この論によれば，人はこの不一致に気づいているときもあれば，気づかずに用いていることもあるといいます。

7.10 前章までのリフレーミング

今までの章の中で，私たちはゲシュタルトからスキーマへの移行プロセスが意図通りにうまくたどられた多くの具体例を挙げてきました。ここで，教師の専門家としての学びにおける段階モデルを用いながら，これらの例を改めて再解釈してみようと思います。

ALACTモデル（2.7節参照）は，具体的な活動の段階から始まり，その活動の要因となっている関連したゲシュタルトが惹き起こされて，同モデルの第2段階と第3段階で省察されます。本質的な要因が何かということに気づくことは，スキーマ化のプロセスにおいて重要なことです。第5章では，ALACTモデルに関連して個別的指導プロセスを説明し，全体として，教育実習生が自身のゲシュタルトを自覚し，この自覚をもとにスキーマ化を進める手助けをするために必要なものは何かを示しました。

6.2節の中では，実践的授業の中でいくつかの教育実習生のグループをみるに当たり，5つの段階で構成される教育における5段階の手順についてまとめました。この5段階とは，(1) 事前構造化，(2) 経験，(3) 構造化，(4) 焦点化と (5) 理論，です。この手順の核は，的確な経験を通して適切なゲシュタルトが形成され，後に省察をする際，このゲシュタルトがスキーマ化をなす基礎となる，という点です。5つめの手順では，教師教育者は理論構築を急ぎ過ぎないようにすることが大切です。ファン＝ヒーレ（1986）は，一定の時間をかけたほうが，次の段階に進みやすくなることを指摘しています。スキーマ化

7.10 前章までのリフレーミング

が進んだ気はしなくとも，何かしらの成長があったかのようになるのです。いくらかの時が経つと，私たちがすでに知っていることを新鮮な気持ちで見つめ直すことができるようになり，知識を再構築しやすくなるのです。つまり，もし学術的な意味で現実的な理論が重要になってくる段階があるとすれば（たとえば，構成主義的なアプローチや動機づけ），それは教師教育におけるずっと後の段階，とりわけ準備教育の期間を終えてからのことが多い，ということです。また，適切な経験についてのスキーマや理論を組み立て，学んだことを実践するためのさまざまな機会を与えることで段階の格下げをうながすことに焦点を当てることも，理論と同じように重要だといえます。

グループに分けた教育実習生を対象とした教師教育において，意図された学びのプロセスを独立した5段階教育学的手順で説明するALACTモデルが循環するものであることに注意してください。何か進歩したことがあれば，その新しく獲得された知識は新しい実践における経験と結びつくことで段階の格下げがなされるわけです。

第6章の2つめの部分で説明した4つの技法（レンガの壁，4欄の表，レパートリー表，接続の矢印）に目を向ければ，それらが無意識あるいは半無意識のゲシュタルトを自覚させる方法でもあり，また，これらのゲシュタルトを形成する要素や要素間の関係性についてより深い分析を加え，スキーマ化を進める方法でもあることに気づかされます。

結論として，私たちはこの分析が教師教育で用いられる多くの個別の理論や原理をひとつの枠組みに整理する可能性を秘めていることを示しました。ハーバード（Harvard, 1994, p. 155）は，教育実習生の経験を思考や学びに繋げるような全体的なモデルが必要だと記しています。本章で説明した3段階モデルは，まさにこのようなモデルとして提示したものです。この枠組みは，教育や教師教育の分野における知識の蓄積にとって，大きな布石になるでしょう。教師教育における心理現象を局所的にまとめるばかりの状況を打開するすべになって（Pintrich, 1990, p. 849），教師教育に関する私たちの思考を一気に理論段階へ押し上げてくれるかもしれないのです。

第7章
教師の専門家としての学び：どのようになされているのか？

注

1) ファン＝ヒーレ理論の何が最も興味深いかといえば，認知発達の一般的な諸段階を年齢に直接対応するものであると前提する，ピアジェの理論の古典的な解釈に逆らう点です。ファン＝ヒーレの理論は，（レベルとして知られている）段階は年齢に対応するものではなく，領域固有のものであるという結論に至ります。この点で，ファン＝ヒーレ理論は，新ピアジェ派という言葉が生まれる以前から，新ピアジェ派であったといえるのです。

2) ファン＝ヒーレ（1986, pp. 229-230）によれば，段階モデルは心理学や教育学の分野にも応用できるといいます。しかし，現在に至るまで，ファン＝ヒーレの功績は数学教育の分野以外ではほとんど注目されることはありませんでした。

3) ヨーロッパでは〈主観的な理論〉という用語が一般的なのに対し，北米では〈暗黙の理論〉という用語が広く使われています（Carter, 1990）。しかし，後者が含意する「暗黙の知識」は，私たちがゲシュタルトと呼んでいるものを想起させるため，私たちはあえて〈主観的な理論〉という語を選んで用います。

4) 5.4節で示した3つの教育学的原理を比較してみましょう。ラウリアラ（Lauriala, 1998, p. 60）は，「新しい，逸脱している授業の文脈で美的経験を積むことで，教師の認識は揺るがされ，変化させられ得る」と述べています。

5) こうした1対1のやり方は，多くの熱心な研究の対象となってきました。フェデルとバニンク（1987）参照。

第8章

省察を促す具体的な道具と技法

Fred Korthagen

> われわれは，思想と言葉との関係は，思想の言葉における誕生の生きた過程であるということを見た。(柴田義松訳『思考と言語』新読書社，2001 年，p. 432)
> ―ヴィゴツキー（1986, p. 255）

本章では，教育実習生の実践における経験とその実践への省察との関係を強めるための道具と技法について論じていきます。最も重要なもののひとつが，日誌です。本章は，実習生の省察をうながすためにはどのように日誌を書かせるのがよいか（たとえば，基本的な質問項目を工夫するなど），という点を説明します。また，省察が教室内における対人行動を改善することにつながるのかどうか，その関係についても，分析します。最終的に，より包括的な実践の省察のための技法や道具を提示します。

8.1 はじめに

ここまでくれば，教師教育においてリアリスティック・アプローチを行うための実践的な基礎も理論的な基礎も準備されたといえるでしょう。前章は，それまでの章で語られた要素の多くをまとめ上げてひとつの形にしました。本章では，焦点をずらして，とても具体的な問題を見ていきたいと思います。すなわち，教育実習生の実践の経験とその実践への省察との関係を強めるために，教師教育者にとってどんな道具や技法を使うのがよいのだろうか，という問いです。すでに第6章で4つの技法について議論しました（レンガの壁，4欄の

第8章
省察を促す具体的な道具と技法

表，レパートリー表，接続の矢印）が，本章では，より多様な道具や技法を紹介します。

省察を促す道具として多くの研究者や教師教育者（たとえば，Zeichner, 1987）が推奨してきたもののひとつが，日誌です。しかしながら，省察をうながすことと教育活動に関する能力の発達を助けることをつなぐような体系的なアプローチの中での日誌の使い方を詳細に説明した文献を私は目にしたことがありません[1]。本章の最初の7節の目的は，明確な基準をもとに省察するスキルと，教室内の生徒たちと適切な対人関係を築くことに関連する能力を合わせて発達させることに目を向けながら，そのような説明を示すことにあります。後者の能力というのは，学びをうながす教室内の雰囲気をつくるのに不可欠だと考えられています。私はここで，教育実習生を，教室で出くわす問題を分析し乗り越えられるような，自身で物事を判断することができる学習者，つまり成長し続ける能力をもつ教師にすることを目的とする，いくつかの手順に分けられたアプローチの中で，日誌をどのように使うことができるのか，説明します（2.9節参照）。

8.2節では，教師教育者が教育実習生にこのような成長し続ける能力を伸ばしてほしいと考えた際に直面するかもしれない困難について議論します。8.3節では，日誌を活用する構造的なアプローチがこうした困難を乗り越えるのにどれだけ役立つか，という問いを扱います。この構造化されたアプローチの導入において，教師教育者がどのような役割を果たすのかについては，8.4節で述べます。8.5節では，ある核となる問題を分析します。すなわち，省察と授業中の行動をどう結び付けるか，という問題です。8.6節では，具体的な事例を見てみることにします。具体的で誠実な日誌の記述を見ながら，日誌の構造的な活用方法が，教育実習生の実践における行動の枠組みをどのように築くかを説明します。日誌を活用するとき，コメントを記入するなどして，教育実習生に時折フィードバックを与えることが重要です。8.7節では，このフィードバックの与え方について記します。

8.8節は，簡単な間奏として，少し焦点をずらして，日誌に象徴される技法

的,分析的な省察の仕方ではなく,もっと包括的な省察へのアプローチを検討します。包括的な道具や技法については,8.9節で紹介します。最後に,8.10節では,なかなか省察しようとしない学生のためには,日誌やその他のより包括的な道具や技法をどう活用すればよいのか,探求します。

8.2 成長し続ける能力を促す中で出会う困難

　本書は主として,ALACTモデルにおける省察のプロセスを概念化することに力を注いで書かれています(図2.2を参照)。この作業を通して,ALACTモデルは何かの描写というより規範的なもの,つまり一種の理想となります。誰もが時にあまり体系的でない省察をしてしまうことがありますが,教育実習生も時折,1人では適切な省察を行えないことがあります。実習生たちが直面しがちな最も一般的な困難を,以下に列挙しました。

1. 教師教育者に,自身が正しくできていることと誤って行ってしまっていることを率直に指摘し,的確な解決方法やガイドラインを示してくれることを求める実習生がいます。(2.10節と4.5節では,このような実習生を「外的志向」をもつと呼称しました。)こうした期待を教師教育者に抱いてしまうこと自体は,あまり珍しいことではありません。しかし,教育実習生が外部からの手助けに頼りすぎるようになってしまうと,自身の教え方について省察すること(すなわち,もっと内的志向をもつようになるということ)を学べなくなってしまいます。そして,省察を習得することは,成長し続ける能力を獲得する上で重要なことなのです。
2. 自身の教え方について省察することができる教育実習生の多くは,直面している問題についての明確な理解が得られる前から,解決策を探し始めてしまいがちです(ALACTモデルにおける第4局面)。たとえば,ある教育実習生が前回の授業で配布した資料を生徒たちがあまりよく理解できていないことに気づいた時,今後は1回の授業であまり多くの内容を盛り込ま

ないようにした方がよい，という結論に達してしまうかもしれません。しかし，問題の根源は，その資料の提示のされ方や，生徒たちのモチベーションにあるのかもしれないので，この実習生の出した答えが必ずしも正しい解決方法とはいえないことは明らかでしょう。

3. 最初の頃，教育実習生の多くは非常に自己中心的です。自身の行動を気にして（たとえば，正しく行えているかどうか，目の前の問題にどう取り組むべきか，など），生徒に関連する物事（すなわち，私の生徒はどういう子どもたちなのか，生徒たちにはどのような「過去の経験」があるのか，私の授業をどのように経験するのか，といったこと）にはあまり注意が向かないのです。

4. 直面している問題について，ひとつの解決方法を見つけると満足してしまう教育実習生もいます。専門家というものは，逆に，場合に応じて適切な対応方法を選ぶことができるように，アプローチのレパートリーを増やさなければなりません。

5. 教育実習生の学びのプロセスは，継続性が乏しいこともよくあります。たとえば，最初の授業の後には，最も良い授業開始の仕方についてばかり考えていたにもかかわらず，次の授業の後には，授業中に起こったいざこざについて省察している，ということがあります。しかし，この例でいえば，2度目の授業が終わった後に，今回の授業の始め方はどうだったのか，とりわけ，新しく試みたやり方が上手くいったかどうかについて，省察することは大切です。このような省察を通してこそ，ALACTモデルの第5局面が新しい循環プロセスの初めの部分を築き，めざすべきらせん状の学びのプロセスを実現することができるのです。

これらの困難からいえることは，教師教育は制度として，省察の仕方を学びやすいように工夫されることが求められているということです。工夫の仕方のひとつとして，まず，日誌を活用する方法をみていきましょう。

8.3　日誌を作る

　日誌とは，教育実習生が特定の授業や教師教育者とのミーティングを省察した内容を書き留めるノートのことです。日誌が省察を促す働きをもっていることは文献でもよく書かれていますが，日誌が省察の仕方を〈学ぶ〉のにどのように機能するか，言い換えれば，どのようにして教育実習生の省察する能力を伸ばし，8.2節で示したような困難を乗り越えられるようにしてくれるのか，という点に関しては，さほど明らかではありません。単に教育実習生に日誌をつけさせるだけでは十分でないどころか，不適切なルーティンが強められて，逆効果さえ生みかねません。日誌の使い方によって教育実習生たちがどのように省察を習得できるのか，という問いが重要なのです。この問いに答えるためには，教育実習生が具体的に何を日誌に書き込むべきなのかをはっきりさせることが大切です。それを示した後に，日誌を最大限に活用する方法をどのようにして教育実習生が習得することができるのか，という点について探求することにします。

内容

　教育実習生が省察するように求められる内容が具体的であればあるだけ，実際にその省察から何かを学び取る可能性は拡がります。つまり，たとえばある実習生が「今日は比較的うまくいった」とか，「今日は少しピリピリしていた」といったコメントをもって授業を省察し始めたとすれば，次のステップは，その漠然とした印象を具体化するような例を挙げることになるわけです。こうして挙げた1つか2つの具体例は，省察を促す基本的な質問項目を基準とするなどして，日誌の中で体系的に分析することができます[2]。このような質問項目は，図8.1に示しました。大抵の項目は，省察を習得することと教室における対人行動についての学びを結びつける意図で作成された質問です。万が一，こ

第8章
省察を促す具体的な道具と技法

省察のための質問

第5局面（前回の循環の。今回の循環においては，第1局面に当たる）
1. 何を達成したかったのですか？
2. 特に何に注意したかったのですか？
3. 何を試してみたかったのですか？

第2局面（振り返り）
4. 具体的な出来事はどういうものだったのですか？
 ―何がしたかったのですか？
 ―何をしたのですか？
 ―何を思ったのですか？
 ―どう感じましたか？
 ―生徒たちが何をしたくて，何をしていて，何を思い，何を感じていたと思いますか？

第3局面（何が本質的かということの気づき）
5. 質問4のそれぞれの答えの相互の関係性はどうですか？
6. 文脈／学校が全体としてどのような影響を与えていますか？
7. あなたにとって，それはどういう意味をもちますか？
8. 問題は何でしょう？（または，ポジティブな発見はありましたか？）

第4局面（別の選択肢）
9. 別の選択肢としてどのようなものが考えられますか？（発見を生かすための解決策や方法として考えられるものは？）
10. それぞれの選択肢の利点と欠点は？
11. 次回はどのようにしようと決心しましたか？

図8.1 ALACTモデルに基く省察促進のための質問項目

のような質問項目のリストを作成することで，実習生たちの学び方や教師教育者の指導の仕方などの自由が奪われてしまうとしたら，それは明らかに私の意図に反する事態です。これはむしろ，教育実習生が省察する際に自問する質問項目の幅を徐々に拡大していくことを手助けするためのものなのです。

メタ省察

教育実習生が成長し続ける能力を獲得する上で，時に（たとえば一連の授業

の後で）自身の成長プロセスを省察することも重要です。つまり，すでに行った一連の省察について省察するということで，いわばメタ省察です。エリオット（1991, p. 65）は，こう記しています。

> 省察することができる教師なら，特定の場面で何をすべきかを慎重に考え出す方法について，多少のメタ省察は行うはずです。

5.10 節で，私はこのメタ省察が，ALACT モデルを微調整したことによって可能となるであろうことを説明しました（図 5.4 参照）。このことは，以下のような質問項目につながります。

- 私は何を学びたかったのか？
- 私はそのことをどのようにして学ぼうとしたのか？
- 私はどのような学びの瞬間に気づいたか？
- その瞬間，どのように学んだのか？
- そのことについて，どう感じたのか？
- 何が学びを手助けしてくれて，何が学びの邪魔をしたのか？
- 私の学び方にはどのような問題点や長所があるのか？
- 私の学び方以外の方法として，どのようなものが考えられるか？
- 省察を終えた今，これから先に直面するであろう学びの時期を乗り越えていくための方法として，どのようなものが思いつくか？

このようなメタ省察の結果，教育実習生はより意識的に自身の学びのプロセスの舵を取れるようになるでしょう。加えて，メタ省察を通して，教育実習生はいかなる学びのプロセスにもつきまとう困難をもっと受け入れるようになるでしょう。過去を振り返ってみれば，そのような困難に直面したときこそが学びのプロセスにおける現状打破のきっかけになることが多いことは明らかでしょう。

第8章
省察を促す具体的な道具と技法

8.4 教師教育者の役割

　今までの節の中で，私は日誌の理想的な使い方を説明しました。ここでは，教育実習生がその理想に近づくのを教育者がどのように手助けしてやることができるか，という問題を探求していきます。まず，実習生たちに語りかけ始める際の重要な発言を思い浮かべて見てください。究極的な目的は，実習生に自身の授業を省察するのを補助するものとして日誌を利用することを教えることです。しかし，生徒が実際に授業をしているときというのは，おそらく省察を習得するには最悪の場面でしょう (Korthagen, 1988)。教育実習生は授業中，莫大な量の物事に同時に注意を奪われていて，この際，いわゆる場を乗り切ろうとする感情 (Fuller & Bown, 1975) というものが，重要な役割を果たしています。省察というものは時間とある程度の平穏さと静けさを要するので，授業中などに省察を系統的に習得することを教育実習生に期待するのは無理な話なのです。ですから，省察は事前に習得しておかなければいけないことになります。そして，事前に習得したとしても，1つ以上のクラスの責任を負わなければならない状況下では，教育実習生の省察能力が再び低下してしまうこともよくあることです[3]。

　しかしながら，私たちは，準備教育プログラムで培った省察の能力は，最初のスランプの後に回復するということが研究から明らかにされていることも，確認してきました（4.5節にて。Korthagen, 1985も参照）。たとえば，4.5節では，教師の対人行動における省察の場合でも同様のことがいえることを示した研究を紹介しました。

　学生の省察能力はできるだけ早くに，すなわち，教師教育の初期段階に，発達させられなければなりません。教育実習生の前に直ちにらせん状モデルや，目的である省察を促す質問項目を突きつけることは望ましくありません。もっと心地よいペースで始めるのがよいでしょう。教育実習生のグループを指導する教師教育者として，私は一般的に，大体以下のような話題から入ることにし

ています。

> この授業は，あなたたちが今まで大学で経験してきた種のものとはかなり違うと思います。グループセッションの間，私はあまり理論を扱いません。しかし，たくさんのことを行いはします。この授業の目的は，これらの「〈行い〉のアクティビティー」から学ぶことなのです。こうした学びのためには，あなたたちの努力が不可欠です。何よりもまず，あなたたちはここで，自分が学んだことを立ち止まって考えることを求められます。これができなければ，最初の数週間で学んだことを１ヵ月やそこらで忘れてしまう恐れがあるからです。
> このような授業を組み立てたことには，当然理由があります。「実践的な経験から学ぶこと」とは，教師教育の最も決定的な特徴です。実は，これこそ教育実習の醍醐味なのです。そして，経験から学べることを最大限に吸収する方法を学ぶことも可能であることを，私たちは発見したのです。これからの数週間，グループでの経験をもとに，「実践的な経験から学ぶこと」を練習していきましょう。

　その後，私は日誌の役割を説明して，学生（または実習生）たちにガイドラインとして使える簡単な質問項目をいくつか提示することにしています。はじめは学生たちには黙っておくのですが，ここで示す質問項目というのは，学生たちがらせんモデルの第 2, 3, 4 局面に進むのを助けるために作成したものなのです。たとえば，(a) 今日何が起きたか／何をしたか，(b) 今日の出来事の中で重要だと思ったものは何か，(c) その重要な出来事によって，どういった対応方法や学び手への期待が頭をめぐったか，といった質問です。
　省察とは何かを教育実習生が大まかに理解するためには，他のことと同じようにゆっくりはじめるとよい。つまり，最初に短くて分析しやすい場面や，明確に定義された問題について省察することから始めるとよいということは，経験から明らかです。たとえば，仲間の学生相手の簡潔な 10 分間の授業や，ある特定の練習問題についての 15 分間のディスカッション，グループセッションの最初の 5 分間，過去に教わった中等学校のよい教師の特徴などの場面や問題についての省察から始めることができます。私は時に，それまで行っていた大学的なゼミの進行を中断して，生徒たちに日誌を書く時間を与えることでよい結果を得ています。次のセッションでは，たとえば，日誌に何を書いたか，

第8章
省察を促す具体的な道具と技法

　生徒たちに質問を投げかけ，この時に書いた内容をグループでディスカッションするのです。このようなディスカッションは，過度に真剣になりすぎず，簡潔でアットホームなものであるべきです。自分たちの行動やグループにおける役割が注目されるに値することに気づくと，生徒たちは心からハッとさせられるものです。すると，多くの場合，日誌を通しての省察と合わせて，グループを対人行動の「演習教材」として活用すること（たとえば，イニシアティブをとることや，積極的に聞く態度を身につけることなど）にディスカッションの内容が移っていきます。それから次第に，書くための休憩時間を減らしていき，教育実習生にこれからは家で日誌をつけるように告げます。私は長い間このやり方を使ってきましたが，時折，その後日誌の調子はどうか，実習生たちに尋ねることにしています。このやり方の利点のひとつは，「正しくやれているか」という不安を打ち明ける機会を，実習生たちに与えることができる点にあります。

　何回かセッションを終えた後，その日の日誌の記述を翌日のディスカッションのテーマとして取り扱うことを実習生たちに発表します。翌日，実習生たちを小グループに分けた上で，日誌をコピーして比較してみます。各グループの実習生たちに，日誌をより豊かに用いる方法について，意見を求めます（こうすると，実習生たちは後に同様のディスカッションを学校で自分たちの生徒にやらせることになるので，一石二鳥になります）。

　以降，日誌を書くことについて十分なディスカッションを行い，初日の私の発言を掘り下げて考えていきます（たとえば，ALACTモデルを紹介するなどして）。この際，以下のハットンとスミス（1995, p. 37）のアドバイスを覚えていると役立ちます。

　　省察するよう求められた時に生じやすい反応に，注意する必要がある。一部の生徒は，自分の感じ方や信念を他人に見せるということから生じる，傷つくことを恐れるような感情が露わになるかもしれない。とりわけ，省察することで明らかになる自身の弱点をすべて自分のせいにとらえてしまうような学生で，自分で自分をコントロールできないような場合，こうした反応がみられることが多い（Wildman &

Niles, 1987)。こうしたケースがあり得るからこそ，個別的であるよりも協力的に省察に取組み，「批判的な友人」として学生たちが一緒に作業できるような環境を提供するとよいだろう。

このような整備すべき環境については，6.6節ですでに説明しました。IVLOSプログラムの中で省察を習得するプロセスは，私たちが「ピア・サポート学習」と呼ぶ，実習生たちが少人数のグループに分かれて実践について省察することを通して互いの省察を促す方法を学ぶ構図に，とても上手く盛り込まれているのです。

練習問題として，仲間の実習生の日誌の記述を見て，その実習生がらせんモデルのどの局面（2，3，4のいずれか）にいるのかを書き留めるように指示してみてもよいでしょう。私はこのとき実習生たちに，人によってどの局面にどれだけ注意を払うかが異なるので，この作業を通じて注意の幅を広げることは重要であると説明します。従って，私の授業のこの段階まで来ると，実際にメタ省察をすることになるのです。ただ，これは実習生たちが十分に省察の経験を積んでからでないと実現できない取組みです。

また，私は普段，実習生たちを第2局面に導く質問を付け加えます。たとえば，自分は何を考えていたか，何を感じていたか，何を欲していたか，何をしていたか，他の人たちが何を考え，感じ，欲していたと思うか。（さらに具体的にするために，どのような具体的な行動にあなたの答えは立脚しているのですか？　という質問を投げかける時もあります。）

徐々に，もっと多くの質問項目を使って作業できるようになっていきます（たとえば，図8.1）。再度注意を喚起しますが，私はこうした質問項目のリストが実習生たちの学び方や教師教育者の指導の仕方などの自由を奪ってしまうことがないように，気をつけて行っています。

これで終わりではありません。実習期間の間に，それまでの期間で実習生たちの中に構築された省察の理論を改めて見直して，実習生たちにメタ省察を実践するように促すことが重要です。そうしないと，省察について実習生たちが

学んだことは簡単に忘れ去られてしまう恐れがあるからです。

8.5 適切な教師の対人行動の発達に関わる「省察の習得」という目的の操作概念化

　省察促進のための質問項目は，教育者にとって教育実習生が省察能力をどれほど伸ばしているかを測る手段になります。教育実習生がいつも省察する事柄と省察を怠りがちな事柄が何であるかに応じて，教育者は，たとえば新しい省察のための質問を提案するなどして，実習生の長所を強調して短所を注意深く伸ばしていこうとします。こうして「省察の習得」という目的はより具体的になり，その度合いは測定しやすくなります。

　ある場面に関する省察の核となるのは，不可欠な部分に気づくことを重要な要素として含む第3局面です。この気づきは，第2局面（振り返り）によって育まれます。私の経験では，第2局面から第3局面への移行が実習生にとって最も難しいようです。新しい状況を前にした初期の段階に難しい思いをしてしまうと，教育実習生はかなり長い間，指導者に頼って，授業中の出来事へのアドバイスを求めがちです。

　それでもなお，教育実習生の学びのプロセスというのは，これらのプロセスについての分析に関連している物事を明らかにすることで促進することができます。私は実習生たちに，図8.2の「空欄」が「埋められる」前に，場面のエッセンスをとらえようとすること（第3局面）は無意味だ，と説明しています（図8.2は図5.2とほぼ同じです。5.6節参照）。

　教育実習生は，特にプログラムの初期の段階において，右側の空欄を埋めることを苦手とすることが多いようです。自分の生徒が何を考え，どう感じていたのか，全く見当がつかないのです。もちろん，だからこそ，これらの質問に対する答えをどうすれば見つけられるか，授業で話し合う絶好の機会になるのです。教育実習生はすぐ，教師から生徒へ情報が伝達される「一方通行」の授業が，この目的を達成するのにあまり有効でないことに気づきます。私は，ク

8.5 適切な教師の対人行動の発達に関わる「省察の習得」という目的の操作概念化

0. 文脈はどのようなものでしたか？	
1. 私は何をしたかったのか？	5. 生徒たちは何をしたかったのか？
2. 私は何をしたのか？	6. 生徒たちは何をしたのか？
3. 私は何を考えたのか？	7. 生徒たちは何を考えたのか？
4. 私はどう感じたのか？	8. 生徒たちはどう感じたのか？

図8.2　ALACTモデルの第2局面の質問を具体化する

ラス全体が課題に取り組んでいる最中に，教師がミニディスカッション（5秒〜約1分間）を生徒1人ひとりと個別的にもたなければならないようなさまざまな場面を指摘します。

　このように，省察の習得という目的は，クラスを活気付けることを学ぶという目的と連動しているのです。つまり，省察の習得は教師教育のその他の側面と一体なのです。

　学生が質問を予想して日誌の空欄を埋めるようになるまで，9つの空欄を埋める練習は必要な時にいつでも行います。加えて，私は次第に次のステップが何かということを明らかにしていきます。それは，すなわち，異なる空欄の間に「矢印を書き込む」作業です（たとえば，図8.3で示されているように）。

　どのようにしてこの矢印の図を活用し始めればよいか，ここでひとつの例を挙げましょう。ある教育実習生が教室内での自分の影響力に自信をもてず，秩序を保つために必要な手段を用いられなかったとしましょう。彼はひたすらしゃべり続けるので，その先生は必要な影響力をもっていないのではないか，という印象をクラスに与えてしまいます。生徒たちは勝手気ままな行動を始め，先生はさらに自信をなくし，つっかえるなどしてしまいます。これはいわゆる循環プロセスの例で，図8.4にこの最も簡単な形を図式化しました。

　ワツラウィックら（1967）が説明しているように，こうしたプロセスが発生する根本的なきっかけを探っても，通常あまり実りがないものです。関係者はいつだって自分以外の人間が「始めた」のだと考えるからです。教育実習生にとって重要なことは，マイナスあるいはプラスに働く「らせん」をもつこうし

第8章 省察を促す具体的な道具と技法

た循環的なプロセスを認識することです。授業後に抱いた感情はどんなものであれ，クラス内に起きた循環的なプロセスのサインであると考えられ，そのプロセスは9つの空欄の相互の関係性を探ることで自覚できるようになるのです。もちろん，これはマイナスのスパイラルから抜け出すためにも役立つでしょう。図8.2の空欄2は，文脈を変えること以外のいくつかの選択肢のひとつを示しています。ここで，教育実習生は自身の行動を変えることで「ありきたり」のパターンを断ち切ることができるのです。もうひとつありうる対処法を挙げるとすれば，メタコミュニケーションが挙げられます（すなわち，直面している問題について話すこと）。しかし，経験の浅い教師にとって，これは新しい落とし穴を作ってしまいかねません（授業に関連してこれらの原理をさらに詳しく述べたものとして，Wubbels, Creton & Holvast, 1988 を参照）。

省察の習得の話題に戻りましょう。空欄間に矢印を引くことを身につけるこ

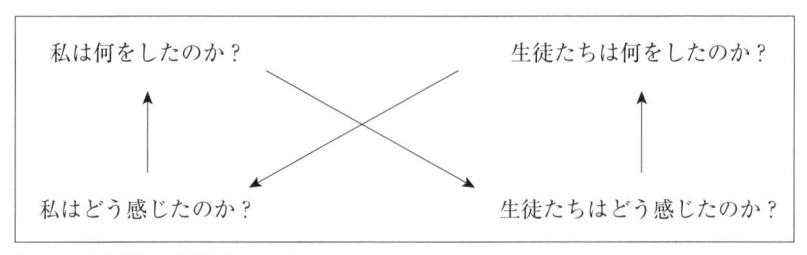

私は何をしたのか？　　　　　　　生徒たちは何をしたのか？
私はどう感じたのか？　　　　　　生徒たちはどう感じたのか？

図8.3 「空欄」の関係をみつける

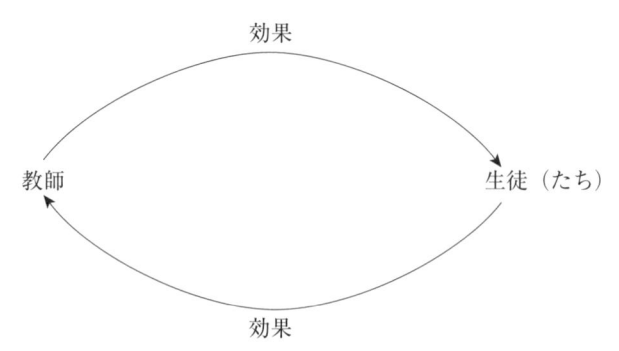

図8.4 教師―生徒間の循環プロセス
（効果／効果）

とは，準備プログラムで省察を習得するプロセスの究極的なゴールだと考えられているかもしれません。教育実習生のほとんどが，「矢印を引くこと」がいつでも教室内で自分たちが経験した「根本的な」問題を明らかにしてくれることに驚きます。さらに，先に説明した発達のプロセスの授業の中で，実習生たちは自分たちや自分たちの生徒の活動が，授業前にもっていたどんな考えや発想よりも，授業中のある時点で抱いた感情によって引き起こされやすいことに気づき始めます。こうして，教えることと学ぶことの中心は感情にあるということを，省察の習得の一貫として自然と実感するのです。

　循環プロセスとして授業中に現れた問題を自分で分析し，解決策を見つけ，実行することができる段階に教育実習生が達したら，その時はじめて，その実習生が成長し続ける能力を獲得したといえます。理想としては，教育実習生は問題が起きたその授業をしている最中に，こうした省察のプロセスをこなせるようになっていると良いのですが（行為の中の省察，Schöne, 1987 参照），準備プログラムの最後の時点で2つの授業をこなす間に省察することができるようになっていれば成功とみなして良い，と私は考えています（行為についての省察）。

8.6　ジョンの事例[4)]

　ジョンという名の教育実習生の具体例を見てみましょう。彼はオランダ南部の教員養成専門校の学生で，中等教育向けの準備教育を受けています。彼は，授業に関する省察を日誌に以下のように記述しました。

　クラスはとてもうるさく，無秩序な雰囲気で始まった。思うに，これは Ajax（オランダのサッカーチーム）がその日に試合をしていたことと，私がスーツを着ていたことのせいだ（いつもと違う特別な靴に，白い靴下，黒いズボンと，ベルト，ネクタイ，ネクタイピンに，明るい黄色のジャケットを着ていた）。授業が進んでも，雰囲気は全然よくならなかった。生徒たちはもうほとんど私の話を聞いていなかった。ひとり，私に言い返してくる生徒さえいた。この時点で，私はこの生徒に説教

第8章
省察を促す具体的な道具と技法

をしないようにするために，自分を抑えないといけなかった。授業後，私は何人かの生徒を集めた。私はこの生徒たちの反社会的な行動のせいで，予定していた授業内容を終えられなかったので，さらに激しくイライラしていた。積極的に授業に参加していたのはクラスでたった1人だけだ。ジョージだけは参加してくれて，私の問いかけに何回か答えてくれたことで，救われた。

この授業には，19人の生徒が出席していた。男子5名，女子14名。雰囲気を乱す生徒が何人かいたので，生徒ごとの授業への集中度はまちまちだったといえる。空気を乱していた生徒の中の1人（女子）は，私の話を聞くのを拒みさえした。私は彼女を叱りつけないように自分を抑えないといけなかった。

私は，以下のような授業を計画していた。出欠確認，宿題の確認，導入（実際にあった出来事を例に用いながら），理論の音読，例を挙げる，または，質問をする，教科書の19章の課題について議論，新しい宿題の提示，そして，最後の5分間は，テスト結果について話す時間としてとっておくつもりだった。課題に関しては，なんとか2aの問題まで終わらせることができた。自分の計画を今見直してみても，いい授業計画だったと思う。どうせ，私はこの単元を他のやり方で扱うことはできなかったし。だって，生徒たちが反社会的な行動をとるものだから。私はこの授業で以下のものを使うことにした。黒板，オーバー・ヘッド・プロジェクターと，講義型授業。

授業の流れを振り返ってみると，生徒たちは教材からほとんど何も吸収していなかったのだと思う。教科書1ページ半と課題1問と半分しか教えられなかったのだから。生徒たちは今や，私から指揮を奪う（奪えそうな）いい方法を覚えてしまったに違いない。

この授業から学んだことは，導入部分を長くしすぎてはいけないこと，そして，あまり詳しい内容に入り込みすぎない方がいいということだ。さらに，生徒たちをもっと注意深く監視しておくべきだということも学んだ。

ジョンが彼の教師教育者とこの授業について話し合ったとき，彼はALACTモデルを思い出すように言われ，9つの空欄を用いて状況を分析する手助けをしてもらいました。このことで，彼の省察は根本的に大きく変化しました。指導の後で彼が書き込んだ日誌の内容に，その変化が表れています。

8.6 ジョンの事例

第1局面：
この授業で，私は「確率」の教科書の第19章を教えようとしていた。さらに，私は自分と生徒のために立案しておいた目標もいくつか達成したいと思っていた。本レポートの後に，この目標を教師用準備資料として添付する。

私はこの授業で，前回の授業でわかったいくつかの肝心な点に特別の注意を払おうと考えていた（生徒たちとのやり取り，イントネーションの違い，黒板に宿題を書くこと）。

私は，導入部分で理論に関連するような実際の場面を挙げることができるかどうか，試してみた。

第2局面：
授業開始をうまくやりたかった。実際に出くわす場面をいくつか挙げることで，うまく開始できると考えた。教室を前へ後ろへと歩きながら語る形で，授業を進めた。とにかく，私が説明した場面というのは，前の金曜日に私自身が体験したことだった。

私は，クラスの生徒たちがこのように行動しているのはただの偶然で，数分で直るだろうと思っていた。しかし，そうではなかった。逆に，事態は悪化していった。私は，この導入の仕方が生徒たちにとっても，気分を変える良いきっかけになると思っていたのに。

授業中，私は生徒たちに心を打ち破られた気持ちになった。そして，ある瞬間，とても不愉快になった。それは，1人の女子が私の話を聞くことを拒んだ時だ。

生徒たちは授業中に1分たりともじっと座っていたくはなかった。すぐにでも，午前11時に始まったAjax対Greminoの試合を放送しているテレビを探しに行きたかったのだ。私の授業をサボって，試合を観ようとしていた。おそらく，私が授業の後でないと試合を観てはいけないと言ったことで，落胆してしまったのだ。他の生徒たちはその試合を観られているのに，自分たちは観られないので，生徒たちは私の扱いを不公平だと感じたに違いない。

第3局面：
質問を顧みて，答えが私と私自身の経験にかなり結びついていたことに気がついた。生徒たちの考え方や日常生活については，ほとんど考慮できていなかった。

第8章
省察を促す具体的な道具と技法

何人かの教師も、そのサッカーの試合を観たがっていた。でも、学校の経営陣はしかるべき場所で試合を観戦できるように企画してはいなかった。

このことによって、私は生徒たちを何とかして静かにさせなければならない状況だった。結局うまくいかなかったので、非常に残念だ。

何が問題だったのかといえば、生徒たちの日常生活に十分配慮できていなかったことだ。今回のことで、生徒たちにもっと重点を置くようにしないといけないことを学んだと同時に、将来似た状況にでくわしても、完全に自分の考えを変える必要もないことも学んだ。

第4局面：
教師養成専門校でこの学校での出来事についてディスカッションをする中で、この種の状況の対処法がいくつか挙げられた。たとえば、

・試合を観させてあげ、授業時間を変更する。
・授業中にラジオ（低音量）で試合状況を確認することを許可する。
・授業に本格的に参加する意思があるのなら、試合を観ることを許可する。

これらの解決方法の利点は、生徒たちが試合を観戦できるという点だ。しかし、予定していた授業内容をすべて教える時間がなくなるという点で、かなりの損失（またはデメリット）もある。そのためにひとつ以上の補講をしなくてはならなくなるとすれば、大きな痛手となる。

この授業を通して、このような場面では、私は生徒たちのニーズや要望に耳を傾けなければならないことを学んだ。そして、それ以上に、私は自分の立場を考えて、生徒たちの思いつきに屈してはいけないことにも気づかされた。さらに、私は学校の経営陣の要求をも考慮しなければならない。

　日誌の2つの記述を比べると、ジョンが異なる結論に達するまでの状況の分析の仕方と枠組みのつくり方にある変化が起きていることがわかります。とりわけ、彼と生徒たちとの間で生じている対人的な循環プロセスをよりよく自覚できるようになっており、それによって、彼が身につけたいと思っている教師行動のあり方に向けての道筋がついたようです。このことは、ジョンが一定の

成長し続ける能力を獲得したことを示しています。

8.7 日誌の書き方の個別指導

　省察の習得に個別指導が不可欠だということは今後明らかになるでしょうが，この指導をプログラムの中のほかの物事と融合して行うことも可能です。これまでの部分で，私は，教室での適切な対人行動の発達とともに省察を習得することもできることを示しました。省察の習得においては，独立したトレーニングを組み立てることに，あまり意味はないのです。メタ認知の研究によれば，スキルが実際に用いられる場面から切り離されたメタ認知スキルのトレーニングというのは，あまり効果がないといいます。授業実践に直接結びついている指導のプロセスこそ，望ましい融合を実現するためには必要なのでしょう。

　ここで，実習生の日誌を教師教育者が見られるようにするべきか，それとも教育実習生の個人的な持ち物と考えるべきか，という問題について，議論しようと思います。教師教育において，省察の習得が重要なゴールだと考えるなら，後者のやり方にはどこか違和感を覚えます。教師教育者として，教育実習生を導き，実習生の仕事を評価するためには，実習生たちの省察の仕方を見る術をもつことを許されるべきです。たとえば，8.2節で説明したような困難のどれに生徒が直面しているのかを判断しなければならない場合には，必要な「材料」が手元になければならないでしょう。たとえるなら，私たちは実習授業後の教育実習生に対して，補習用ディスカッションはあまりに個人的な事情に立ち入るので，事前に親しい友人と授業について話し合ってから，その話し合いの結果を報告するように，ということは，まずないでしょう？

　ただ，日誌に指導者が目を通す，あるいは，目を通す可能性があることは，絶対に最初から実習生たちに伝えておかなければなりません。他人に見せたくないような，あまりに立ち入った内容は，別の日記に書いておくことにしても良い，と生徒たちに提案してあげるのも良いでしょう。

第8章
省察を促す具体的な道具と技法

　教師教育者が日誌に書き加える短いコメントは，個々の実習生たちに具体的な助言をし，省察する意欲や能力を伸ばす重要な方法です（Paterson, 1995を参照）。ベインら（1999, p. 70）は次のように報告しています。

　　実習生の未熟な主張を覆し，異なる考え方を発見する手助けをするような建設的なフィードバックは，省察的に記述する能力の伸びを促す上で，最も重要な役割を果たしているかもしれないことを，実習生たちは示してくれた。

　いうまでもなく，このような作業は教師教育者の時間的負担となります。しかし，限られた時間の中でこなすことも，可能ではあります。毎週，何名かの教育実習生の日誌にコメントすることにしてもよいのですから。
　教師教育者は，日誌に書くコメントが，記録された省察の内容（つまり，コメントは省察の習得以外にも目的をもつのです），あるいは，実際の省察の仕方について（たとえば，メタレベル）に関することに集中しているかどうか，常に気をつけるべきです。後者に関するコメントをする場合，各実習生に対して個別に気を配ることで，日誌をつけることの潜在的な利点を気づかせることができます。
　すべての形の指導においてそうであるように，良い結果を褒めたり，実習生を受容したり，共感したりするなどの特定の原理は，特に重要です（5章参照）。下記は，コメントの例です。ここに示したすべては，メタレベルの例，つまり，日誌の中での実習生たちの省察の方法に注目しているコメントの例であって，省察の内容に関するものではありません。

1. 授業の最中に起こっていることをこんなにも細かく正確に記録していることは良いことです。次回は，あなたがどの出来事を肝心だと思ったかを明記してみるとよいかもしれません。
2. 記録の仕方がずいぶん変わりましたね。今は以前よりもずっと個人的なところまで踏み込んで，あなたが考えたり感じたりしたことを書けてい

ます。
3. 教え方を改善するために講義で学んだテーマを活用できないか，実によく立ち止まって考えてくれていますね！　これからもぜひ，この調子で続けてください。
4. 「書いてばかり」の状態への苛立ちはわかります。自身の教え方をよりよくしようとする際，何があなたの役に立つだろうと思いますか？
5. とてもよく気をつけて省察モデルのすべてのステップをこなそうとしてくれていますね！　前回あなたが注目していた点は，どうなりましたか？　今回あなたが気をつけていることと，どのように関連づけられるか，見えてきましたか？

8.8　間奏：省察の2つの様式

　日誌は，建設的に用いれば特に，人間の心がもつ重要な潜在能力をひき出します。すなわち，経験を論理的かつ理性的に分析する能力です。しかし，日誌にはまた，限界もあります。すなわち，理性的で論理的な思考は，私たちの思考を具体的な経験から遠ざけ，経験を理性化することで，非現実的な世界を作り上げてしまうことがよくあるのです。実践における私たちの行動は，必ずしも私たちが重要な要因であると考える物事に起因してはいないのです。教育実習生が直面するニーズや感情，価値観や外的状況についての内的心象が，行動や経験を形作る根幹となる可能性もあります。そのような要因は，ほとんど自覚されないので，日誌で経験を分析することを通して，その場面を理性的にとらえることに注意が向けられることはあっても，無意識に近いものに向けられることはありません。感情（実習生自身のものと，教室にいた生徒たちのものと，その両方）に日誌で言及するときでさえも，これらの感情が何であると思うのか，省察するに留まるのです。前に見たように（2.4節），あらゆる種類のフィルタリング・メカニズムによって，今ここにある教室のリアリティは，感情についての思考とは多少ずれたものになっていくのです。

2.5節では，このことから2種類の情報処理方法の区別について述べました。ひとつは，理性的，あるいは論理的な，日誌の記述などに用いられる方法で，もうひとつは，あまり理性的でない，「今，ここ」での経験を形作る，意識されていないゲシュタルトを取り入れた方法です。では，日誌記述の技法を補完するために，無意識的なことが多い一方，重要で，経験に影響を及ぼす，ニーズや関心，価値観，意味づけ，好み，感情，および行動傾向により近い性質をもつような他の技法を用いるには，どうしたらよいのでしょうか？ 次節では，このような技法について述べることにしましょう。

8.9 包括的な省察のための技法と道具

本節では，活動を導くあまり理性的でないプロセスに対する教師の自覚を促す技法と道具について説明します。第9章では，省察の概念は拡げられ，これらの技法や道具は省察の技法ととらえられるようになります。日誌を書くことの理性的分析とは対照的に，これらの技法はもっと包括的な省察をめざすものです。

自然発生的に使われる比喩に関する詳述

近年，何人かの論者（たとえば，Marshall, 1988; Tobin, Kahle & Fraser, 1990）が，教師教育と指導において比喩を用いることを提唱しています。この中には，カナダのクイーンズ大学の教師教育者と研究者で構成されるグループもいます（Munby & Russell, 1989; T. Russell, Munby, Stafford, & Johnston, 1988）。教職の専門知識についての彼らの考え方は，先に説明した理論的な枠組みによく似ています。彼らは，「(1) 専門知識は語られたり記述できたりする類のものだけではないこと，そして (2) 専門性の習得は単に教室での場面にあった行動をとれるように『規則』を活用するだけの過程ではないこと」を主張しています（T. Russell et al., 1988, p. 67）。また，「比喩のエッセンスは，ひとつの事柄を

他の言葉で理解し，経験することにある」と述べたラコフとジョンソン（Lakoff & Johnson, 1980, p. 5）にも言及しています。

　比喩がもつ力と，指導における比喩の意義を伝えるために，ひとつ例を挙げましょう。新任の教師たちが出会う規律の問題に注目した，あるオランダの研究プロジェクトは，ベテランの教師教育者に指導される新任の国語教師，ヘリーンを観察しています。（詳細は，Créton, Wubbels & Hooymayers, 1989 を参照）。

　教え始めてからの数ヵ月，ヘリーンは深刻な規律の問題に直面していました。自身の置かれた状況を説明するために，彼女は同僚の提案に従って比喩を用い，「ライオン使い」になったような気分だ，と述べました。どうしてこの比喩を使ったのか，指導者が彼女と話し合うことで，たくさんの隠された含意が明らかになりました。生徒に居残りでの罰則を課すことなど，ヘリーンが「鞭を使うよう」と例えた外面的な振る舞いだけでなく，この比喩は，恐怖や希望といった，彼女の内的なリアリティーをも示していたのです。たとえば，彼女は，彼女が「ライオンたち」とともに閉じ込められている「檻」には鍵がかけられていると感じていました。彼女はそこから出ることができず，がんばってその状況に耐えなければならないと感じていたのです。その上，彼女は何よりも，自身の内にある恐怖心を生徒たちに隠さなければならないとも感じていました。怖がっていることをライオンたちに見せることは，非常に危険ですから。ライオン使いとしては，ライオンたちが自分よりも強いことを常に気に留めておかなければならない——もし生徒たちが彼女に飛び掛ってくるようなことがあったら，彼女はバラバラに引きちぎられてしまう，とヘリーンは感じていました。

　ヘリーンと指導者にとって，このように比喩を用いることで浮き彫りになった，目の前の状況に対するヘリーン自身の理解のエッセンスを理解することなく，教室の状況のあらゆる側面をたくさんの言葉を用いながら理性的に分析することも可能だったでしょう。再構成は，ヘリーンが置かれたような状況を変えるのに役立つことがよくある，と述べるショーン（1987）は正しいでしょう。状況を打開するための最初のステップは，その人の理解の枠組みの本質的

な部分をはっきりさせることです。ヘリーンの例は，この最初のステップの踏み出し方のひとつを表しているのです。自身のふるまい方を導いているゲシュタルトを自覚すること（第7章参照）は，目の前の状況に対して他の解釈ができないかどうか，教師が自問する段階に入るための準備作業なのです。

　この例はとても深刻な例に見えるかもしれませんが，指導者とのセッションでは，比喩的な言い回しが少しだけ出てきて，後により深く省察するための土台として，それらの言い回しを注意深く利用していくことはよくあるのです。たとえば，「この状況は波のように一気に私の前に打ち寄せてきた」，「ときどき警察官になった気分になる」，「温かいお風呂のようだった」や，「私には救急箱のようなものが必要だ」といった言い回しが挙げられます。

絵を描いたり塗ったりすること

　上に挙げた例では，ライオン使いの比喩は言葉で表現されていました。とても視覚的なゲシュタルトの場合，言葉に変換するとズレが生じてしまうという問題もあるのですが，視覚的な言語を用いれば，この問題は解消されるでしょう。言葉の代わりに，教師は絵を描いて自身の経験を表現してもよいのです。私の知人の教師教育者はよく，「教育」の絵を新入りの教育実習生たちに描かせています。すると，いつだって，監獄のような建物の絵から，芝生の上で気さくそうな人びとが一緒に座っている図まで，多様な絵が寄せられるのです。次に，教育実習生たちに「理想的な教育環境」の絵を描いてもらい，互いの描いた絵と比較し合ってもらってもよいでしょう。

　同じように，教えている時に出会う具体的な場面を描いてもらう作業も指導セッションに取り入れることで，教師たちが自身の活動を導くゲシュタルトを自覚したり，自身の理想を意識できるようになったりすることを手助けしてあげてもよいでしょう。描かれた絵のディテールの中には，とても触発的なものがあります。たとえば，ある教師が教室の絵を描いたなら，どの生徒がどの位置に描かれているかを確認してみると，興味深いはずです。一見偶然に描かれ

たように映る色彩や物も，何かしらのメッセージを発信しているのです（Weber & Mitchell, 1995 を参照）。

写真

　実習生たちの個人的な意味づけの表現を引き出すために，写真を活用する教師教育者もいます。たとえば，ウィードとアーンスト（Weade & Ernst, 1989）は，フロリダ大学で指導していた教育実習生たちに，自身の現場での経験を写真に映してくるように指示しました。絵を描くことに抵抗のある教育実習生にとっては，このような手段を用いたやり方はとっつきやすいという利点があります。一方で，不利な点として挙げられるのは，写真が絵よりも客観的であるという点です。従って，写真を用いる場合，教育実習生の撮った写真の意義はそこに客観的に映されているものにではなく，その実習生のその時点における発達段階で，それらの生徒（生徒を映していない場合もありますが）に関連するまさにその場面を映そうと思った理由にあるのだ，という点に注意しなくてはなりません。

絵を見せること

　連想を促すために，教師や教育実習生に絵を見せる方法もまた，ひとつのやり方です。山積みのポストカードの中から無作為に1枚を抜き出すのでもいいし，コレクションの中からひとつの絵を選んで見せてもよいでしょう。私は時々，絵が描かれた小さなカードの山と，希望，嫌悪，ゲーム，成功，子ども，依存などの言葉が書いてある大きなカードの山の2つに分けられたカードを使います。小さいカードが大きいカードの真ん中に置かれると，ゲシュタルトの自覚を促すことが多くあります。ただ，必ずしもこんなに手の込んだ道具を使う必要もありません。山積みのポストカードで十分です。指導でこの技法が用いられれば，教師に自身のとても個人的な態度や恐怖心，希望などを自覚

第 8 章
省察を促す具体的な道具と技法

させる強力な道具になりえます。しかし，教師教育における指導はセラピーではありませんし，私の考えでは，教師教育者は教師たちに自身の連想を具体的な教えの場面につなげるのを助ける役割を担うべきです。

　この考えを，どうやって教師教育と研究の双方に適用できるような具体的な形にするのか，これから説明しましょう（Dolk, Korthagen & Wubbels, 1995）。教師相手に用いる場合，まず教師たちに 2 人組になってもらいます。A さんと B さんがペアになったとしましょう。すると，A さんがいくつかの比喩的な絵が入った封筒を受け取ります（図 8.5 は，絵の例を示しています）[5]。B さんは，以下の指示が描かれた紙を受け取ります。

比喩的な絵

教育者の多くは教えることのイメージをもっていますが，そのイメージは言葉で表されることはありません。それは，「絵」なのです。このイメージは理論的な動機よりも，何かを前にして居心地がよいと感じるなどの感情に基づいていることが多いようです。一般的に，直感的なのです。この技法は，このイメージを明るみに出すためのものです。

ステップ 1：比喩の選択

誰かと 2 人組みのペアをつくり，ペアの相手と一緒に，「教育のイメージ」と「教師を教育することのイメージ」からテーマを選択してください。

配られる封筒には，何枚かの絵が入っています。B さんはその中から半分取り出して，自身の目をひいた 1 枚を選びます。積極的に 1 枚を選ぶのが難しいようなら，無意味に思えたり，魅力を感じなかったりするものを退け，消去法で選んでもよいでしょう。この場合，B さんは最後に残った絵を選びます。

B さんは A さんにその絵を見られないように気をつけます。

ステップ 2：比喩を展開する

A さんはここで，比喩を展開するために，B さんに思いつく限り質問を投げかけま

8.9
包括的な省察のための技法と道具

図 8.5　比喩的な絵
　　　（絵：Jan van Tartwijk; 出典：Wubbels, 1992a）

第8章
省察を促す具体的な道具と技法

す。ただし，比喩／イメージに関連する質問に留まらなくてはならず，教育や教えることについて口にしてはいけません。Ａさんは，Ｂさんのもつイメージに関連している日常用語をＢさんから引き出そうとします。できるだけ多方面から質問しましょう。このためには，ある程度の創造力が必要です。自身の想像力が一連の連想の流れに乗って「流される」のに，身を任せてみるとよいでしょう。「論理的」である必要はないのですから！

正しいかどうかということは，今しばらくは気にしないことです。おかしなことなんて，何もないのです。

なるべく，Ｂさんに具体的な場面を考えさせないようにしましょう。

〈Ｂさんを手助けするために，Ａさんがするといいかもしれない質問〉

もし絵が示している場面の中に入ってしまったとしたら，何が見えるでしょうか？（たとえば，Ｂさんは何を想像するでしょう？ Ｂさんの想像では，背景に何があるでしょう？ Ａさんへのアドバイス：ディテールに注意して，メモを取ること。）

この場面にいるとき，あなたは何の立場に立っていますか？

何が聞こえてきますか？

どんな匂いがしますか？

どんな気持ちですか？

何をしていますか？

何を欲しいと思っていますか？

あなた以外の人（たち）・物は何をしていますか？

それをあなたはどう思いますか？

次に何が起こりますか？

イメージは変わりましたか？

どう変わりましたか？

いま何が起きていますか？

ステップ3：翻訳
この後，どのようにこの比喩がBさんの教育の概念に「翻訳」されているのか，話し合います。Aさんは，Bさんがステップ2で答えたディテールと比喩の中に矛盾がもしあれば，Bさんにその矛盾について話してもらいます。翻訳の作業が終わったら，Bさんが過去に教わった教師たちの例が翻訳されたものに表れていることにBさんが気づいているかどうか，探ってみるのも興味深いでしょう。

最後に，Bさんに翻訳の作業を振り返って，自身にとって核心的だった部分を1文にまとめてもらいましょう。

ステップ4：役割を交換して，ステップ1から3を繰り返す

ステップ5：2人組でのディスカッション

a. このアクティビティーから何を学びましたか？
b. このアクティビティーは何か新しい見識を与えてくれましたか？
教師教育者は，下記の質問にもお答えください。
c. 教師教育でこのアクティビティーをどのように活用しますか？

ケリーのレパートリー表

この技法は，身のまわりの環境を扱う時に使用する個人的構成体への調査においてケリー（Kelly, 1955）が用い，その後幅広い研究者によって用いられている技法を基に，考案したものです（たとえば，Bonarius, Holland & Rosenberg, 1981; Munby, 1984; Olson, 1982, Yinger & Villar, 1986; Yorke, 1985）。6.4節で，教育実習生のグループの中で簡単にやってみることのできる技法として，紹介しました。

第8章
省察を促す具体的な道具と技法

誘導された想像の世界

　アレンダー（Allender, 1982）は，教師たちが教えることを妨げたり促したりする経験を自覚させるために，「4年生になったつもりになる想像アクティビティー」を用いています。

> 私は，みんなに居心地のよい場所を見つけ，目を瞑るように指示し，電気を消す。（こうするといつも，動揺する学生やクスクス笑う学生がたくさんいるものだ。学生たちは古典的な講義の形式に慣れているから，仕方ない。）それから，体を出入りする空気の音に耳を傾けながら，静かに2，3分深呼吸をしてもらい，次の2，3分をかけて，足先から頭まで，1つひとつの体の部分に力を入れたり抜いたりする作業を繰り返してもらう。こうしてみんながリラックスしたと思ったら，アクティビティーを開始するのだ。(pp. 37-38)

　アレンダーは想像の世界の中で，教師たちを昔通った小学校の校舎に連れて行きます。そして，今あなたたちは4年生で，授業開始の時間だと告げます。教師たちは10分間，想像の中の4年生の教室の中で過ごすのです。そこで，アレンダーは机の配置や壁，教室の雰囲気などを確認するように言います。10分間が終わったら，今現在の現実に戻り，今見た教室の図や絵を描きます。少人数のグループで，互いに描いた絵や想像の世界でのエピソードを交わします。最後に，少人数グループで話し合った内容をクラス全体で共有します。

　アレンダーのメソッドは，全体としてマイナスイメージをもたれやすい学びの経験を，教師たちに省察してもらう効果的なやり方だと思います（Hunt, 1987参照）。アレンダーのやり方についてのロジャース（Rogers, 1983, p. 107）のコメントによれば，教師たちの経験の多くは恐怖，失敗，恥，憤りや，制約されたイメージを色濃くもつといいます。教師たちがその授業で学習したはずの内容などというものは，全く気に留められることもないと，ロジャースは強調しています。このことを，教師はよく覚えておくといいと思います。特に，「教師というのは，教えるように教えられたように教えるのではなく，教えら

れたように教える」ことが多いという事実と合わせて，注意深く考えてみるとよいでしょう（Blume, 1971; J. G. Knowles, 1991 参照）。

　誘導された想像の世界を活用するもうひとつの方法として，教育実習生たちに教育に関連する自身の理想を語ってもらうというやり方もあります。理想の教室の場面を視覚化することで，自身の方向性を自覚できることがあります。さらに，違う応用の仕方として，今振り返ってみると理想の教師だったと思える過去に教わった教師を視覚化してもらうやり方もあるでしょう。誘導された想像の世界では，教育実習生たちにはこの理想の教師に「なる」こと，そして，その教師の立場から，その人のすることやもののとらえ方，動き方や声色などを感じることをしてもらいます。前に説明した比喩的な絵を用いた練習とちょうど同じように，多様な「下部的な様相」（見ること，聞くこと，感じること，など）を活用することが，完全なゲシュタルトを形成するうえで重要なのです。

8.10　学びの志向

　本章では，省察を促すいくつかの技法や道具を説明してきました。日誌を用いた体系的アプローチに比較的多くの頁を割いたものの，もっと包括的な技法も複数紹介してきました。しかし，特定の技法を用いて教師教育者が省察を促そうとすると必ずぶつかる基本的な問題に触れないで，このまま本章を終わらせるわけにはいきません。というのも，一定数の教育実習生は，省察の技法を実際に用いようとしてもなかなか上手くいかなかったり，それらの技法にどんな意味があるのか納得できなかったりするのです。これは，第6章で学びの志向と呼んだものに関連しています。内的志向をもつ教育実習生は，自身の経験を省察することを通して学びたがり，外的志向をもつ教育実習生は，教師教育者からの指示やガイドラインを求めがちです。後者のタイプの実習生が自分たちに合わないやり方で学ぶように押しつけられると，無意味なことに多くの時間を費やさせられていると感じてしまう可能性があるのです。

第8章
省察を促す具体的な道具と技法

したがって，外的志向をもつ実習生をより内的に志向させるための，丁寧に作られた方略が必要となるわけです。この方略を展開する際には，〈ゆっくり馴らしながら〉と実行することが大切です。外的志向の教育実習生に対して省察技法を用いるようにプレッシャーを過度にかけてしまうと，逆効果になりかねません。また，教育実習生が望むような指図や指示を最初に与えるなどして，十分な構造と安心を確保してやることも必須です。これは，教師の概念的および倫理的／道徳的領域の認知構造的成長を促進することを主目的とした7つの研究を基に，レイマン（Reiman, 1999, p. 607）がたどり着いた結論と一致しています。

> 詳しい指示や，わかりやすく体系立てられている物事を好み，自分自身で何かを決定しようとはせず，まるで「石に彫られている」かのようにカリキュラムやプログラムやガイドラインに忠実に従うタイプの実習生がいる。研究の結果，このようなタイプの人への対応として適切なのは，詳しい指示や指図を適宜与えることだとわかった。
> 慣れてきてはじめて，教師教育者はあえて少しわかりにくい指示などを与え，徐々に実習生が自身で物事を決められるように促すのがよい。

加えて，学びの志向の現象について生徒たちとのディスカッションの中で打ち明けてみるのも有効かもしれません。自分の学びの志向についての省察を促すことは，学びの志向を変えさせる素晴らしい方法だと，さまざまな論者が述べています（たとえば，A. L. Brown, Campione & Day, 1981）。この問題については，6.6節で詳述しました。

教育実習生たちの好みにあった技法を用いることも，また重要です。日誌を書くように指示されたときに省察することに抵抗感を示した実習生というのは，前節で説明したようなもっと包括的な技法を好む傾向があります。

実習生たちとやっていく中で，日誌以外のオルタナティブを偶然発見することも多々あります。私の知るある教育実習生のグループは，各ミーティングの後に自分たちだけのディスカッションの時間を設け，そのディスカッションを

通してそれぞれがたどり着いた結論を書き留めるという技法を，独自に考案しました。どのような場合でも，私は日誌に書き込む字数は実習生たち自身に決めさせようと心がけています。ただ，特別な出来事があったときには，普段よりも多く書くように勧めます。そして，もちろん時折，実習生の教師としての専門性の発達の度合いと照らし合わせながら，今の省察の仕方と日誌の書き方がどれほど効果的か，メタ省察することを促しています。

注
1) ガイプとリチャーズ（Gipe & Richards, 1992）によれば，（少なくとも当時には）授業の改善に関連づけて未来の教師の省察的思考を分析する研究は，全く報告されていないといいます。
2) どのような場合であっても，学生自身が省察する対象となる場面を選択することが重要です。人は，自身が個人的に関わっている自覚があり，心を奪われているような場面から，最もよく学習できるものだからです。教師としての自身の仕事から学ぶうえで最も重要なことは，一歩下がって自身のイライラや，落ち着きのなさ，幸福感などの感情を観察し，それらについて真剣に考え，省察の機会として活用する能力です。
3) 教職に就いた後の最初の期間，教師の省察が少なくなるという研究結果を6.5節で紹介しました。
4) この事例を提供してくれたポール・ヘニセン（Paul Hennissen）に感謝します。
5) 絵はヤン＝ファン＝タルトヴァイク（Jan van Tartwijk）によって描かれ，ヴベルス（1992a）に掲載されています。

第9章

省察のより広いとらえ方

Fred Korthagen

> 右脳の果たす理想的な役割は，人の真の経験の一番奥深いレベルまで探れるようにし，答えが不明なときに話をでっち上げがちな左脳がとらえたものの真偽を確認することだ。
> ―ベティ・エドワーズ（Betty Edwards）
> トニー・シュワルツ（Tony Schwartz, 1995）による引用
>
> 省察および省察的授業という概念は，教えている最中の論理的で分析的な情報処理方法に基づいて定義されていることがほとんどです。しかし，教室内で情報を解釈し，物事を決定する方法は，こうした情報処理の仕方以外にもあり，それは右脳で行われている可能性が高く，「ゲシュタルト」を活用しています。こうした非理性的なプロセスに関するメンタルな「ミラーリング」を含む，省察および省察的授業に関するより広い見方を提案します。また，後者のタイプの省察が過小評価されがちである点について，その専門的，心理学的，および哲学的な理由について論じます。

9.1 はじめに

1980年代，省察や省察的授業という概念は，教師教育者や教師教育の研究者の間で広く知られるようになりました。このことは，教職と教師教育の専門化を訴える流れと連動しています。教師たちが自身の行動を批判的分析の対象とし，活動の責任をとることを学ぶことができるという考え方は，特定の行動

能力を発揮するための単純なトレーニングに留まらない教師教育の必要性を長年感じてきた人々の思いと合致しました。体系的で理性的な意思決定ができることは専門性のまさに核であり（Kichleoe, 1990; Yinger, 1986），このことが省察という用語の人気，そして，多様な論者による省察という用語の解釈の根拠となっています。省察および省察的授業というものは，さまざまな形で概念化されてきましたが，そのほとんどが，教師は自身の授業や，授業が行われる文脈に対して，論理的，理性的，かつ段階的な分析をするべきだという基礎的な前提を共有しています。言語は，話す場合も書く場合も，こうした分析の中心的な役割を果たします。言語によって，教師たちは自身の見解や分析を他の人（大抵は指導者）や自分自身に表すことができるのです。

省察の概念に共通するこの核は，デューイ（Dewey, 1933）にまで遡ります。デューイは，この分野の数多くの論者が参照する学者です。「省察は単なる一連（sequence）の考えであるだけではなく，帰結（consequence）である——すなわち，それぞれの事柄の結果がその前に起こった事柄に基づくか，あるいは参考にしている一方で，それぞれがその次に起こる事柄をその正式な結果として認める術となる連続的な規則性なのである」と述べたのは，まさにデューイなのです（p 4）。この省察の概念化が教師の専門性の発達に役立つことは疑いなく証明されてきており，重要であることは間違いないものの，これでは人間の心が情報を処理し，意思を決定する方法をひとつしか説明していません。本章は，教師の中で起こる知的プロセスとその教師の行動との関係性について，デューイとは違う，第7章で展開した見解に基づいて議論します。第7章で展開した3段階モデルを用いることで，省察の概念を専門性の発達を促す手段という意味にまで広げていきます。こうすることで，8.9節で紹介したような，省察を促すもっと包括的な技法や道具の意義を根拠づける理論的な基盤ができるからです。

9.2 情報処理を行う2つの方法

さまざまな分野で活躍する論者たちが，論理的で分析的なタイプの情報処理

第9章
省察のより広いとらえ方

とそうでないタイプの情報処理をさまざまな形で区別してきました。こうして，多くの異なる概念や用語が誕生してきましたが，そのすべては人間の意識の二重性というテーマを中心に展開されているように思われます。情報処理について書かれたすべてに言及することはほぼ不可能で，そのうえ，脳研究は急速に進歩し続けているため，どんどんと新しい見解が生まれています。後ほど，その一般的な流れをいくつか示すことにします。

　レヴィ＝アグレスティとスペリー（Levy-Agresti & Sperry, 1968）が「分析的」と「ゲシュタルト」と呼んだ一方で，オルンスタイン（Ornstein, 1972）は「分析的」と「包括的」という用語を用いて，「理性的」と「非理性的」との二分を説明しています。ポラニー（Polanyi, 1961）は，「明示的知識」と「暗黙的知識」を区別し，後者は「非批判的」なものを指すと述べています。ベイトソンとジャクソン（Bateson & Jackson, 1964）は，「デジタル」と「アナログ」を区別し，ミルナー（Bogen, 1973 の中で引用）は，スピアマン（Spearman）が知の要因を言語的要因と空間的要因を分けて説明していることを連想させながら，「言語的」と「知覚的」を分けています。ボーゲン（1973）は，こうした区別・区分が東洋の心理学にも見られることを指摘しています。彼は，ヒンドゥー心理学のアキラナンダ（Akhilananda）が「理性的な思考」と「統合的な思考」と訳されるような用語を使っていることを引用してこの「二分法の組み合わせ」を大脳の左右の機能分化と関連づけています。ボーゲン（1973）が指摘しているように，研究者たちが左脳と右脳の特徴をそれぞれ「表象的」および「空間視覚的」なものとして試験的に区別し始めたのは，1960年頃のことでした。レヴィ＝アグレスティとスペリー（1968, p. 1151）は，以下のように示唆しています。

> 無言でマイナーな方の脳半球は，ゲシュタルト的な感覚を扱うために特別にそう発達したもので，元々は情報の入力を司る統合者であったことをデータは示している。雄弁でメジャーな方の脳半球は，対照的に，もっと論理的，分析的で，コンピューターのように作用するようだ。

9.2 情報処理を行う2つの方法

　後に，脳の組織はもっと複雑であることが判明しました。脳半球の機能の非対称性だけで完全に脳を説明することはできなかったのです（Bryden, 1982）。しかし，大まかにいえば，人間の脳の2つの半球は2つの異なる様式の情報処理をすることが可能だという結論は，一般的に同意を得られています（Milner, 1989 も参照）。

　ここで引用した論者の二分法がすべて全く同じというわけではありませんが，ある共通の区別をしています。本章では，この区別について，理性的と非理性的，あるいは左脳的と右脳的な情報処理という，比較的広い意味の語を用いて論じます。感覚認識，情報解釈，そして活動・反応は，大まかに脳の2つの半球に対応している2つの異なる「経路」を通して可能になっている，というのが私の仮説です（Wubbels, 1992b を参照）。左脳では入ってくる情報が論理的に構築された認知的スキーマに媒介されて解釈される一方で，右脳は，異なる刺激を統合することを第一の働きとする〈ゲシュタルト〉を用いています（第2章と第7章も参照）。ゲシュタルト心理学で取り上げられる有名な例として，視覚プロセス的な性質，すなわち視覚構造の各部分の場所と機能は全体としての構造によって決定されているということ，が挙げられます（Kohler, 1947; Kubovy & Pomerantz, 1981）。この原理は，ゲシュタルト療法の分野で拡大され，生活の中の他の場面での人間の情報処理にまで広げられるようになりました。たとえば，私たちの他人との関係に対する解釈は，私の人生における他の重要な人たちとの過去の経験から形作られたゲシュタルトによって決定されている，というように。要するに，右脳においては経験の統合の原理が論理的規則性の原理よりも強く，左脳では逆になっているのです。

　第7章で説明したように，私は，日常的な授業の場面では非理性的な右脳の情報処理が中心的な役割を果たしており，これが「授業のルーティン」の存在の心理学的な根拠なのだと信じています（Clark & Yinger, 1979）。言い換えれば，教えている間，周囲の環境の中にある特定のきっかけがゲシュタルトを活性化させ，瞬間的な解釈と反応を引き起こしているのではないか，というのが私の仮説なのです。つまり，論理的分析を回避できるようになることで，教師

第9章
省察のより広いとらえ方

が同時に複数の刺激に対応することが可能になっているのです（Day, 1984; Doyle, 1979）。

　授業と教師教育の分野のその他の研究者たちは，同じ考えを他の言葉で説明しています。たとえば，コネリーとクランディニン（1985）は，教室場面に対する教師の反応におけるパターン（実用的なルールと原則，ルーティン，くせ）の役割を強調しています。実践者が物語る内容は，人が過去に経験したすべてが意味のある形でまとまって，現在の教室場面の経験の仕方につながっていることを示しています（1984, p. 147; Kelchtermans, 1993）。私がゲシュタルトと呼ぶものを，コネリーとクランディニンは「心象」と呼び，「瞬間的場面が生じさせた，個人にとって大きな意味のある経験の束に，その人の過去も未来も紡ぎいれる」種の知識であると考えています（Connelly & Clandinin, 1984, p. 147）。私がゲシュタルトという語を好んで用いているのは，ゲシュタルトセラピーで用いられるように，心の像というよりは，特定の場面に結びつけながらその人の過去の経験を全体として示すことができるからです。

　教師の「個人的な知識」に関して，コネリーとクランディニン（1984, p. 137）は，「知識とは，意識的にせよ無意識的にせよ，私的，社会的，かつ伝統的な信念や意味づけであり，人の活動の中に表出するものである」と述べています。コール（1988）もまた，教師が教室でとっさに取る活動の中に個人的な意味が表れていることを強調しています。トムとヴァリ（Tom & Valli, 1990）は，価値観や事実というのは，実践者が教育的場面やその他の場面で人と話すことから構築した意味の中に融合している，と書いています。

　ザイクナーとゴア（1990, pp. 333-334）は，「生徒の立場で身につけてきた，深く根づいた，部分的に無意識な感情や気質は，教師としての活動に連続的な影響を及ぼす」と記しています。彼らは，教育実習生が教師教育プログラムや授業に持ち込む人生経験，あるいは「自己の構造」（Pinar, 1986）がその実習生が教師として社会化されていくときに及ぼす影響をとらえるための，多様なライフ・ヒストリーの方法論の概要を示しています。そして，「伝記的，自伝的，かつライフ・ヒストリーに関するメソドロジーは，（中略）教師の考え方とい

うのが，授業にも表れるその教師の個人，家族，宗教，政治，そして文化に関わる多様な経験に根ざしていることを，豊かに示してくれようとしている」と結んでいます。ホリングスワース（Hollingsworth, 1989）は，教師の専門家としての成長における「プログラム開始前の信念」の役割を説明する中で，同じ現象を指摘しています。クロウ（1987）とノウルズ（1988）は，幼少期の経験や重要な他者，教師としての役割アイデンティティーと教室内活動との間の関係を説明するための伝記的変容モデルを提唱しています。人生経験が教師の活動や反応に与える影響の大きさは，人が社会構造を当然のものとして受け入れがちな点からも理解できるでしょう（Britzman, 1986; Ginsburg & Clift, 1990）。ゲシュタルトと社会的状況との間に密接な関係があることは，7.8節ですでに議論しました。

　インガーもまた，先に見た枠組みと共通する多くの考え方を示している研究者の一人です。彼は，対話式授業の観念を導入しました（たとえば，Yinger & Villar, 1986）。カーター（1990）によれば，このインガーの観念は即興という考えを基に組み立てられています。「インガーは，教師たちは豊富な知識をもっており，それによって瞬時に状況を理解し，過去の経験を実際のその場に生かして，その状況に適した活動を思いつくことができる，と論じている」（p. 304）。この考え方と合致して，クラーク（1986）は，教科書によく見られるような専門分野の知識を，状況の心象（Shulman, 1992を参照）や，鮮明な経験，よい例といった，いわゆる教師の知識と区別すべきであると指摘しています。「実践の言語」に関する論文の中で，インガー（1987, p. 309）は，教師の思考と活動は一群の意味やパターンに基づいていると記しています。

> パターン言語において，それぞれのパターンはその環境の中で繰り返し生じる問題，また，その問題の解決方法の本質を表している。（中略）各パターンは，状況，問題と解決方法との間の関係性を示している。

　これはゲシュタルトの観念にかなり近い考え方だといえます。とりわけ，イ

第9章
省察のより広いとらえ方

ンガーは，実践の言語はたんに言葉であるだけではなく，志向，仕草や働きかけの中にある意味がまとまった構造を含んでいることを強調しており，私の理解では，ゲシュタルトの中に人のニーズ，価値観，意味，感情や行動の傾向がすべて不可分の一体となって形作られているのです。

9.3 専門性の発達のための手段として省察を活用することで生じる不均衡

　教師教育の介入に関する文献の中で，こんなにも教師の機能の非理性的な側面が脚光を浴びないのはなぜか，疑問に感じるのはもっともです。主な要因としては，非理性的なプロセスは簡単には分析しにくく，変化させにくいこと，および理性的なプロセスは分析されやすく，指導者に伝えられ得ることが考えられます。教師教育者が概念や考え，活動の代替案を明示するため，また教師にフィードバックを与えるためには，こうした情報が交換できることが必要です。私はこの前提を批判するつもりはありませんが，指導の中の情報交換のあり方が常に論理的で理性的，分析的でデジタルなものであるべきなのか，疑問に思うのです。

　2つめの要因は，哲学的なものなのですが，西洋文化におけるプラトンの影響にまで遡ります。プラトンは「善」の存在を確信し，その性質を知的分析によって解明できると信じていました（B. Russell, 1974, p. 134）。そしてこの確信を基に，彼の理想的な国家が善であることを「証明」しようとしました。プラトンにとって，証拠とは，一連の論理的な因果関係で構成されたものだったのです。私たちの世界のとらえ方，科学の文化，そして，さらに具体的には，私たちが日常的に「よい授業」と判断する方法に，彼が与える影響を侮ることはできません。プラトンと同時代に生きたソフィストのトラシュマコスと比べてみれば，その影響力の大きさを理解できるでしょう。トラシュマコスにとって，証明するか反証するかは問題ではありません。彼が唯一問うのは，プラトンが描くような国家を好むかどうか，です（B. Russell, 1974, p. 134）。トラシュ

マコスの考え方を授業に適用すれば，客観的な分析よりも主観的で美的な評価の方により焦点が当たることになるでしょう。これと同様の見方を，アイズナー（Eisner）が提唱しています（たとえば，Eisner, 1985a を参照。）。彼もまた，教科の中で数学などが文系科目に比べてより重要視されていることを論じる中で，私たちの文化におけるプラトンの影響の大きさを指摘しています。彼は，「知ることの美的な様式」も存在することを述べ，最重要と見なされている理性をもって獲得する知識に拮抗するものとして鑑識眼の観念を提唱しています。そして鑑識眼を，まっとうな認識の技術，すなわち，「経験したことに関する自覚と理解」と定義しています（Eisner, 1985b, p. 92）。

　非理性的な情報処理に対する過小評価の要因の3つめは，私たちの文化に深く根付いていると思われる，心理学的なものです。私の中の非理性的な部分は，「暗くて汚く」，間違いなく筋の通らないものだと思われがちです。それは，本能や衝動と結び付けられ，少なくとも授業の科学的なアプローチにおいては，克服されなければならないと考えられています。この点において，フロイトの偉業は今もなお多大な影響を及ぼしているといえます（Maslow, 1971, p. 310 を参照）。

　以上に説明した3つの要因のそれぞれに対する異論も多くありますが，それでもなお，教師教育における理性的な思考を強調して重視しすぎることには多くの欠点があるといってよいでしょう。第一に，教育実習生に授業に関する一面的な考え方を植え付けてしまい，よい授業は理性によって決定づけられるという印象を与えてしまう可能性があります。実習生たちは，実際の授業の中で，そして多くの場合は授業終了後の時間を使ってもなお，自身が決断してとった行為のすべてを省察するだけの時間を確保することはできないことに気づき，自身の力不足を感じかねません。この点で，理性と分析を教師教育において強調することは心配症な教育実習生たちにとって，特に不利に働きかねないのです。

　また，教育実習生たちは教師教育者が教えるアプローチを理論とみなし，実地経験を実践としてとらえ，後者をリアリティと同じものと考えるようになっ

てしまう可能性もあります。理性的な分析が実践をとらえる唯一の方法であるとすることは非現実であるという意味で、この考え方にはある種の真実が含まれてはいますが、こうした考え方こそが、よく知られている理論と実践の乖離のひとつの要因なのかもしれません。

　さらに、教師たちが自身の教え方を常に分析することはできない、あるいはすべきではないのは、何も時間が限られているからだけではありません。マズロー（1971, p. 63）が指摘するように、理性が自発性や創造力の邪魔をしてしまうことがあります。オルンスタイン（1972, p. 33）によれば、私たちの理性的な意識は、生物学的な生存を保証することを第一の目的として発生したのだといいます。単なる生存よりも多くの意味が、生や授業にはあると私は信じています。自発性の側面に磨きをかける中で、教師が自身の授業に関してあまりに理性的で分析的に探究しすぎると、その教師と今ここのできごとの間に乖離を生じさせかねないという結論に達するかもしれません。私はダンスの比喩はすばらしいと思います。最も感銘的で創造的な瞬間、ダンスとダンサーはひとつになります。同様に、最も美しい教育的な場面にもまた、教師、生徒たち、教え、そして学びの間に一体感があると思うのです。この時の教師の中の内的プロセスは、チクセントミハイ（Csikszentmihalyi, 1991, p. 41）がフロー、あるいは、教師の「思考、意図、感情と、すべての感覚が同じゴールに向かって集中している」時の内的調和の様子、と呼ぶものによって特徴づけられるかもしれません。そのような状況にもかかわらず、教師が分析のための時間を得るために心の中で一歩引いてみようとしてしまうことは、残念なことだと思いませんか。

9.4　結　び

　私が意図することは、教師教育におけるひとつのパラダイムが他のパラダイムに完全に取って代わられるようにすることではありません。教師としての自身の行動を理性的に分析することは、専門性の発達における重要なツールであ

ると固く信じています。しかしながら，この教師教育へのアプローチにおける不均衡に反論したいのです。非理性的なプロセスというのも授業においては重要で，しかも大抵の場合はプラスの働きを見せます。このことを自覚することが，きっと教師たちの助けになると私は思います。さらに，こうした非理性的なプロセスが生じた後でそれらを省察することも，また大切です。教師にそのプロセスの存在に気づかせるだけではなく，右脳を用いることで今までとは別の仕方で情報を処理できるようにしてくれるかもしれないのです。そのためには，教師教育において，理性的な分析に基づくアプローチ以外のアプローチが必要となります。考えられる技法と道具の例は，8.9節に示しました。これらの道具の多くは，研究目的でも用いられます。ウェーバーとミッチェル（Weber & Mitchell, 1995）の有名な研究では，子どもたちに教師たちの絵を描くように頼みます。そこで描かれる絵には，「視覚的語彙」（Weber & Mitchell, 1995, p. 18）が表れているといいます。スウェネン，ジョルグとコルトハーヘン（Swennen, Jörg & Korthagen, 1999）は，自身や教師たちをどう見ているかを描写する教育実習生の絵に関する調査研究について説明しています。この研究は，他の，より古典的な調査道具では見つけることができなかった教育実習生の関心を明らかにしています（カード分類の手続き）。

　しかしながら，研究による理論的な分析を単に，新しい一群の道具の活用に還元してしまうべきではありません。最も重要なのは，授業のリアリティには理性的な意思決定よりも多くのことが絡んでいるという事実を受け入れることです。これを受け入れることによって，授業中の非理性的なプロセスの瞬間に教師教育者たちは気づくことができるようになります。なかには，フローが生じるような美しい非理性的なプロセスの瞬間もあれば，効果的でないゲシュタルトが教師の行動を操るようなより厄介な状況もあるでしょう。私たちは，教師たちに自身のゲシュタルトを自覚させる創造的なやり方を見つけようとしなければなりません。私の個人的な経験では，このような思いをもって授業を見た後に教師の省察を聞くと，決まってすぐに新しい可能性がいくつも見えてきます。たとえば，ゲシュタルトを表出している些細な言葉が目に入りやすくな

第9章
省察のより広いとらえ方

るのです。私の担当した教育実習生の一人が，ある特定の授業場面が波のように押し寄せてきたといったとき，私はその波について質感や色などを説明するように求めた一方で，「何を考えた？」「何をした？」などといった比較的理性的な質問は投げかけませんでした。このことで，実習生のその場面に関する心象と，感情，および活動が，固く複雑に絡まっていることが明らかになり，もしその場面を最初から理性的に分析しようとしていたなら絶対に辿りつけなかったであろう理性的な分析が可能になったのです。この例は，比喩の精緻化といった右脳を用いた技法が，より理性的に分析する省察と組み合わさることで，教師の非理性的なプロセスの自覚を促し得ることをも示しています（Olson, 1984 を参照）。ただし，右脳のプロセスは常に容易に理解できるものではないということは，ここで強調しておかなくてはなりません。この状況は，ひとつの芸術作品のエッセンスを単純な言葉で表現しようとするときに生じる問題と似ています。つまり，ふさわしい言葉がないように思えたり，言葉を用いることでその作品の私たちにとっての意味のエッセンスが損なわれてしまうように思えたりすることが，よくあるのです。

　まとめると，本章で提示した分析において，私は通常に用いられる省察という用語の元の意味に立ち戻りつつ，それにより広い意味，すなわち何か（たとえば，心象，熱，など）を映し出すものとしての意味を付加していることになります。鏡に例えれば，異なる鏡が複数存在することがわかりやすいので，適切でしょう。教師教育においてよく用いられる理性的な鏡もあれば，非理性的なプロセスを省察するのにより適しているかもしれない他の鏡もある，というように。どの鏡も内的プロセスのすべての側面を反射することはできないので，それ自体は不完全です。だから，教師が自身の活動と内的プロセスの関係を自覚するためには，複数の鏡を用いた方がよいのです。この省察に関するより広い見方は，本書で用いられる省察の定義に則っています。この定義とは要するに，非言語的，包括的にも行われうる，構築または再構築の知的プロセスです。両方の種類の省察を統合すること（非理性的なプロセスと理性的な分析のミラーリング）は，とりわけ実りが多いであろうと考えられます。なぜな

ら、この2つの種類の省察は2つの教師の意識の働き方に直結しているからです。省察の2つの様式の統合に関しては、オルンスタイン（1972, p. 84）の家の建築の例えを挙げることで詳しく語ることができます。「最初、完成した家のゲシュタルトを突如思いつくかもしれないが、この心象はゆっくりと、線形法を用いて、計画や契約を通して、そして、実際の建設を経て、順々に一部分ずつ完成に近付けられなくてはならない。」

　理性的な分析と、自身を導くゲシュタルトとを自覚するプロセスを統合するものとして理解される省察は、ザイクナー（1983）が提言した省察の概念などに比べて、教師の個別性により焦点を当てているようです。一方のザイクナーは、授業が行われる文脈、および、授業に影響を及ぼす倫理的、道徳的、そして、政治的な問題に関する情報の重要性を強調しています。しかし、ここで提示したアプローチと、ザイクナーのアプローチの間に根本的な相違は見当たりません。授業への文脈的な影響に関していえば、右脳の情報処理に関する省察もかなり重要なものとして関わってくるといえます。こうした省察は、教師たちが専門家として社会化する中で自身の中に取り込んできた価値観や、自身を導くゲシュタルトの起源を自覚する手助けをしてくれます。こうして、この種の省察は、教師一人ひとりに、教育への個人的、創造的、そして刷新的な貢献をできるようにする力を与えてくれるのです。

第10章

リアリスティック・アプローチのための教師教育者の研修

Bob Koster & Fred Korthagen

> 総じて大学は，また，大学に身を置いている*教師教育者たちは特に，自分自身がその大学で成功したことのない教育実践を学生たちに勧める権利はない。*
> ―ラッセル（T. Russell, 1999）
>
> リアリスティック・アプローチを教師教育に導入するには，教師教育者としての特定の能力が必要です。本章では，教師教育スタッフの専門性の発達の重要性に焦点を当てます。教育実習生の指導のために必要な数々の能力を発達させることを目的とした教師教育者研修コースの構造とプログラム内容について，議論します。また，このコースのいくつかの点について，より詳しい説明を加えています。それを基に，養成の基礎にある教育学的な原理に注目します。そして，本章の最後には，教師教育者の専門性の発達に関する提言を記しました。

10.1 はじめに

ここまで読み進めてきた読者なら，教師教育におけるリアリスティック・アプローチを実践するためには教師教育者が特定の知識やスキルをもっていることが必要だということを理解しているでしょう。だからこそ，どのようにして教師教育者が本書の中で概説された原理を生かす方法を習得することができるかという問いを，無視することはできないのです。つまり，教育実習生たちが

教えることを学ぶというレベルから，教師教育者たちが教師を教えることを学ぶレベルに向かおうと思います。教師教育に関する文献に教師教育者の専門性の発達の必要性を語っているものはほとんどないので，これは目を見張るべき前進なのでしょう。次節（10.2節）では，広範な，国際的な観点から教師教育者たちの専門性の発達の問題を掘り下げていきます。10.3節では，ユトレヒト大学のIVLOS教育研究所で私たちが展開している教師教育プログラムの状況に注目します。このプログラムでリアリスティック・アプローチが形になり始めた頃，私たちはIVLOSスタッフの専門性の発達の必要性を強く感じました。その時の状況と，その時に私たちが気づいた重要なポイントについて説明します（たとえば，指導教諭と教師教育者のための研修コースの必要性）。その後すぐに，私たちは他の機関から来た教師教育者にも同様のコースを提供するようになりました。10.4節では，この研修コースの目的，構造と内容をより詳しく見ていきます。10.5節では，コースのいくつかのポイントを，課題の実例を用いながら説明すると同時に，このコースが採用しているアプローチに強い影響を与えるいくつかの教育学的な原理についてまとめています（10.6節）。最後に，このコースをつくってからの経験を私たち自身が省察して，教師教育者の専門性の発達のための提言を記します（10.7節）。

10.2 教師教育者の専門性の発達

教師教育者の専門性の発達については，あまり議論がなされていません（Wilson, 1990）。ほとんどの場所で，教師教育者としての専門性を獲得するための特定の教育を受けることなく働いているのが現状です。*European Journal of Teacher Education* の特別号に掲載された，ヨーロッパ連合（EU）諸国での教育者の選抜と養成に関する調査研究（Wilson, 1990）によれば，教師教育者のポストは豊富で輝かしい教師経験かつ／または大学教育の経験（たとえば，教育科学）を指標にして決められています。専門的な教師教育者になるための特定の研修は受けていないのです。コートハーヘンとラッセル（Korthagen &

第10章
リアリスティック・アプローチのための教師教育者の研修

　Russell, 1995）で述べたように，多くの場合インフォーマルな形をとる採用プロセスの後，教師教育者は教育実習生のグループを任され，そのまま放っておかれるというのが一般的な流れです。ここには，人は試行錯誤をしながらこの専門性を身につけていくものだという発想があるようです。アメリカでも状況は似ています（Ducharme, 1993; Guilfoyle et al., 1995）。ウィルソン（1990）が記しているように，専門性の発達を重要視する地域でもこうした状況にあるというのは，大いに注目に値します。

　綿密な文献調査の報告によると，多くの地域で指導教諭には研修プログラムが提供されている一方で，高等教育機関に身を置く教師教育者の教育をテーマにした研究はほぼ皆無だといいます。今のところ明らかになっている例外は，ユトレヒトの教師教育機関で1970年代半ばに実施された1年間を超えるプログラム（Korthagen, 1982, pp.190-195），オーストリアで全国的に行われたプログラム（Buchbergerによる），そして，イスラエルのMOFET機関とオランダの教育学センター（学校と教師教育機関をサポートする）が準備した教師教育者の基礎研修コースのみです。場所によっては，「学校における特殊なニーズへの対応の充実化」などをテーマとした特定の教師教育者のコースは存在しています。1996年以降，オランダでは教育省と教師教育者の組合が共に，教師教育者の能力（コンピテンシー）が教師教育の質の向上の条件となっているとする見解を示し始めています。そうして，こうしたコンピテンシーを説明する全国的な枠組みが整備され（Koster & Dengerink, 2000），教師教育者としての公式な認証や登録の手続きも行われるようになります。ほぼ同時期に，認定教師教育者に必要なコンピテンシーを明確に示すために，これに似た特別委員会がアメリカでも作られました（教師教育者の資格認証に関するタスク・フォース（Task Force on the Certification of Teacher Educators, 1996））。

10.3 リアリスティック・プログラムにおけるスタッフの開発の必要性

　1990年頃，IVLOS教育研究所で，私たちはリアリスティック・アプローチの原理に基づく教師教育者と指導教諭のための研修コースの設立を構想し始めました。リアリスティックな教師教育を実践するためには，多くの教師教育者がもっていない，あるいは，今後さらに伸ばす必要のあるコンピテンシーを要することがわかってきました。リアリスティック・アプローチを用いて仕事をするということは，たとえば，教育実習生の関心に寄り添えることや，省察に必要な安心を生み出せること，実習生の間の省察的なやり取りを組織できること，自身を成長させる方法を系統的に教育実習生に教えられること，人間の成長を包括的に見られること，などを意味します。そして最後に，とても重要なことなのですが，リアリスティックに仕事をしたいと願う教師教育者は，学校の教師や大学の他の多くの学部にいる職員たちがもっているスキルとは完全に別の種類のスキルを必要とする，実践から理論をつくり出すことに熟達していなければなりません。しかも，実践と理論の統合は，教育実習生という一人ひとりの人間の中で行われなくてはなりません。そのため，教師教育者には，人間形成（大人の人間形成，社会心理学など）という分野における知識，スキル，態度が求められます。

　私たちは，ALACTモデルに従って教育実習生を指導するために必要な教師教育者としてのスキルを伸ばすことが，何よりも大切だと考えます（2.7節を参照）。したがって，このモデルの各局面を教育実習生が超えるのを手助けするうえで重要であるとして第5章で説明したスキルは，IVLOS教育研究所に創設した教師教育者のためのコースの核心となっています。

　本章の残りの部分は，この養成コースについて記述します。私たち自身の大学の教師教育者と指導教諭のためのコースを整え始めた後，すぐに他の機関の教師教育者も興味を示してくれました。1994年以降，5人のIVLOS研修講師

の手で，初等・中等教員用の教師教育機関のチームを何十も研修してきました。私たちの研修コースは，今までにベルギー，カナダ，デンマーク，フィンランド，ドイツ，スウェーデン，およびノルウェーの教師教育スタッフに提供されています。

10.4　教師教育者のためのコースの詳細

本節では，教師教育者のためのコースの目的，構造および内容をより詳しく説明することにしましょう。

コースの目的と構造

教育実習生を指導するとき，ALACTモデルの各局面を超えるのを手助けすることが大切です。しかし，これができたからといって，その学生が一人で（たとえば，指導者の手助けなしで）省察できるようになるというわけではありません。一人で省察できるようになるには，学生が自身の省察の仕方やその長所・短所を日頃から省察していなくてはなりません。こうすることで，教育実習生が自身の学び方や省察の仕方について学ぶポイントを新たに見つけることに繋がるでしょう。このメタ省察は，指導者の手助けなしに省察することを習得するうえで不可欠な土台となります。したがって，私たちが創設した教師教育者のためのコースは，省察を促すために必要なスキルと，一人で省察することの習得を促すために必要なスキルを伸ばす，という2重の目的をもちます。第5章で述べたように，これらのスキルに関しては，指導とセラピー（の研修）に関する文献を参照することがかなり有効といえます（Brammer, 1973; Carkhuff, 1969a, 1969b; Egan, 1975; Rogers, 1969）。

指導は教育実習生のゲシュタルトと彼らが遭遇する問題から出発すべきであるという基本的な前提をもって，私たちは重要視すべきスキルを選定しています。つまり，指導のプロセスの出発点は，常に学生の経験，学生が自身に問う

ている質問および学生が直面している問題のうちにあるべきだということです。指導者が学生と向き合うことができるためには，指導者と学生との間に安心な環境が整っていることが重要です。結局，学生は自身の本当の関心や気持ちを表さなくてはなりません。受容，誠実さ，共感のスキルは，その安心を確保するうえで重要なスキルであり（5.6節参照），したがって，ALACTモデルの第2局面において重要であると考えられます。第3局面でもまた安心が鍵となります。この局面では，指導者は時折，学生に厳しく向き合わなくてはなりません。たとえば，教育実習生の考え方と実際の活動が矛盾しているときなどが挙げられます。くり返しになりますが，よい指導の肝は，安心を与えながら厳しく向き合うことにあるといえそうです。

　教師をめざす学生を受けもつ指導者は大抵，学生が何を正しくできていて何を誤ってしまっているのか，次回はどうやって直せばいいのか，ということを学生に教えなくてはならないという考えを捨てる行為を，革命的ともいえるほど大きな変革として受け止めます。学生の立場に寄り添い，安心を提供し，すでに終わった授業の省察を一人でできるように手助けするという原理を，指導者として簡単には受け入れられないのです。膨大な量の練習や大規模な適応が求められる，今までとは別のスキルの修得と姿勢の変化こそが，研修の場面においても，日常的な教育実践においても，必要なのです。

　私たちが開く教師教育者のためのコースの基礎にある，もっとも重要な原則は，コース自体がリアリスティック・アプローチを示すようなものであるべきだというものです。私たちの考えでは，私たちがコース参加者の関心に寄り添って具体的な経験の省察を促すことなく，学生たちの関心に寄り添って省察を促そうとする彼ら教師教育者の意志を適切に発達させることは不可能なのです。これこそが，一致原則です（3.8節も参照）。ですから，私たちは安心できるコースの雰囲気作りに大変気を配っており，教師教育者のスタッフ開発プログラムで提供される理論は常に参加者の具体的な経験に結びつくものにしているのです（たとえば，最近の指導カンファレンスや，コースにおける今ここの経験）。実は，私たちのコース・デザインは6.2節で説明した5段階構造に基づ

いており，私たちが掲げる理論は実践知（フロネーシス）と重なります。したがって，リアリスティック・プログラムにおける教師教育者の行動のモデルとなる研修講師の行動を観察することで，参加者は多くのことを学ぶことができます。この研修講師というのは，コース内容を今ここの状況の中で生じるニーズや経験に適応させられるように，かなり柔軟でなければなりません。

こうしてみると，このコースを支える明確な枠組みがないように感じられてしまうかもしれませんが，そんなことはありません。常に各局面で重要なスキルに適切な配慮をするという点で，このコースはALACTモデルの局面に則っています。教師教育者研修のためのリアリスティック・アプローチの説明でも述べたように，参加者のニーズや経験に寄り添いながら標準的な枠組みをもつことは，柔軟性を制限するものとしてこの枠組みを利用しない限り，可能なのです。さらに，適切な経験をつくり的確な質問をなげかけることで，研修講師は特定の関心やニーズを浮き彫りにすることができます。また，安心や省察の障壁となるもの，それらの障壁を克服する可能性，学びの志向などの問題の重要性を参加者に気づかせる機会はコースの中にたくさんあります。多くの場合，今ここの事例というのが最も力があります。ここで，コースの中で必ず出てくるいくつかの一般的な問題について議論することにしましょう。

らせんモデルの局面

研修コースの初めに，指導セッション（グループの前や，少人数グループの中で行われる）の具体的な事例をいくつか挙げながら，ALACTモデルを紹介します。このモデルの各局面（第2局面：振り返り；第3局面：気づき；第4局面：選択肢の拡大）は，指導者が投げかける3つの基本的な質問に言い換えることができます。すなわち，何が起こったのか？　このことの何が重要なのか？　それはどのような意思を表していると考えられるのか？　という問いです。指導者は学生に自身の行為を分析し，それに基づいて個人的な目標を設定し，その目標に向かって努力し，また目標達成のための方法に対して自覚的で

いることで，自身の成長を導くことができるように，手助けをします。2.9節で，私たちはこれを学生の成長し続ける能力の発達と呼びました。指導者が省察プロセスの各局面を見極められることと，それらの局面を学生が体系的に乗り越えられるように手助けできることが，重要です。

安心

初期の段階の研修セッションでは，受容，共感と誠実さのスキルに細やかな注意を払うことで，省察を促すものとして指導をとらえるためにふさわしい基礎がつくられます。学生の提示するものを受け止め，ファシリテーションの中で学生たちに他人の立場に立つと同時に自身の感情に注目することを身につけさせることで，指導者は安心と信頼のある雰囲気をつくり上げることができます。またこうすることで，たくさんのことを話し合えるオープンな関係性が生まれます。これが，学生の省察が起こり，それが指導者との関係の焦点となる，いわゆる援助関係の土台となるのです。

9つの側面

次のステップは，第2局面の中で4つめに重要なスキルである具体化に注目することです。授業場面を振り返るとき，欲すること，考えること，感じること，および行為することの，4つの側面が中心的な役割を果たしていることを明らかにしました（5.6節参照）。教育実習生の授業を扱う場合には，以下のような質問が重要でしょう。授業を通して，教育実習生が生徒たちに身につけてほしいと思っていたことは何か？　授業中の教育実習生の考えはどういうものだったか？　たとえば，何人かの生徒が黒板に背を向ける形で座っていたとき，教育実習生はどのように感じていたのか？　そして，教育実習生はこうした態度に対してどのような反応を示したか？

指導者は，学生にこうした質問を投げかけることで，行為を具体化し経験に

第10章
リアリスティック・アプローチのための教師教育者の研修

形を与える手助けをすることができます。漠然とした答え（たとえば，「今日はあまりうまくいかなかった。」）は，質問を通してより具体化できるのです（たとえば，「正確には何がうまくいかなかったのか？」「何がうまくいったのか？」「授業の冒頭の5分間には何をしたか？」「大多数の生徒が課題に取り組み始めたとき，どのように感じたか？」）。

次に，具体化は，先ほどと同じ4側面を教育実習生が生徒の側から答えることができるようにも手助けしてくれます。つまり，生徒たちは授業中に何を欲していたのか？ 授業の各瞬間に生徒は何をしていたか？ それらの行動をとりながら生徒たちは何を感じ，考えていたか？ といった質問に答えられるようになるのです。

研修コースの中では，第2局面における4つのスキルに重点が置かれ，これらのスキルをさまざまな形で伸ばしていきます。第2局面は，前に述べた態度の基本的変革を引き起こす鍵を握っています。つまり，指導者のスキルはすべて，学生たちが徐々に一人で仕事をこなせるようにしていくことをめざすものである一方で，学生たちがそのようになるまでは彼らを導かなければならないのです。少しずつ慣れさせるために，たくさんの練習（そしてその練習に対する指導者の省察）が必要です。10.5節に，演習の例を挙げています。

本質に向かって

指導の目的は，次第に教育実習生が図10.1の左欄と右欄の関係性に気づいていくことにあります。つまり，自身の感情が行動に影響を及ぼし，その行動がまた教室内の生徒たちの感情や行為を動かしていることを発見することです。端的にいえば，授業中のやりとりは循環的特徴（5.6節と8.5節を参照）をもつことが多いことを教育実習生に自覚させることが目的なのです。これは，ALACTモデルの第3局面の目的，本質的側面の自覚を達成するために重要なやり方です。

0. 内容	
1. 私は何をしたかったのか？	5. 生徒たちは何をしたかったのか？
2. 私は何をしたのか？	6. 生徒たちは何をしたのか？
3. 私は何を考えたのか？	7. 生徒たちは何を考えたのか？
4. 私は何を感じたのか？	8. 生徒たちは何を感じたのか？

図10.1　9つの側面の基本を具体化する

不一致

　問題の本質というのは，たとえば教育実習生の感情とその実習生の行為の食い違いといった不一致にあることが多いようです。デ＝ブラインとヴォルガー（De Bruin & Vulker, 1984）は，不一致を中心とした理論を体系立てています。デ＝ブラインは，指導者は学生が一貫しない，雑多と思われるさまざまな言葉を用いている点に，学生を向き合わせることを指摘しています。思考と感情の不一致（たとえば，「十分授業の準備はしたと思うけれど，取り上げる題材が適切だったかどうか不安でした」）や，言葉と行動の不一致（たとえば，これ以上の騒ぎは許されないと生徒たちに警告したものの，授業が進んで生徒たちの態度が変わらなくてもなお，教室からポールを追い出さなかった）など。具体化の表（図10.1）の各側面の間に生じ得る不一致は，まさにこうした矛盾する発言を表しています。

選択肢の拡大

　指導者の協力のもと，学生が自身の長所と本質的な弱みを自覚し，それらを具体レベルで体系的に説明できるようになったら，次のステージに進むべき時だと考えられます。次に進むステージとはすなわち，選択肢の再考（第4局面）です。

　研修セッションの中で，実習後に指導者が制度に則って主導権を第2，第3

局面にある教育実習に譲り，実習生自身に授業を振り返らせ，彼ら自身に弱みを指摘させることができている光景をよく目にします。しかし，会話の最後には，主導権は再び実習生から取り上げられてしまっていることも多いです。ですので，選択肢を拡大するとき，以下の問いを注意するべきだと思われます。「教育実習生も選択肢の拡大に携わっているか？」そして，「結論を出すのは誰か？」。これらは，私たちが養成コースで用いる，第4局面における7つのポイントの一部です（すべてのポイントについては，図5.3を参照）。

省察による自立的学習

　前述の研修プロセスは，教師教育者に幅広いスキルを身につけさせることを意図しています。たとえば，共感的な反応を示したり，具体化の手助けをしたり，厳しく向き合ったり，選択肢を拡げる手伝いをしたりする能力です。こうしたスキルはすべて，学生が省察の各局面を乗り越えることを可能にしてくれます。一度これらのスキルを修得したなら，学生たちが自立的に省察プロセスを進むことを身につけられるようにするためにあなたが指導者としてできる次のことは何か？　と問うことが，次のステップです。何よりもまず重要なのは，指導の基礎にある体系に学生が気づくことです。よって，ALACTモデル，およびALACTモデルの各局面や原理に言及しながら，その体系を説明することも，指導者の重要な役割なのです。ですから，指導期間の前にこのモデルについて教えられ，教師教育コースの中などでそのモデルを用いる方法を教わることが，学生の自立的な学習の重要な条件となっているのです。こうして初め

学び自体のプロセスの省察を促す質問

1. 私はどのようにして学んだのか？
2. 私の学び方について，特に気がついた点は何か？（強み／弱み）
3. 私自身の学びにおける目的や学習ニーズ，および，選択し得る別の学び方は？

図10.2　学び自体のプロセスの省察

て，学生は自身の省察のしかたについて考えることを促されることになります（メタ省察：5.10節および8.3節参照）。これらのことを通して，自身の学び方に関して学ぶ特別な機会に恵まれるのです。

このとき，図10.2に整理した質問項目が役に立つかもしれません。実をいうと，これらは自身の学び方こそが省察対象となる行為局面（ALACTモデルの第1局面）における省察のための3つの基本的な問いを言い換えたものです。

省察をねらったカリキュラム

ここまでは，学生が自身の授業経験を省察することの手助けに焦点を当ててきました。一般的に，研修コースの中では「どうすれば省察の原理が教師教育カリキュラムのすべての要素の中に変換され得るのか？」という教師教育学に対するより大きな問いが沸き起こります。

本コースは，2つの方法でこの問いに応じます。第一に，どの方法を使うことで参加者が学生のグループや個々の学生たちの省察をうまく促したか，あるいは促しているか，を観測します。そして第二に，その他の選択肢を多く提案します。

省察と経験からの学びを，どのようにして異なる文脈の中で（たとえば，異なる科目，異なる規模のグループ，などで）促すことができるのか，という問いへの具体的な答えを教育者が見つけるための方法を私たちは幅広く心得ています。今までの章の中で，関連する技法や道具を多数説明してきました。第一に，日誌が担う中心的な役割，およびその本コースへの導入の重要性を強調し（詳細は第8章を参照），また，教師教育プログラムにおけるALACTモデルの体系的な活用に関する説明の重要性も強く主張しました。大人数のグループでの省察をよりうまくしようと思えば，たとえばレンガの壁，4欄の表，レパートリー表，接続の矢印（詳細は第6章を参照）などのさまざまな手法の中から選択することになります。それぞれの技法は異なる省察領域に向けられたもので

す。たとえば，4欄の表の技法は，授業実践における学生の目標に関する省察を促すもので，これを用いることで，学生はいかにこれらの目標を簡単に忘れがちであるか，これらの目標がいかに非現実的であることが多いか，どうすれば具体化できるのか，達成するためにはどの方略が効果的で，どの方略が効果的でないか，ということに気づかされます。

　レパートリー表は，生徒に対する自身の行為を決定する，無意識であることの多い構造を，教師たちに自覚させるための技法です。こうした省察の技法をグループで活用することで，省察のプロセスに新たな深みが生まれます（「協働の次元」）。教師教育者の研修コースでは，参加者に合った形でこれらの技法を用いるので，技法を自ら体験することができます。たとえば，レンガの壁の技法を用いるなら，教師教育や指導に関する文章の書かれた短冊を参加者に配ります。

10.5　活動と演習

　以上が，研修コースの目的，構造と内容の説明です。先に述べたように，理論や多様なスキルを身につける基盤となる，さまざまな活動や演習を行います。さて，次に，研修コースで用いられる演習の例をいくつか紹介します。

質問の時間

　私たちのコースで尋ねる最初の質問のひとつは，「このコースに参加する際，あなたが教師教育者として抱いていた問いは何ですか？」というものです。これは参加者たち自身の省察を促す質問例です。

　中等学校の教師教育プログラムに参加していたある教育者たちのグループは，この質問への回答として，たとえば以下のようなものを挙げました。

・実習生たちにアドバイスをすぐに与えすぎてしまうことなく，「一定の距

離を置いて」（実習生の授業を直接見ることなく）実習生たちを指導し，もっと実習生たち自身で問題を解決できるようにさせるには，どのようにすればよいのか？
・もっと指示的でなく実習生たちに接せられるようになりたい。また，静かに見守る方法を知りたい。
・直感的に学生たちを指導してしまっているように感じているが，それでよいのか？
・指導の実践により効果的なモデル，あるいは，時間効率のよいモデルとは，どのようなものか？
・実習生たちの省察を手助けするためには，どのようなスキルが必要なのか？
・省察に体系的な構造をもたせるためには，どうすればよいのか？

以上のような問いをもとに，コースに取り入れる活動の種類を決め，その特定のコースのための内容を考えます。

具体化のスキルのための演習

私たちは具体化のスキルを伸ばすために，参加者が日頃の仕事の中で出くわした実際の厄介な場面を例に挙げたり，教育実習生が自身の経験した授業実践について指導者と話をしている場面を短く編集した映像をいくつか見せたりしています。これらの短い映像の出だしはいつも，指導者の問いかけから始まります。たとえば，

指導者：「エディス，今日はどうでしたか？」
エディス：「全然うまくいきませんでした。とてもひどかったです。あのグループが，授業中ひどく荒れてしまっていました。どうにかして切り抜けようと思って，どんどん声を張り上げて話したりしました。ただ，ある段階で，やめておこうという気持ちになり，穏やかに話すことにしました。でも，うるさい音や騒ぎは止まな

第10章
リアリスティック・アプローチのための教師教育者の研修

くて……。ある段階で，リンダを退室させました。授業後，彼女はクレアと一緒に戻ってきて，私の前に座っていたのですが，私はどうしても彼女たちの間を割って通ることができませんでした。本当に，大変でした！ 授業中ずっと声を張り上げて，生徒たちの注意を集めるために最大限に努力をして，それでもリンダをまた退室させないといけないなんて。しかも，その後に彼女と話をしていて，自分の力不足に気付かされ……，彼女たちは私に悪い点があったと非難してきたんです。本当に，最悪だと思いました。」

この映像を見た後に参加者に与えられる課題は，図10.1の9つの欄を用いてこの映像を整理するという内容です（つまり，エディスはどの欄に当てはまることを話しているのか？）。続いて参加者は，9つの欄のいずれかに当てはまると同時にまだ学生が発していないような具体化を促す質問をつくるように

「理論」に賛同する反応として想定し得るもの

「具体化」演習の結果：
「このクラスは本当にあなたを苦しめていますね……最終的にはクラスの生徒たちとどのような関係になりたいと考えているのですか？」
この反応の仕方は「理論」と合致します。なぜなら，学生の感情を言語化することからはじめて（「苦しめている」など。これは，共感的に反応することを意味します），その次に，学生がまだ口にしていないこと（ここでは，学生の将来的な希望）を聞き出そうとしているからです。

「らせんモデル」演習の結果：
1. 第2局面（経験の振り返り），第3局面（本質的な部分への気づき。但し，これはほんの少ししか触れられていない），および第4局面（選択肢の拡大）
2. 文脈（「経緯を少し説明してもらえますか？」），Aの行為（「具体的に何と言って，何をしたのですか？」），Aの感情（「あなたをイライラさせたものは何なのでしょうね？ まさに何だと思いますか？」），生徒たちの感情（「つまり，状況をまとめると，彼は……」）
3. 具体化，まとめ：「具体的に何をしたのですか？」（具体化），「要するに，あなたは2つのことをしたのですね」（まとめ）

「不一致」演習の結果：
「あなたは本当にどうにかしたいと考えているのですが，無力さを感じてしまっている。」
（これは，感情と希望との間の不一致に注目した例ですが，本文の引用の中は，その他の不一致も多く含まれています。）

図10.3 「理論」に合致する反応として想定し得るもの

指示されます。このとき，実習生への共感的な反応の仕方も，合わせて考えます。全員がこの作業を終えたら，それぞれの反応を音読し，話し合います（図10.3に，理論に合致する反応の例をいくつか挙げてあります）。この活動を通して，共感と具体化の意味に関するより深い見識が得られます。

らせんモデルを用いた演習

　研修に用いる教材は，参加者自身の指導経験を基に案出されたものが多いです。ここで，「指導の中でご自身が直面した問題を，ここで発表していただける方はいますか？」という研修講師の問いかけから生まれた会話を記します。ここで「A」と呼ばれている参加者は，とても厄介な状況に出くわしたことがあるのだと答えました。研修講師は他の参加者（B）に，Aの指導者の役を演じるように伝えました。こうして，次のような会話が始まりました。

B：「経緯を少し説明してもらえますか？」
A：「昨日，私は授業見学のために学校に出向きました。授業後の話し合いの中で，私は学生に，授業が予定通りに進んだかどうか尋ねました。すると，学生は，自分の授業の良かった点しか思い浮かばないようなのです。私が観察していた限り，この学生はある生徒のグループを見失ってしまっていました。

でも，学生が自らその点に気づくように促すことができず，とても残念でした。結局，私が話し合いを主導する形になってしまい，学生の口数は減ってしまいました。」
B：「具体的に何と言って，何をしたのですか？」
A：「まず，学生と授業の概要を振り返りました。そして私は，窓側のグループが私語を始めるのを目撃したことを伝えました。」
B：「あなたはその点を指摘し，その点に関する価値判断は示さなかったのですか？」
A：「学生がすぐさま防衛的な態度をとったのです。ですから私は，そんなに悪いことではないですよね，ただ，この点も話題に出しておきたかっただけですよ，と言ったんです。でも，うまく伝えられなかったのだと思います。」
B：「つまり，状況をまとめると，彼は……」

第10章
リアリスティック・アプローチのための教師教育者の研修

A:「そうです，嫌な予感がしたのでしょう。」
B:「要するに，あなたは2つのことをしたのですね。まず，授業を一緒に振り返って，次に，観察した事柄をひとつ指摘した，という。最初は，学生自身に自発的に話題を決めさせようとしたのですか？」
A:（考えて，一瞬止まる。）「いいえ。」
B:「あなたをイライラさせたものは何なのでしょうね？　まさに何だと思いますか？」
A:「イライラしていたわけではないのです。私が抱えている問題は，違う形にもっていきたいのに，うまく伝えられないことにあるのだと思います。」
B:「その問題に対して，何ができるでしょうね？」
A:（沈黙）「わかりません。」
B:「違う人で試したことはありますか？　その時はうまくいきましたか？」
A:「間違いなく，学生の態度に関係しているのだと思います。もしかすると，話し合いのはじめに，学生たちにもっと安心感をもってもらえるように努力すべきなのかもしれません。」
B:「そのためには，具体的に，どうすればよいでしょう？」

この時点で，研修講師がこの会話を中断しました。コース参加者に与えられた課題は以下の通りです。

1. この会話に見られる局面は，何番目の局面か？
2. Bが投げかけた，具体化を促す質問には，どのような知識が生かされていたか？
3. この会話の中で，Bがうまく使うことのできたスキルはどのようなスキルか？

（「指導」に合致する反応の例は，図10.3に示しました。）

不一致

以下は，別の映像の内容です。

指導者：「それで，今日はどうでしたか？」

エディス:「まあまあの出来でした。生徒たちもなかなか楽しんでいたと思います。かなり良い授業で，生徒たちは本当に楽しい時間を過ごしていました。長文読解の授業だったので，生徒たちにやる気がないことは予想できていたのですが，しばらくすると，少し悪ふざけの度が過ぎました。私が教室の後ろにいた時，掃除機を投げつけられたのです。どうすればよいかわからなかったので……とにかく，わからなかったのです。私は，教室の前に歩いていき，ただ生徒たちを見つめました。でも，なんというか，こんなのあり得ないと思ったんです。また，もう生徒たちがこの授業を聴いて教科書に取り組もうという気がなくなっていることは，私にも十分わかりました。」

　この映像に関する課題は，映像に登場する学生の発言にある不一致の名称を書くというものです。続く話し合いの中で，これらの不一致は一般的な枠組みの中に位置づけられます（繰り返しになりますが，理論に合致する反応の例は図10.3 に示してあります）。

省察を目的とする構造

　「学生の省察を促す方法で，この研修コースの中ですでに用いた方法を発表していただける方はいらっしゃいます？」という質問を，私たちの研修コースの参加者によく尋ねます。初等教育の教師教育専門校での研修セッションの中でこの質問をしたところ，参加者たちは省察を促す道具として，日誌をとらえ始めました。そして次の研修セッションに，自身の担当している学生たちの日誌を１つか２つ持参して来ました。それらの日誌には，学生が初めての実習授業を経験した時のことが書かれていました。研修コースでは，グループに分かれて，日誌を用いて話し合いをする方法を練習しました。この際，教師教育者たちは，自分が書いた日誌について話し合うことになった学生の役を演じ，その他のコース参加者がセッションを取り仕切りました。

　まず，ある教育者はかっちりと構造化されたやり方でグループを指導してみせました。彼女は，学生たちが質問を発し，順々に話すようにし，自身はその後に話し合いの内容をまとめるなどしました。彼女たちがこの実践例を演じ終

えた後，研修講師は，学生をグループにして日誌に関する話し合いを行う別のやり方を披露してくれる人がいないか，尋ねました。すると他のコース参加者が名乗り出て，まったく違ったやり方を示しました。彼女はまず，「今日のセッションの目的は，あなたたちの授業の出来がどの程度のものか一緒に話し合うことだけでなく，この話し合いを通してお互いのことをよりよく知り，お互いを信頼することを学ぶことにあります。ですから，順番に，どこで実習授業を行っているのか，実習の中でとりわけ何が衝撃的だったか，発表してもらいます」。このように，教師教育者は導入としてグループの前で話しました。その後，彼女はグループに交じって座り，会話の中で，特に非言語的な方法で，「学生たち」が本当に自身の経験を交わし，コミュニケーションをとることができるように取り計らいました。

この演習によって，研修セッションに参加する各々の教師教育者にとって，省察の促進に関する2つの原則が鮮やかなまでに明らかになりました。すなわち，教師教育者として，中心的な役割ではなく，導き，支える役割を担わなければならず，それゆえに，イニシアティブは学生たちに与え，彼らに作業させなければならない，という2原則です。また，話し合いを構造化するのは教師の役割だということも，明らかになりました。

（宿題としての）課題

ほぼすべてのケースで，研修セッションは研修内容を日頃の教育実践に結び付けるための課題で締めくくられます。最初のセッションの最後に，研修コースの参加者たちは，「最初のセッションであなたが大事だと感じた事柄は何で，何を来週の実践で活用してみようと思いますか？　必要があれば，日誌に記入してください」という課題を出されます。（これらの質問はALACTモデルの第3，第4局面に関連しており，ここでは参加者自身の学びのプロセスに適用されていることに注意してください）。

この課題が，2回目のセッションの最初のペア演習の開始点になります。以

下のような問いで，AさんがBさんを前回の意図に沿って指導します。結果はどうですか？　何を試みましたか？　上手くいきましたか？　応用する際の問題は何ですか？　ここから生まれる新しい問いは何ですか？

2回目のセッション（共感的な反応に焦点を当てる）の最後には，課題として参加者に以下の問いが投げかけられます。来週，あなたが会話をしている場面を3つ見つけて，普段よりも共感的に反応するよう，意識して心がけてみてください。その会話では，あなたに何が起こり，相手の人に何が起こりましたか？　できるだけ具体的に記入してください。

10.6　研修コースにおけるコース・ペタゴジーの原則

研修コースについてここまで述べてきたことは，このコースの基盤となる原則をすでにいくつか示していたといえます。

1. 研修コースの内容と，参加者の個人的な問いが結びついていること。これは重要な原則です。
2. 研修コースの中で提供されるスキルや理論は，具体的な経験に結び付いており，参加者は研修セッションの合間に習得したスキルを実践する。つまり，実践経験を引き出し，それらに関する省察を行い，省察した内容を関連する理論に結び付け，さらにその理論に結び付けられた経験を新しい場面へ応用する作業はすべて，代わる代わる順々に起こるという意味です。こうすることで，コースの構造と内容は，教師教育のらせんモデルを用いた実例となります。
3. 参加者自身の経験から出発することで，2つのことが同時に可能になります。すなわち，参加者が指導に関して抱く問いと，研修コースの中で引き合いに出される問題が関連しているので，演習の内容はすべての参加者にとって関係していることが1点目。また，演習は現実の問題を扱っているので，それを分析する際には指導者と被指導者の実際の反応を応用して考

えることができることが2点目です。実は，本コースではロール・プレイングはほとんど必要ないのです。
4. 研修セッションの最中もそうでない時も，参加者がさまざまな行動を試してみることを恐れないよう，安心できる学習環境を作り上げる必要があります。このため，研修講師は，たとえば最初に参加者らと研修講師が正のフィードバックを行ったことを確認して初めて，モデルの機能を全うできたといえるのです。
5. 絶え間なく自主的な専門性の発達は，参加者自身の学びに関する問いに体系的に耳を傾けることと，参加者らに自身の成長を体系的に記録させることによって可能になります。
6. 最も重要なことは，上記の5つの原則を応用することで，研修コースはリアリスティック・アプローチの原則と適合し，研修講師がロール・モデルの役を果たす，という点です。

10.7 コースに関する省察と提言

指導スキルを伸ばすための研修コースは，明らかに，あるニーズを満たします。参加者からの評価を見れば，この研修コースがこんなにも有益である理由が伺えます。それは，(1) 実践的な性質を帯びているから，(2) 指導を構造的な枠組みの中に組み込んでいるから，(3) このコースの中で身につけるスキルの多くは「翌日から生かせる」（ある参加者の発言）から，(4) 指導者としての立場から省察を行うから，そして，(5) 同僚と一緒に日頃の問題に取り組むことには一種の心地よさがあるからです。また参加者は，自身が担当する教師教育プログラムの中に省察をどのようして構造的に組み込み得るかという問いに関して，より深い見識をもてるようになることも報告されています。しかし，最大のポイントは，コース内容を最終的に参加者の「普段の場面」の組織的な枠組みの中に変換することです。研修コースは，一度限りの活動であってはならないのです。コースは，教師教育カリキュラムのあらゆる場面における指導

と省察に繋がっていなければなりません。

　要するに，この研修コースで私たちは，ある変革を実現する第一歩を踏み出したいと考えています。その変革とはつまり，指導に関する新しい考え方をつくり出し，この新しい考え方を形にするための指導スキルを示すことで，教育者が教師教育プログラムを通じて学生の省察を促せるようになるための知識やスキルを開発することです。

　私たちが考える，教師教育者に必要なスキルは，図5.5に示しました。しかし，省察を促進し，教育実習の合間に教育実習生を指導することは，教師教育者が秀でる必要のある分野のたったひとつに過ぎません。この点で，本章は，教師教育スタッフの専門性の発達のためのプログラムのひとつの部分を説明しただけだといえます。私たちは他にも，学校経験と理論が結びつくように，（6.2節にある5段階構造に基づいて）教育実習生のグループに対応する方法に関する研修コースも提供しています。また，教育実習生のグループに自立的学習を促すと同時に，教育実習生が生徒たちの自立的学習や省察的学習を促すことができるようにするためのコースもありますし，教師教育者や教師教育者が働く諸機関が抱えている疑問や心配事に合わせたコースも提供しています。さらに，同僚や指導教諭にリアリスティック・アプローチを身につけさせたいと考えている教師教育者のために，研修講師研修コースも始めています。

　教師教育者に対する仕事をする中で，教師教育者という職業の，広く受け入れられた概略こそが必要とされているのだとわかりました。少なくとも，多くの国で，初等学校や中等学校の教師の職業に関する概略は作られているのに，教師教育者自体に関してほとんどつくられていないといっても過言ではないでしょう。私たちが考えるに，これは政府や，教師教育者の専門職協会の任務です。教師教育者の職業に関する概略があれば，必要な能力が特定できます。そしてこのことは，教師教育者の専門性の発達を促す研修プログラムの開発に繋がるのです（Koster and Dengerink, 2000）。

参考文献

Abdal-Haqq, I. (1997). *Professional development schools: weighing the evidence*. Washington, DC: American Association of Colleges for Teacher Education.

Admiraal, W. F., Lockhorst, D., Wubbels, T., Korthagen, F.A.J., & Veen, W. (1998). Computer-mediated communication environments in teacher education: Computer conferencing and the supervision of student teachers. *Learning Environments Research, 1*, 59–74.

Allender, J. A. (1982). Fourth grade fantasy. *Journal of Humanistic Education, 6*, 37–38.

Anderson, G. L., & Herr, K. (1999). The new paradigm wars: Is there room for rigorous practitioner knowledge in schools and universities? *Educational Researcher, 28*(5), 12–21, 40.

Anderson, J. R. (1980). *Cognitive psychology and its implications*. San Francisco: Freeman.

Argyris, C., & Schön, D. A. (1974). *Theory in practice: Increasing professional effectiveness*. New York: Jossey-Bass.

Ashton, P. (1996). Improving the preparation of teachers. *Educational Researcher, 25*(9), 21–22, 35.

Ashton, P., Comas, J., & Ross, D. (1989, March). *Examining the relationship between perceptions of efficacy and reflection*. Paper presented at the annual meeting of the American Educational Research Association, San Francisco.

Bain, J. D., Ballantyne, R., Packer, J., & Mills, C. (1999). Using journal writing to enhance student teachers' reflectivity during field experience placements. *Teachers and Teaching: Theory and Practice, 5*(1), 51–73.

Bandura, A. (1978). *Social learning theory*. Englewood Cliffs, NJ: Prentice Hall.

Bandura, A. (1982). Self-efficacy mechanism in human agency. *American Psychologist, 33*, 344–358.

Barber, M. (1997). *The learning game: Arguments for an educational revolution*. London: Indigo/Cassell.

Barlow, H. (1990). What does the brain see? How does it understand? In H. Barlow, C. Blakemore, & M. Weston-Smith (Eds.), *Images and understanding* (pp. 5–25). Cambridge, England: Cambridge University Press.

Barone, T., Berliner, D. C., Blanchard, J., Casanova, U., & McGowan, T. (1996). A future for teacher education. In J. Sikula (Ed.), *Handbook of research on teacher education* (2nd ed., pp. 1108–1149). New York: Macmillan.

Bateson, G., & Jackson, D. D. (1964). Some varieties of pathogenic organization. *Research Publications of the Association for Research in Nervous and Mental Disease, 42*, 270–283.

Beckman, D. R. (1957). Student teachers learn by doing action research. *Journal of Teacher Education, 8*(4), 369–375.

Bell, B., & Gilbert, J. (1996). *Teacher development: A model from science education*. London: Falmer Press.

Bennett, N., & Carré, C. (1993). *Learning to teach*. London: Routledge.

Ben-Peretz, M. (1995). Curriculum of teacher education programs. In L. W. Anderson (Ed.), *International encyclopedia of teaching and teacher education* (pp. 543–547). Oxford: Elsevier-Science/Pergamon.

参考文献

Berlak, H., & Berlak, A. (1981). *Dilemmas of schooling.* London: Methuen.
Berliner, D. C. (1986). In pursuit of the expert pedagogue. *Educational Researcher, 15*(7), 5–13.
Berliner, D. C. (1987). Ways of thinking about students and classrooms by more and less experienced teachers. In J. Calderhead (Ed.), *Exploring teachers' thinking* (pp. 60–83). London: Cassell.
Berry, D. C., & Dienes, Z. (1993). *Implicit learning, theoretical and empirical issues.* Hillsdale, NJ: Lawrence Erlbaum Associates.
Biesta, G. (1995). Pragmatism as a pedagogy of communicative action. *Studies in Philosophy and Education, 13,* 273–290.
Blume, R. (1971). Humanizing teacher education. *Phi Delta Kappan, 53,* 411–415.
Bogen, J. E. (1969). The other side of the brain: II. An appositional mind. *Bulletin of the Los Angeles Neurological Society, 34,* 135–162.
Bogen, J. E. (1973). The other side of the brain: An appositional mind. In R.E. Ornstein (Ed.), *The nature of human consciousness* (pp. 101–125). San Francisco: Freeman.
Bonarius, H., Holland, R., & Rosenberg, S. (Eds.). (1981). *Personal construct psychology: recent advances in theory and practice.* London: Macmillan.
Borko, H., & Putnam, R. T. (1996). Learning to teach. In D. C. Berliner & R. C. Calfee (Eds.), *Handbook of educational psychology* (pp. 673–708). New York: Macmillan.
Borrowman, M. L. (1965). Liberal education and the professional education of teachers. In M. L. Borrowman (Ed.), *Teacher education in America: A documentary history* (pp. 1–53). New York: Teacher's College Press.
Boud, D., Keogh, R., & Walker, D. (Eds.). (1985). *Reflection: Turning experience into learning.* London: Kogan Page.
Brammer, L. M. (1973). *The helping relationship: Process and skills.* Englewood Cliffs, NJ: Prentice-Hall.
Brekelmans, J.M.G. (1989). *Interpersoonlijk gedrag van docenten in de klas* [Interpersonal teacher behavior in the classroom]. Utrecht: WCC.
Britzman, D. (1986). Cultural myths in the making of a teacher: Biography and social structure in teacher education. *Harvard Educational Review, 56*(4), 442–456.
Brouwer, C. N. (1989). *Geïntegreerde lerarenopleiding, principes en effecten* [Integrative teacher education, principles and effects]. Amsterdam: Brouwer.
Brown, A. L., Campione, J. C., & Day, J. D. (1981). Learning to learn: On training students to learn from texts. *Educational Researcher, 10*(2), 14–21.
Brown, G. I. (1971). *Human teaching for human learning: An introduction to confluent education.* New York: Viking.
Brown, J. S., Collins, A., & Duguid, P. (1989). Situated cognition and the culture of learning. *Educational Researcher, 18*(1), 32–42.
Bruner, J. S. (1960). *The process of education.* Cambridge, MA: Harvard University Press.
Bruner, J. S. (1964). The course of cognitive growth. *American Psychologist, 19,* 1–5.
Bryden, M. P. (1982). *Laterality: Functional asymmetry in the intact brain.* New York: Academic Press.
Buber, M. (1983). *Ich und Du* [I and you]. Heidelberg: Schneider.
Bullough, R. V. (1997). Practicing theory and theorizing practice in teacher education. In J. Loughran & T. Russell (Eds.), *Purpose, passion and pedagogy in teacher education* (pp. 13–31). London: Falmer Press.

Bullough, R. V., & Gitlin, A. D. (1994). Challenging teacher education as training: Four propositions. *Journal of Education for Teaching*, 20(1), 67–81.

Bullough, R. V., Hobbs, S. F., Kauchak, D. P., Crow, N. A., & Stokes, D. (1997). Long-term PDS development in research universities and the clinicalization of teacher education. *Teaching and Teacher Education*, 7(5–6), 531–535.

Bullough, R. V., & Kauchak, D. (1997). Partnerships between higher education and secondary schools: Some problems. *Journal of Education for Teaching*, 23(3), 215–233.

Bullough, R.V.J. (1989). *First year teacher: A case study*. New York: Teacher's College Press.

Bullough, R.V.J., Knowles, J. G., & Crow, N. A. (1991). *Emerging as a teacher*. London: Routledge.

Burden, P. (1990). Teacher development. In W. R. Houston (Ed.), *Handbook of research on teacher education* (pp. 311–328). New York: Macmillan.

Calderhead, J. (1988). Introduction. In J. Calderhead (Ed.), *Teachers' professional learning* (pp. 1–11). Philadelphia: Falmer Press.

Calderhead, J. (1989). Reflective teaching and teacher education. *Teaching and Teacher Education*, 5, 43–51.

Calderhead, J. (1991). The nature and growth of knowledge in student teaching. *Teaching and Teacher Education*, 7(5–6), 531–535.

Calderhead, J., & Gates, P. (1993). *Conceptualizing reflection in teacher development*. London: Falmer Press.

Calderhead, J., & Robson, M. (1991). Images of teaching: Student teachers' early conceptions of classroom practice. *Teaching and Teacher Education*, 7(1), 1–8.

Cantor, N. (1972). *Dynamics of learning*. Mannheim: Agathon Press.

Carkhuff, R. R. (1969a). *Helping & human relations* (Vol. 1). New York: Holt, Rinehart & Winston.

Carkhuff, R. R. (1969b). *Helping & human relations* (Vol. 2). New York: Holt, Rinehart & Winston.

Carlson, H. L. (1999). From practice to theory: A social constructivist approach to teacher education. *Teachers and Teaching: Theory and Practice*, 5(2), 203–218.

Carr, W., & Kemmis, S. (1986). *Becoming critical: Education, knowledge and action research*. London: Falmer Press.

Carter, K. (1990). Teachers' knowledge and learning to teach. In W. R. Houston (Ed.), *Handbook of research on teacher education* (pp. 291–310). New York: Macmillan.

Carter, K., Cushing, K., Sabers, D., Stein, P., & Berliner, D. (1988). Expert–novice differences in perceiving and processing visual classroom information. *Journal of Teacher Education*, 39(3), 25–31.

Carter, K., & Doyle, W. (1996). Narrative and life history in learning to teach. In J. Sikula (Ed.), *Handbook of research on teacher education* (2nd ed., pp. 120–142). New York: Macmillan.

Castle, J. B. (1997). Toward understanding professional development: Exploring views across a professional development school. *Teachers and Teaching: Theory and Practice*, 3(2), 221–242.

Chadbourne, R. (1997). Teacher education in Australia: What difference does a new government make? *Journal of Education for Teaching*, 23(1), 7–27.

Clandinin, D. J. (1985). Personal practical knowledge: A study of teachers' classroom images. *Curriculum Inquiry*, 15(4), 361–385.

参考文献

Clandinin, D. J. (1995). Still learning to teach. In T. Russell & F. Korthagen (Eds.), *Teachers who teach teachers* (pp. 25–31). London: Falmer Press.

Clark, C. M. (1986). Ten years of conceptual development in research on teacher thinking. In M. Ben-Peretz, R. Bromme, & R. Halkes (Eds.), *Advances of research on teacher thinking* (pp. 7–20). Lisse: Swets & Zeitlinger.

Clark, C. M., & Lampert, M. (1985, April). *What knowledge is of most worth to teachers? Insights from studies of teacher thinking.* Paper presented at the annual meeting of the American Educational Research Association, Chicago.

Clark, C. M., & Yinger, R. J. (1979). Teachers' thinking. In P. L. Peterson & H. J. Walberg (Eds.), *Research on teaching: Concepts, findings and implications* (pp. 231–263). Berkeley, CA: McCutchan.

Cloetta, B., & Hedinger, U. K. (1981). *Die Berufssituation junger Lehrer* [The professional situation of beginning teachers]. Bern: Haupt.

Cobb, P. & Bowers, J. (1999). Cognitive and situated learning perspectives in theory and practice. *Educational Researcher, 28*(2), 4–15

Cogan, M. L. (1973). *Clinical supervision,* Boston: Houghton Mifflin.

Cole, A. L. (1988, April). *Personal knowing in spontaneous teaching practice.* Paper presented at the annual meeting of the American Educational Research Association, New Orleans.

Cole, A. L. (1997). Impediments to reflective practice. *Teachers and Teaching: Theory and Practice, 3*(1), 7–27.

Cole, A. L., & Knowles, J. G. (1993). Teacher development partnership research: A focus on methods and issues. *American Educational Research Journal, 30*(3), 473–495.

Combs, A. W. (1965). *The professional education of teachers: A perceptual view of teacher preparation.* Boston: Allyn & Bacon.

Combs, A. W., Blume, R. A., Newman, A. J., & Wass, H. L. (1974). *The professional education of teachers: A humanistic approach to teacher preparation.* Boston: Allyn & Bacon.

Connelly, F. M., & Clandinin, D. J. (1984). Personal practical knowledge at Bay Street School: Ritual, personal philosophy and image. In R. Halkes & J. H. Olson (Eds.), *Teachers thinking: A new perspective on persisting problems in education* (pp. 134–148). Lisse: Swets & Zeitlinger.

Connelly, F. M., & Clandinin, D. J. (1985). Personal practical knowledge and the modes of knowing: Relevance for teaching and learning. In E. Eisner (Ed.), *Learning and teaching the ways of knowing, 84th yearbook of the National Society for the Study of Education, part II* (pp. 174–198). Chicago: University of Chicago Press.

Copeland, W. D., Birmingham, C., DeMeulle, L., D'Emidio-Caston, M., & Natal, D. (1994). Making meaning in classrooms: An investigation of cognitive processes in aspiring teachers, experienced teachers, and their peers. *American Educational Research Journal, 31*(1), 166–196.

Corcoran, E. (1981). Transition shock: The beginning teacher's paradox. *Journal of Teacher Education, 32*(3), 19–23.

Corey, S. (1953). *Action research to improve school practices.* New York: Teacher's College Press.

Cornbleth, C., & Ellsworth, J. (1994). Teachers in teacher education: Clinical faculty roles and relationships. *American Educational Research Journal, 31*(1), 49–70.

Corporaal, B. (1988). *Bouwstenen voor een opleidingsdidactiek* [Building blocks for a pedagogy of teacher education]. De Lier: Academisch Boeken Centrum.

Créton, H. A., & Wubbels, T. (1984). *Ordeproblemen bij beginnende leraren* [Discipline problems of beginning teachers]. Utrecht: WCC.
Créton, H. A., Wubbels, T., & Hooymayers, H. P. (1989). Escalated disorderly situations in the classroom and the improvement of these situations. *Teaching and Teacher Education*, 5(3), 205–215.
Crow, N. (1987, April). *Preservice teacher's biography: A case study*. Paper presented at the annual meeting of the American Educational Research Association, New Orleans.
Cruickshank, D. R., Holton, J., Fay, D., Williams, J., Kennedy, J., Myers, B., & Hough, J. (1981). *Reflective teaching*. Bloomington, IN: Phi Delta Kappa.
Csikszentmikalyi, M. (1991). *Flow: The psychology of optimal experience*. New York: Harper Perennial.
Damasio, A. R. (1994). *Descartes' error: Emotion, reason and the human brain*. New York: Grosset Putman.
Dann, H. D., Cloetta, B., Müller-Fohrbrodt, G., & Helmreich, R. (1978). *Umweltbedingungen innovativer Kompetenz* [Contextual conditions of innovation competence]. Stuttgart: Klett-Cotta.
Dann, H. D., Müller-Forhbrodt, G., & Cloetta, B. (1981). Sozialization junger Lehrer im Beruf. Praxisschock drei Jahre später [Professional socialization of young teachers. The transition shock three years later]. *Zeitschrift für Entwicklungspsychologie und Pädagogische Psychologie*, 13, 251–262.
Darling-Hammond, L. (1994). *Professional development schools: Schools for developing a profession*. New York: Teacher's College Press.
Day, C. (1984). Teachers' thinking—intentions and practice: An action research perspective. In R. Halkes & J. K. Olson (Eds.), *Teacher thinking, a new perspective on persisting problems in education* (pp. 134–148). Lisse: Swets & Zeitlinger.
Day, C. (1999). *Developing teachers: The challenges of lifelong learning*. London: Falmer Press.
De Bruin, B., & Vulker, N. (1984). *Counselingstraining: Theorie en methodiek voor hulpverlening en begeleiding* [Counseling training: Theory and methods for helping and supervision]. Baarn: Nelissen.
De Jong, J., Korthagen, F., & Wubbels, T. (1998). Learning from practice in teacher education. *Teachers and Teaching: Theory and Practice*, 4(1), 47–64.
Denis, M. (1991). *Image & cognition*. Herefordshire: Harvester Wheatsheaf.
Dennett, D. C. (1991). *Consciousness explained*. Boston: Little, Brown.
Desforges, C. (1995). How does experience affect theoretical knowledge for teaching? *Learning and Instruction*, 5, 385–400.
Desforges, C., & McNamara, D. (1979). Theory and practice: Methodological procedures for the objectification of craft knowledge. *British Journal of Teacher Education*, 5(2), 139–152.
Dewey, J. (1910). *How we think*. Boston: Heath.
Dewey, J. (1933). *How we think: A restatement of the relation of reflective thinking to the educative process*. Boston: Heath.
Dilts, R. (1990). *Changing belief systems with NLP*. Cupertino: Meta Publications.
Dirkx, J. M. (1989, March). *Self-reflection in the clinical experience: Using group processes to improve practitioner–client relationships*. Paper presented at the annual meeting of the American Educational Research Association, San Francisco.

Dolk, M. (1997). *Onmiddellijk onderwijsgedrag: Over denken en handelen van leraren in onmiddellijke onderwijssituaties* [Immediate teaching behavior: On teacher knowledge and behavior in immediate teaching situations]. Utrecht: WCC.

Dolk, M., Korthagen, F.A.J., & Wubbels, T. (1995, August). *What makes teachers teach the way they teach? Instruments to investigate aspects of teachers' gestalts.* Paper presented at the 6th European Conference for Research on Learning and Instruction (EARLI), Nijmegen.

Donaldson, G. A., & Marnik, G. F. (1995). *Becoming better leaders: The challenge of improving student learning.* Thousand Oaks, CA: Corwin Press.

Doyle, W. (1979). Making managerial decisions in classrooms. In D. L. Duke (Ed.), *Classroom management* (pp. 42–74). Chicago: University of Chicago Press.

Doyle, W. (1990). Themes in teacher education research. In W. R. Houston (Ed.), *Handbook of research on teacher education* (pp. 392–431). New York: Macmillan.

Ducharme, E. R. (1993). *The lives of teacher educators.* New York: Teacher's College Press.

Duffy, T. M., & Jonassen, D. H. (Eds.). (1992). *Constructivism and the technology of instruction: A conversation.* Hillsdale, NJ: Lawrence Erlbaum Associates.

Eccles, J. (1985). Self-perceptions, task perceptions, socializing influences, and the decision to enroll in mathematics. In S. F. Chipman, L. R. Brush, & D. M. Wilson (Eds.), *Women and mathematics: Balancing the equation* (pp. 95–121). Hillsdale, NJ: Lawrence Erlbaum Associates.

Edelman, G. M. (1987). *Neural Darwinism: The theory of neuronal group selection.* New York: Basic Books.

Egan, G. (1975). *The skilled helper: A model for systematic helping and interpersonal relating.* Pacific Grove, CA: Brooks/Cole.

Eisner, E. (1985a). Aesthetic modes of knowing. In E. Eisner (Ed.), *Learning and teaching the ways of knowing* (pp. 23–36). Chicago: University of Chicago Press.

Eisner, E. (1985b). *The art of educational evaluation.* London: Falmer Press.

Eisner, E. W. (1979). *The educational imagination.* New York: Macmillan.

Elbaz, F. (1983). *Teacher thinking: A study of practical knowledge.* New York: Nichols.

Elbaz, F. (1991). Research on teachers' knowledge: The evolution of a discourse. *Journal of Curriculum Studies, 23*(1), 1–19.

Elliot, J. (1978). What is action research in schools? *Journal of Curriculum Studies, 10*(4), 355–357.

Elliot, J. (1991). *Action research for educational change.* Buckingham: Open University Press.

Ellis, W. D. (1950). *A source book of gestalt psychology.* New York: Humanities Press.

Epstein, S. (1994). Integration of the cognitive and the psychodynamic unconscious. *American Psychologist, 49*(8), 709–724.

Eraut, M. (1994). *Developing professional knowledge and competence.* London: Falmer Press.

Eraut, M. (1995). Schön shock: A case for reframing reflection-in-action? *Teachers and Teaching: Theory and Practice, 1*(1), 9–22.

Erkamp, A. (1981). *Ervaringsleren* [Experiential learning]. Amersfoort: De Horstink.

Feiman, S. (1979). Technique and inquiry in teacher education: A curricular case study. *Curriculum Inquiry, 9,* 63–79.

Feiman-Nemser, S. (1983). Learning to teach. In L. Shulman & G. Sykes (Eds.), *Handbook of teaching and policy* (pp. 150–170). New York: Longman.

Feiman-Nemser, S., & Buchman, M. (1986). Pitfalls of experience in teacher preparation. In J. D. Raths & L. G. Katz (Eds.), *Advances in teacher education* (Vol. 2, pp. 61–67). Norwood, NJ: Ablex.

Feiman-Nemser, S., & Floden, R. (1986). The cultures of teaching. In M. Wittrock (Ed.), *Handbook of research on teaching* (pp. 505–526). New York: Macmillan.

Fenstermacher, G. D. (1994). The knower and the known: The nature of knowledge in research on teaching. *Review of Research in Education, 20*, 3–56.

Fischer, K. W., & Bullock, D. (1984). Cognitive development in school-aged children: Conclusions and directions. In W. A. Collins (Ed.), *Development during middle childhood: The years from six to twelve* (pp. 70–146). Washington, DC: National Academy Press.

Fiske, S. T., & Taylor, S. E. (1984). *Social cognition.* New York: Random House.

Flaherty, J. F., & Dusek, J. B. (1980). An investigation of the relationship between psychological androgyny and components of self-concept. *Journal of Personality and Social Psychology, 39*, 921–929.

Fosnot, C. T. (1996). *Constructivism: Theory, perspectives, and practice.* New York: Teacher's College Press.

Freudenthal, H. (1978). *Weeding and sowing: Preface to a science of mathematical education.* Dordrecht: Reidel.

Freudenthal, H. (1991). *Revisiting mathematics education.* Dordrecht: Kluwer.

Fullan, M. (1991). *The new meaning of educational change.* London: Cassell.

Fullan, M. (1998). The meaning of educational change: A quarter of a century of learning. In A. Hargreaves, A. Lieberman, M. Fullan, & D. Hopkins (Eds.), *International handbook of educational change* (pp. 242–260). Dordrecht: Kluwer.

Fullan, M., & Hargreaves, A. (1992). *Teacher development and educational change.* London: Falmer.

Fuller, F. (1969). Concerns of teachers: A developmental conceptualization. *American Educational Research Journal, 6*(2), 207–226.

Fuller, F. F., & Bown, O. H. (1975). Becoming a teacher. In K. Ryan (Ed.), *Teacher education, the 74th yearbook of the National Society for the Study of Education* (pp. 25–52). Chicago: University of Chicago Press.

Furlong, J., Whitty, G., Whiting, C., Miles, S., Barton, L., & Barrett, E. (1996). Re-defining partnership: Revolution or reform in initial teacher education? *Journal of Education for Teaching, 22*(1), 39–55.

Gazzaniga, M. S. (1970). *The bisected brain.* New York: Appleton-Century-Crofts.

Gazzaniga, M. S. (1999). *The mind's past.* Los Angeles: University of California Press.

Gibbons, M., & Philips, G. (1979). Teaching for self-evaluation: Promising new professional role. *Journal of Teacher Education, 30*(5), 26–28.

Gibbs, G. (1983). Changing students approached to study through classroom exercises. In R. M. Smith (Ed.), *Helping adults how to learn* (pp. 83–96). San Francisco: Jossey Bass.

Giddens, A. (1984). *The constitution of society.* Cambridge, England: Polity Press.

Gilroy, P., Price, C., Stones, E., & Thornton, M. (1994). Teacher education in Britain: A JET symposium with politicians. *Journal of Education for Teaching, 20*(3), 261–300.

Ginsburg, M. (1988). *Contradictions in teacher education and society: A critical analysis.* New York: Falmer Press.

Ginsburg, M. B., & Clift, R. T. (1990). The hidden curriculum of preservice teacher education. In W. R. Houston (Ed.), *Handbook of research on teacher education* (pp. 450–465). New York: Macmillan.

Gipe, J. P., & Richards, J. C. (1992). Reflective thinking and growth in novices' teaching abilities. *Journal of Educational Research, 86*(1), 52–57.

Goodlad, J. I. (1990). *Places where teachers are taught.* San Francisco: Jossey-Bass.

Goodman, J. (1985, April). *Making early field experience meaningful: An alternative approach.* Paper presented at the American Educational Research Association, Chicago, IL.

Gore, J. M. (1987). Reflecting on reflective teaching. *Journal of Teacher Education, 38*(2), 33–39.

Gore, J. M., & Zeichner, K. M. (1991). Action research and reflective teaching in preservice teacher education: A case study from the United States. *Teaching and Teacher Education, 7*(2), 119–136.

Graber, K. C. (1996). Influencing students beliefs: The design of a "high impact" teacher education program. *Teaching and Teacher Education, 12*(5), 451–466.

Grimmett, P. P. (1988). The nature of reflection and Schön's conception in perspective. In P. P. Grimmett & G. L. Erickson (Eds.), *Reflection in teacher education* (pp. 5–15). Vancouver: Pacific Educational Press/Teacher's College Press.

Groeben, N. (1981). Die Handlungsperspective als Theorierahmen für Forschung im pädagogischen Feld [The action perspective as a theoretical framework for research in the pedagogical domain]. In M. Hofer (Ed.), *Informationsverarbeitung und Entscheidungsverhalten von Lehrem* [Information processing and decision behavior] (pp. 17–49). München: Urban und Schwartzenberg.

Groeben, N., & Scheele, B. (1977). *Argumente für eine Psychologie des reflexiven Subjekts* [Arguments for a psychology of the reflective subject]. Darmstadt: Steinkopff.

Grundy, S. (1987). *Curriculum: Product or praxis?* London: Falmer Press.

Guilfoyle, K., Hamilton, M. L., Pinnegar, S., & Placier, M. (1995). Becoming teachers of teachers: The paths of four beginners. In T. Russell & F. Korthagen (Eds.), *Teachers who teach teachers, reflections on teacher education* (pp. 35–55). London: Falmer Press.

Haan, P. H. (1975). Supervisie als leermiddel in de scholing van supervisoren [Supervision as a learning aid in the education of supervisors]. In F.M.J. Siegers, P. M. Haan, & A.M.P. Knoers (Eds.), *Supervisie 1, Theorie en begrippen* [Supervision 1: Theory and concepts] (pp. 249–275). Alphen a/d Rijn, The Netherlands: Samsom.

Habermas, J. (1973). *Knowledge and human interests.* London: Heinemann.

Halkes, R., & Olson, J. K. (1984). Introduction. In R. Halkes & J. K. Olson (Eds.), *Teacher thinking: A new perspective on persisting problems in education* (pp. 1–6). Lisse: Swets & Zeitlinger.

Hamilton, M. L. (Ed.). (1998). *Reconceptualizing teaching practice: Self-study in teacher education.* London: Falmer Press.

Hargreaves, A. (1994). *Changing teachers, changing times: Teachers' work and culture in the postmodern age.* Toronto: OISE Press.

Hargreaves, A. (1998a). The emotional practice of teaching. *Teaching and Teacher Education, 14*(8), 835–854.

Hargreaves, A. (1998b). The emotions of teaching and educational change. In A. Hargreaves, A. Lieberman, M. Fullan, & D. Hopkins (Eds.), *International handbook of educational change* (pp. 558–575). Dordrecht: Kluwer.

Harrington, H. L., Quin-Leering, K., & Hodson, L. (1996). Written case analyses and critical reflection. *Teaching and Teacher Education, 12*(1), 25–37.

Harvard, G. R. (1994). An integrated model of how student teachers learn how to teach, and its implications for mentors. In G. Harvard & P. Hodkinson, *Action and reflection in teacher education* (pp. 125–157). Norwood, NJ: Ablex.

Hatton, N., & Smith, D. (1995). Reflection in teacher education: Towards definition and implementation. *Teaching and Teacher Education, 11*(1), 33–49.

Hawkey, K. (1995). Learning from peers: The experience of student teachers in school-based teacher education. *Journal of Teacher Education, 46*(3), 175–183.

Hermans, J. J., Créton, H. A., & Korthagen, F. A. J. (1993). Reducing the gap between theory and practice in teacher education. In J. T. Voorbach (Ed.), *Teacher Education 9, Research and developments on teacher education in the Netherlands* (pp. 111–120). De Lier: Academisch Boeken Centrum.

Heschel, A. J. (1965). *Who is man?* Stanford, CA: Stanford University Press.

Hewson, P. W., & Hewson, M. G. (1989). Analysis and use of a task for identifying conceptions of teaching science. *Journal of Education for Teaching, 15*, 191–209.

Hewson, P. W., Zeichner, K. M., Tabachnick, B. R., Blomker, K. B., & Toolin, R. (1992, April). *A conceptual change approach to science teacher education at the University of Wisconsin-Madison.* Paper presented at the annual meeting of the American Education Research Association, San Francisco.

Hilgard, E. R., Atkinson, R. C., & Atkinson, R. L. (1975). *Introduction to psychology.* New York: Harcourt Brace.

Hinsch, R. (1979). *Einstellungswandel und Praxisschock bei jungen Lehrern, eine empirsche Längsschnittuntersuchung* [Attitudinal change and transition shock in beginning teachers, an empirical longitudinal study]. Weinheim: Beltz.

Hollingworth, S. (1989). Prior beliefs and cognitive change in learning to teach. *American Educational Research Journal, 26*, 160–169.

Holmes, M. (1998). Change and tradition in education: The loss of community. In A. Hargreaves, A. Lieberman, M. Fulland, & D. Hopkins (Eds.), *International handbook of educational change* (pp. 558–575). Dordrecht: Kluwer.

Hoy, W., & Rees, R. (1977). The bureaucratic socialization of student teachers. *Journal of Teacher Education, 28*(1), 23–26.

Hoy, W. H., & Woolfolk, A. E. (1989). Supervising student teachers. In A. E. Woolfolk (Ed.), *Research perspectives on the graduate preparation of teachers* (pp. 108–131). Englewood Cliffs, NJ: Prentice-Hall.

Hoyle, E. (1980). Professionalization and deprofessionalization in education. In E. Hoyle & J. Megarry (Eds.), *World yearbook of education 1980: Professional development of teachers* (pp. 42–56). London: Kogan Page.

Hoyle, E., & John, P. D. (1995). *Professional knowledge and professional practice.* London: Cassell.

Huibregtse, I., Korthagen, F., & Wubbels, T. (1994). Physics teachers' conceptions of learning, teaching and professional development. *International Journal of Science Education*, 16(5), 539–561.

Hunt, D. E. (1987). *Beginning with ourselves: Practice, theory and human affairs*. Toronto: OISE Press.

Imig, D. G., & Switzer, T. J. (1996). Changing teacher education programs. In J. Sikula (Ed.), *Handbook of research on teacher education* (2nd ed., pp. 213–226). New York: Macmillan.

Irwin, T. (1995). *Plato's ethics*. New York: Oxford University Press.

Jamieson, I. (1994). Experimental learning in the context of teacher education. In G. Harvard & P. Hodkinson, *Action and reflection in teacher education* (pp 35–54). Norwood, NJ: Ablex.

Johnson, M. (1987). *The body in the mind*. Chicago: University of Chicago Press.

Jonsen, A. R., & Toulmin, S. (1988). *The abuse of casuistry: A history of moral reasoning*. Berkeley, CA: University of California Press.

Joyce, B. R. (1975). Conceptions of man and their implications for teacher education. In K. Ryan (Ed.), *Teacher education, 74th yearbook of the National Society for the Study of Education* (pp. 111–145). Chicago: University of Chicago Press.

Katz, L. G. (1972). Developmental stage of preschool teachers. *Elementary School Journal*, 73(1), 50–54.

Kaufmann, G. (1985). A theory of symbolic representation in problem solving. *Journal of Mental Imagery*, 9, 51–69.

Kelchtermans, G. (1993). Getting the story and understanding the lives: From career stories to teachers' professional development. *Teaching and Teacher Education*, 9, 443–456.

Kelly, G. A. (1955). *The psychology of personal constructs, vols. 1 & 2*. New York: Norton.

Kemmis, S., & McTaggart, R. (1981). *The action research planner*. Victoria: Deakin University.

Kennedy, M. M. (1990). Choosing a goal for professional education. In W. R. Houston (Ed.), *Handbook of research on teacher education* (pp. 813–857). New York: Macmillan.

Kilgore, K., Zbikowski, J., & Ross, D. (1989, March). *Changes in teachers' perspectives about teaching: From preservice to inservice*. Paper presented at the annual meeting of the American Educational Research Association, San Francisco.

Kinchleoe, J. L. (1990). *Teachers as researchers: Qualitative inquiry as a path to empowerment*. London: Falmer Press.

Kjersdam, F., & Enemark, S. (1994). *The Aalborg experiment: Project innovation in university education*. Aalborg, Denmark: Aalborg University Press.

Knowles, J. G. (1988, April). *Models for understanding preservice and beginning teachers' biographies: illustrations from case studies*. Paper presented at the annual meeting of the American Educational Research Association, New Orleans.

Knowles, J. G. (1991). Shaping pedagogies through personal histories in preservice teacher education. *Teachers College Record*, 93(1), 87–113.

Knowles, M. (1975). *Self-directed learning: A guide for learners and teachers*. Englewood Cliffs, NJ: Prentice-Hall.

Koetsier, C. P., & Wubbels, T. (1995). Bridging the gap between teacher training and teacher induction. *Journal of Education for Teaching*, 21(3), 333–345.

Koetsier, C. P., Wubbels, T., & Korthagen, F.A.J. (1997). Learning from practice: The case of a Dutch post-graduate teacher education programme. In M. I. Fuller & A. J. Rosie (Eds.), *Teacher education and school partnerships* (pp. 113–132). New York: Edwin Mellen Press.

Koetsier, C. P., Wubbels, T., & Van Driel, C. (1992). An investigation into careful supervision of student teaching. In J.H.C. Vonk, J.H.G.I. Giesbers, J. J. Peters, & T. Wubbels (Eds.), *New prospects for teacher education in Europe II* (pp. 245–254). Amsterdam/Utrecht: Vrije Universiteit/WCC.

Köhler, W. (1947). *Gestalt psychology.* New York: Liveright.

Kohnstamm, P. A. (1929). *De psychiater als opvoeder* [The psychiatrist as a pedagogue]. Mededeelingen van het Nutsseminarium voor Paedagogiek aan de Universiteit van Amsterdam, 6 [Booklet].

Kolb, D. A., & Fry, R. (1975). Towards an applied theory of experiential learning. In C. L. Cooper (Ed.), *Theories of group processes* (pp. 33–58). New York: Wiley.

Korb, M. P., Gorrell, J., & Van de Riet, V. (1989). *Gestalt therapy, practice and theory* (2nd ed.). New York: Pergamon Press.

Korthagen, F.A.J. (1982). *Leren reflecteren als basis van de lerarenopleiding* [Learning how to reflect as a basis for teacher education]. 's-Gravenhage: Stichting voor Onderzoek van het Onderwijs.

Korthagen, F.A.J. (1985). Reflective teaching and preservice teacher education in the Netherlands. *Journal of Teacher Education,* 9(3), 317–326.

Korthagen, F.A.J. (1988). The influence of learning orientations on the development of reflective teaching. In J. Calderhead (Ed.), *Teachers' professional learning* (pp. 35–50). London: Falmer Press.

Korthagen, F.A.J. (1992). Techniques for stimulating reflection in teacher education seminars. *Teaching and Teacher Education,* 8(3), 265–274.

Korthagen, F.A.J. (1993a). Measuring the reflective attitude of prospective mathematics teachers in the Netherlands. *European Journal of Teacher Education,* 16(3), 225–236.

Korthagen, F.A.J. (1993b). The role of reflection in teachers' professional development. In L. Kremer-Hayon, H. C. Vonk, & R. Fessler (Eds.), *Teacher professional development: A multiple perspective approach* (pp. 133–145). Lisse: Swets & Zeitlinger.

Korthagen, F.A.J. (1993c). Two modes of reflection. *Teaching and Teacher Education,* 9(3), 317–326.

Korthagen, F.A.J., & Kessels, J.P.A.M. (1999). Linking theory and practice: Changing the pedagogy of teacher education. *Educational Researcher,* 28(4), 4–17.

Korthagen, F.A.J., Klaassen, C., & Russell, T. (2000). New learning in teacher education. In R.J. Simons, J. van der Linden, & T. Duffy (Eds.), *New learning* (pp. 243–259). Dordrecht: Kluwers Academic.

Korthagen, F.A.J., & Russell, T. (1995). Teacher who teach teachers: Some final considerations. In T. Russell & F. Korthagen (Eds.), *Teachers who teach teachers* (pp. 187–192). London: Falmer Press.

Korthagen, F.A.J., & Verkuyl, H. S. (1987, April). *Supply and demand: towards differentiation in teacher education, based on differences in learning orientations.* Paper presented at the annual meeting of the American Educational Research Association, Washington, DC.

Korthagen, F.A.J., & Wubbels, T. (1995). Characteristics of reflective practitioners: Towards an operationalization of the concept of reflection. *Teachers and Teaching: Theory and Practice,* 1(1), 51–72.

Koskela, R. (1985). *A search for reflective thought in the student teaching seminar: A case study.* Madison, WI: University of Wisconsin Press.

Kosslyn, S. A., Van Kleeck, M. H., & Kirby, K. N. (1990). A neurological plausible model of individual difference in visual mental imagery. In P. J. Hampson, D. F. Marks, & J.T.E. Richardson (Eds.), *Imagery: Current development* (pp. 39–77). London: Routledge.

Koster, B., & Dengerink, J. (2000, February). *Towards a professional standard for Dutch teacher educators*. Paper presented at the ATE conference, Orlando, FL.

Koster, B., Korthagen, F.A.J., & Schrijnemakers, H. G. M. (1995). Between entry and exit: How student teachers change their educational values under the influence of teacher education. In F. Buffet & J. A. Tschoumy (Eds.), *Choc démocratique et formation des enseignants en Europe* [Democratic shock and the education of students in Europe] (pp. 156–168). Lyon: Presses Universitaires de Lyon.

Kremer-Hayon, L., & Zuzovsky, R. (1995). Themes, processes and trends in the professional development of teacher educators. In T. Russell & F. Korthagen (Eds.), *Teachers who teach teachers: Reflections on teacher education* (pp. 155–171). London: Falmer Press.

Krogh, S., & Crews, R. (1989, March). *Do guidelines help students demonstrate reflective ability?* Paper presented at the annual meeting of the American Educational Research Association, San Francisco.

Kubler LaBoskey, V. (1997). Teaching to teach with purpose and passion: Pedagogy for reflective practice. In J. Loughran & T. Russell (Eds.), *Purpose, passion and pedagogy in teacher education* (pp. 150–163). London: Falmer Press.

Kubovy, M., & Pomerantz, J. R. (Eds.). (1981). *Perceptual organization*. Hillsdale, NJ: Lawrence Erlbaum Associates.

Kuhn, T. S. (1977). *The essential tension: Selected studies in scientific tradition and change*. Chicago: University of Chicago Press.

LaBoskey, V. K. (1990, April). *Reflectivity in preservice teachers: Alert novices vs. commonsense thinkers*. Paper presented at the annual meeting of the American Educational Research Association, Boston.

Lacey, C. (1977). *The socialization of teachers*. London: Methuen.

Lacey, C. (1985). Professional socialization of teachers. In T. Husén & T. N. Postlethwaite (Eds.), *The international encyclopedia of education* (pp. 6122–6127). Oxford, England: Pergamon.

Lakoff, G., & Johnson, M. (1980). *Metaphors we live by*. Chicago: University of Chicago Press

Lasley, T. J. (1980). Preservice teacher beliefs about teaching. *Journal of Teacher Education, 31*, 38–41.

Lauriala, A. (1998). Reformative in-service education for teachers (RINSET) as a collaborative action and learning enterprise: Experiences from a Finnish context. *Teaching and Teacher Education, 14*(1), 53–66.

Lave, J., & Wenger, E. (1991). *Situated learning: Legitimate peripheral participation*. Cambridge, England: Cambridge University Press.

Lawson, D. I., & Lawson, A. E. (1993). Neural principles of memory and a neural theory of analogical insight. *Journal of Research in Science Teaching, 30*, 1327–1348.

Levine, M., & Trachtman, R. (1997). *Making professional development schools work: Politics, practices, and policy*. New York: Teacher's College Press.

Levy-Agresti, J., & Sperry, R. W. (1968). Differential perceptual capacities in major and minor hemispheres. *Proceedings of the National Academy of Sciences of the U.S. of America, 61*, 11–51.

Lewin, K. (1947a). Group decision and social change. In T. Newcomb & E. Hartley (Eds.), *Readings in social psychology* (pp. 330–344). New York: Henry Holt.

Lewin, K. (1947b). Frontiers in group dynamics: II. Channels of group life: Social planning and action research. *Human Relations, 2,* 142–153.

Lieberman, A. (1998). The growth of educational change as a field of study: Understanding its roots and branches. In A. Hargreaves, A. Lieberman, M. Fullan, & D. Hopkins (Eds.), *International handbook of educational change* (pp. 13–20). Dordrecht: Kluwer.

Liston, D. P., & Zeichner, K. M. (1989, March). *Action research and reflective teaching in preservice teacher education.* Paper presented at the annual meeting of the American Educational Research Association, San Francisco.

Little, J. W. (1982). Norms of collegiality and experimentation: Conditions of school success. *American Educational Research Journal, 19*(3), 325–346.

Lortie, S. (1975). *Schoolteacher: A sociological study.* Chicago: University of Chicago Press.

Loska, R. (1995). *Lehren ohne Belehrung: Leonard Nelsons neosokratische Methode der Gesprächsfürung* [Learning without indoctrination: Leonard Nelson's neo-socratic conversation method]. Bad Heilbronn: Klinkhardt.

Louden, W. (1991). *Understanding teaching: Continuity and change in teachers' knowledge.* New York: Teacher's College Press.

Loughran, J. (1997). An introduction to purpose, passion and pedagogy. In J. Loughran & T. Russell (Eds.), *Purpose, passion and pedagogy in teacher education* (pp. 3–9). London: Falmer Press.

Lucas, P. (1996). Coming to terms with reflection. *Teachers and Teaching: Theory and Practice, 2*(1), 23–40.

Luijten, M.C.G., Marinus, J. E., & Bal, J. M. (1995). *Wie gaat er in het onderwijs werken?* [Who is going to work in education?] Leiden, The Netherlands: Research voor Beleid.

Maccoby, E. E., & Jacklin, C. N. (1975). *The psychology of sex differences.* London: Oxford University Press.

Magoon, A. J. (1977). Constructivist approaches in educational research. *Review of Educational Research, 47,* 651–693.

Mandl, H., & Huber, G. L. (1983). Subjektive Theorien von Lehrern [Teachers' subjective theories]. *Psychologie in Erziehung und Unterricht, 30,* 98–112.

Marshall, H. H. (1988). Work or learning, implications of classroom metaphors. *Educational Researcher, 17*(11), 9–16.

Marton, F., & Booth, S. (1997). *Learning and awareness.* Mahwah, NJ: Lawrence Erlbaum Associates.

Marton, F., Dahlgren, L. O., Svensson, L., & Saljö, R. (1977). *Inlärning och omvärldsuppfattning* [Learning and conceptions of reality]. Stockholm: Almqvist & Wiksell.

Maslow, A. H. (1968). *Towards a psychology of being* (2nd ed.). New York: Harper & Row.

Maslow, A. H. (1971). *The further reaches of human nature.* New York: Pinguin.

Mayer, R. E. (1981). *The promise of cognitive psychology.* San Francisco: Freeman.

McCombs, B. L. (1988). Motivation skills training: Combining metacognitive, cognitive and affective learning strategies. In C. E. Weinstein, E. T. Goets, & P. A. Alexander (Eds.), *Learning and study strategies, issues in assessment, instruction and evaluation* (pp. 141–169). San Diego: Academic Press.

McCullough, R. C. (1987). Professional development. In R. L. Craig (Ed.), *Training & development handbook* (pp. 35–65). New York: McGraw-Hill.

McEvoy, B. (1986, April). *She is still with me: Influences of former teachers on teacher practice.* Paper presented at the annual meeting of the American Educational Research Association, San Francisco.

McIntyre, D. (1995). Initial teacher education as practical theorizing: A response to Paul Hirst. *British Journal of Educational Studies, 43*(4), 365–383.

McInyre, D., & Hagger, H. (1992). Professional development through the Oxford Internship Model. *British Journal of Educational Studies, 40*(3), 264–283.

McKernan, J. (1991). *Curriculum action research: A handbook of methods and resources for the reflective practitioner.* London: Kogan Page.

McLaughlin, M. (1998). Listening and learning form the field: Tales of policy implementation and situated practice. In A. Hargreaves, A. Lieberman, M. Fullan, & D. Hopkins (Eds.), *International handbook of educational change* (pp. 70–84). Dordrecht: Kluwer.

Miller, G. A., Galanter, E., & Pribram, K. H. (1960). *Plans and the structure of behaviour.* New York: Holt, Rinehart & Winston.

Miller, J. B. (1976). *Toward a new psychology of women.* Boston, MA: Beacon Press.

Milner, B. (Ed.). (1989). Memory: Dedicated in memoriam to professor O.L. Zangwill (1913–1987). Theme issue of *Neuropsychologia, 27*(1).

Müller-Fohrbrodt, G., Cloetta, B., & Dann, H. D. (1978). *Der Praxisschock bei jungen Lehrern* [The transition shock in beginning teachers]. Stuttgart: Klett.

Munby, H. (1984). A qualitative approach to the study of a teacher's beliefs. *Journal of Research in Science Teaching, 21*(1), 27–38.

Munby, H., & Russell, T. (1989, March). *Metaphor in the study of teachers' professional knowledge.* Paper presented at the annual meeting of the American Educational Research Association, San Francisco.

Munby, H., Russell, T., & Martin, A.K. (in press). Teachers' knowledge and how it develops. In V. Richardson (Ed.), *Handbook of research on teaching, 4th ed.*

Nelson, L. (1973). Die Unmöglichkeit der Erkenntnistheorie [The impossibility of the theory of knowledge]. In L. Nelson (Ed.), *Gesammelte Schriften* [Collected writings] (Vol. 2, pp. 459–483). Hamburg: Felix Meiner Verlag.

Nias, J. (1996). Thinking about feeling: The emotions in teaching. *Cambridge Journal of Education, 26*(3), 293–306.

Noffke, S., & Brennan, M. (1991). Action research and reflective student teaching at the University of Wisconsin-Madison: Issues and examples. In B. R. Tabachnick & K. Zeichner (Eds.), *Issues and practices in inquiry-oriented teacher education* (pp. 186–201). London: Falmer Press.

Northfield, J., & Gunstone, R. (1997). Teacher education as a process of developing teacher knowledge. In J. Loughran & T. Russell (Eds.), *Purpose, passion and pedagogy in teacher education* (pp. 48–56). London: Falmer Press.

Nussbaum, M. C. (1986). *The fragility of goodness: Luck and ethics in Greek tragedy and philosophy.* Cambridge, MA: Cambridge University Press.

Ochanine, D. (1978). Le role des images operatives dans la regulation des activités de travail [The role of operative images in the regulation of working activities]. *Psychologie et Education, 2*(2), 63–72.

O'Hanlon, C. (Ed.) (1996). *Professional development through action research in educational settings*. London: Falmer Press.

Oldfather, P., Bonds, S., & Bray, T. (1994). Stalking the "fuzzy sunshine seeds": Constructivist processes for teaching about constructivism in teacher education. *Teacher Education Quarterly, 21*(5), 5–14.

Olson, J. (1982). Constructivism and education: A productive alliance. *Interchange, 13*(4), 70–75.

Olson, J. (1984). What makes teachers tick? Considering the routes of teaching. In R. Halkes & J. K. Olson (Eds.), *Teacher thinking* (pp. 35–42). Lisse; Swets & Zeitlinger.

Ornstein, R. E. (1972). *The psychology of human consciousness*. San Francisco: Freeman.

Paterson, B. L. (1995). Developing and maintaining reflection in clinical journals. *Nurse Education Today, 15*, 211–220.

Perrodin, A. (1959). Student teachers try action research. *Journal of Teacher Education, 10*(4), 471–474.

Peterson, P., & Comeaux, M. (1989). Assessing the teacher as a reflective professional: New perspectives on teacher evaluation. In A. Woolfolk (Ed.), *Research perspectives on the graduate preparation of teachers* (pp. 132–152). Englewood Cliffs NJ: Prentice-Hall.

Piaget, J. (1970). Piaget's theory. In P. H. Mussen (Ed.), *Carmichael's manual of child-psychology* (pp. 703–732). New York: Wiley.

Piaget, J. (1977). *Recherches sur l'abstraction réflechissante 1: L'abstraction des relations logico-aritmétiques* [Research on the reflective abstraction 1: The abstraction of logical-mathematical relationships]. Paris: Presses Universitaires de France.

Pinar, W. (1986). *Autobiography and the architecture of self*. Paper presented at the annual meeting of the American Educational Research Association, Washington, DC.

Pinnegar, S. (1995). (Re)experiencing student teaching. In T. Russell & F. Korthagen (Eds.), *Teachers who teach teachers; reflections on teacher education* (pp. 56–67). London: Falmer Press.

Pintrich, P. R. (1990). Implications of psychological research on student learning and college teaching for teacher education. In W. R. Houston (Ed.), *Handbook for research on teacher education* (pp. 826–857). New York: Macmillan.

Polanyi, M. (1961). *The study of man*. Chicago: University of Chicago Press.

Polanyi, M. (1967). *The tacit dimension*. New York: Doubleday.

Polanyi, M. (1978). *Personal knowledge: Towards a post-critical philosophy*. London: Routledge & Kegan Paul.

Pollard, A., & Tann, S. (1995). *Reflective teaching in the primary school: A handbook for the classroom* (2nd ed.). London: Cassell.

Posner, G. J., Strike, K. A., Hewson, P. W., & Gertzog, W. A. (1982). Accommodation of a scientific conception: towards a theory of conceptual change. *Science Education, 66*, 211–227.

Putnam, R. T., & Borko, H. (1997). Teacher learning: Implications of new views of cognition. In B. J. Biddle, T. L. Good, & I. F. Goodson (Eds.), *International handbook of teachers and teaching* (Vol. 2, pp. 1223–1296). Dordrecht: Kluwer Academic.

Read, H. Fordham, M., & Adler, G. (Eds.). (1966). *The collected works of C.G. Jung* (Vol. 16). London: Routledge.

Reiman, A. J. (1999). The evolution of the social roletaking and guided reflection framework in teacher education: Recent theory and quantitative synthesis of research. *Teaching and Teacher Education, 15*, 597–612.

Resnik, L. B. (1983). Mathematics and science learning: A new conception. *Science, 220*, 477–478.

Reynolds, A. (1992). What is competent beginning teaching? A review of the literature. *Review of Educational Research, 62*(1), 1–35.

Rickers-Ovsiankina, M. (1928). Die Wiederaufname von unterbrochenen Handlungen [The resumption of interrupted actions]. *Psycholigische Forschung, 2*, 302–389.

Roberts, T., & Nolen-Hoeksema, S. (1989). Sex differences in reactions to evaluative feedback. *Sex Roles, 21*(11/12), 725–747.

Rogers, C. R. (1969). *Freedom to learn*. Columbus, OH: Merrill.

Rogers, C. R. (1983). *Freedom to learn for the 80's*. Columbus, OH: Merrill.

Rosen, D. (1996). *The tao of Jung*. New York: Viking Penguin.

Ross, D. D. (1987, April). *Teaching teacher effectiveness research to students: First steps in developing a reflective approach to teaching*. Paper presented at the annual meeting of the American Educational Research Association, Washington, DC.

Ross, J. A. (1995). Professional development schools: Prospects for institutionalization. *Teaching and Teacher Education, 11*(2), 195–201.

Rumelhart, D. E., & Norman, D. A. (1981). Accretion, tuning, and restructuring: Three modes of learning. In J. W. Cotton & R. Klatzky (Eds.), *Semantic factors in cognition* (pp. 37–60). Hillsdale NJ: Lawrence Erlbaum Associates.

Russell, B. (1912). *Problems of philosophy*. London: Oxford University Press.

Russell, B. (1974). *History of western philosophy*. London: Allen & Unwin.

Russell, T. (1997). How I teach IS the message. In J. Loughran & T. Russell (Eds.), *Purpose, passion and pedagogy in teacher education* (pp. 32–47). London: Falmer Press.

Russell, T. (1999). The challenge of change in teaching and teacher education. In J. R. Baird (Ed.), *Reflecting, teaching, learning: Perspectives on educational improvement* (pp. 219–238). Cheltenham, Victoria: Hawker Brownlow Education.

Russell, T., & Korthagen, F. (Eds.). (1995). *Teachers who teach teachers*. London: Falmer Press.

Russell, T., Munby, H., Stafford, C., & Johnston, P. (1988). Learning the professional knowledge of teaching: Metaphors, puzzles and the theory–practice relationship. In P. P. Grimmett & G. L. Erikson (Eds.), *Reflection in teacher education* (pp. 67–89). Vancouver/New York: Pacific Educational Press/Teacher's College Press.

Samson, L., & Luijten, R. (1996). *Wie gaat er in het onderwijs werken?* [Who is going to work in education?]. *Part of the research dealing with the teacher education program at Utrecht University*. Leiden, The Netherlands: Research voor Beleid.

Sandlin, R. A., Young, B. L., & Karge, B. D. (1992). Regularly and alternatively credentialed beginning teachers: Comparison and contrast of their development. *Action in Teacher Education, 14*(4), 16–23.

Sarason, S. B. (1996). *Revisiting "The culture of the school and the problem of change."* New York: Teacher's College Press.

Schoenfeld, A. H. (1987). *Cognitive science and mathematics education*. Hillsdale, NJ: Lawrence Erlbaum Associates.

Schoenfeld, A. H. (1999). Looking towards the 21st century: Challenges of educational theory and practice. *Educational Researcher, 28*(7), 4–14.

Schön, D. (1995). The new scholarship requires a new epistemology. *Change: The Magazine of higher learning, 27*(6), 27–34.

Schön, D. A. (1983). *The reflective practitioner, how professionals think in action.* New York: Basic Books.

Schön, D. A. (1987). *Educating the reflective practitioner.* San Francisco: Jossey-Bass.

Schwartz, T. (1995). *What really matters, searching for wisdom in America.* New York: Bantam Books.

Scott, A. (1995). *A stairway to the mind: The controversial new science of consciousness.* New York: Copernicus/Springer-Verlag.

Sharp, D. (1998). *Jungian psychology unplugged: My life is an elephant.* Toronto: Inner City Books.

Shavelson, R. J., Webb, N. M., & Burstein, L. (1986). Measurement of teaching. In M. C. Wittrock (Ed.), *Research on teaching* (3rd ed., pp. 50–91). New York: Macmillan.

Shulman, J.H. (Ed.). (1992). *Case methods in teacher education.* New York: Teacher's College Press.

Sigel, I., & Cocking, R. (1977). *Cognitive development from birth to adolescence: A constructivist perspective.* New York: Holt, Rinehart & Winston.

Silcock, P. (1994). The process of reflective teaching. *British Journal of Educational Studies, 42*(3), 273–285.

Skemp, R. R. (1979). *Intelligence, learning and action.* Chichester, England: Wiley.

Sprinthall, N. A., Reiman, A. J., & Thies-Sprinthall, L. (1996). Teacher professional development. In J. Sikula (Ed.), *Handbook of research on teacher education* (2nd ed., pp. 666–703). New York: Macmillan.

Stenhouse, L. (1975). *An introduction to curriculum research and development.* London: Heineman.

Sternberg, R. J., & Caruso, D. R. (1985). Practical modes of knowing. In E. Eisner (Ed.), *Learning and teaching the ways of knowing* (pp. 133–158). Chicago: University of Chicago Press.

Stofflett, R., & Stoddart, T. (1994). The ability to understand and use conceptual change pedagogy as a function of prior content learning experience. *Journal of Research in Science Teaching, 31*(1), 31–51.

Swennen, A., Jörg, T., & Korthagen, F. (1999, April). *Assessing the development of concerns of student teachers in pre-service teacher education.* Paper presented at the annual meeting of the American Educational Research Association, Montreal.

Task force on the certification of teacher educators (1996). *Certification of master teacher educators (final report).* Reston, VA: Association of Teacher Educators.

Tigchelaar, A., & Melief, K. (2000). Peer supported learning for students on paid practice: Student teachers learn to supervise one another. In G. M. Willems, J.H.J. Stakenborg, & W. Veugelers (Eds.), *Trends in Dutch teacher education* (pp. 185–195). Louven (Belgium)/Apeldoorn (The Netherlands): Garant/VELON.

Tobin, K., Kahle, J. B., & Fraser, B. J. (1990). *Windows into science classrooms: Problems associated with higher-level cognitive learning.* London: Falmer Press.

Tom, A. (1985). Inquiring into inquiry-orientated teacher education. *Journal of Teacher Education, 36*(5), 35–44.

Tom, A. (1997). *Redesigning teacher education.* Albany, NY: State University of New York.

Tom, A. R., & Valli, L. (1990). Professional knowledge for teachers. In W.R. Houston (Ed.), *Handbook of research on teacher education* (pp. 373–392). New York: Macmillan.

Toulmin, S. (1990). *Cosmopolis: The hidden agenda of modernity*. Chicago: University of Chicago Press.

Treffers, A. (1987). *Three dimensions: A model of goals and theory description in mathematics instruction—The Wiskobas Project*. Dordrecht: Reidel.

Turk, D. C., & Speers, M. A. (1983). Cognitive schemata and cognitive processes in cognitive-behavioral interventions: Going beyond the information given. In P. Kendall (Ed.), *Advances in cognitive-behavioral research and therapy* (pp. 1–31). New York: Academic Press.

Unwin, D., & McAleese, R. (Eds.). (1978). *Encyclopaedia of educational media, communication and technology*. London: Macmillan.

Valli, L. (1990). Moral approaches to reflective practice. In R. T. Clift, W. R. Houston, & M. C. Pugach (Eds.), *Encouraging reflective practice in education* (pp. 39–56). New York: Teacher's College Press.

Van der Meulen, M. (1987). *Self-concept, self-esteem and language: Sex-differences in childhood and adolescence*. Providence, RI: Floris Publications.

Van der Valk, T., Somers, T., Wubbels, T., & Korthagen, F. (1996, April). *Commuting between practice and theory in an immersion teacher program*. Paper presented at the annual meeting of the American Educational Research Association, New York.

Van Hiele, P. M. (1973). *Begrip en inzicht* [Understanding and insight]. Purmerend, The Netherlands: Muusses.

Van Hiele, P. M. (1986). *Structure and insight, a theory of mathematics education*. Orlando, FL: Academic Press.

Van Manen, M. (1977). Linking ways of knowing with ways of being practical. *Curriculum Inquiry, 6*, 205–228.

Van Manen, M. (1990). *Researching lived experience: Human science for an action sensitive pedagogy*. Albany, NY: State University of New York Press.

Vedder, J. (1984). *Oriëntatie op het beroep van leraar* [Orientation toward the teaching profession]. Lisse: Swets & Zeitlinger.

Vedder, J., & Bannink, P. (1987, August). *The development of practical skills and reflection at the beginning of teacher training*. Paper presented at the conference of the Association of Teacher Education in Europe (ATEE), Berlin.

Veenman, S. (1984). Perceived problems of beginning teachers. *Review of Educational Research, 54*(2), 143–178.

Von Glasersfeld, E. (1990). Constructivism: Some like it radical. In R. Davis, C. Maher, & N. Noddings (Eds.), *Constructivist views on the teaching and learning of mathematics, Journal of Research in Mathematics Education monograph 4, vol. 4* (pp. 19–29). Reston, VA: National Council of Teachers of Mathematics.

Vosniadou, S., & Brewer, F. (1987). Theories of knowledge restructuring in development. *Review of Educational Research, 57*(1), 51–67.

Vygotsky, L. (1978). *Mind in society: The development of higher psychological processes*. Cambridge, MA: Harvard University Press.

Vygotsky, L. (1986). *Thought and language*. Cambridge, MA: MIT Press.

Wade, R. C., & Yarbrough, D. B. (1996). Portfolios: A tool for reflective thinking in teacher education. *Teaching and Teacher Education, 12*, 63–79.

Wahl, D., Weinert, F. E., & Huber, G. L. (1984). *Psychologie für die Schulpraxis* [Psychology for school practice]. München: Kösel Verlag.

Watzlawick, P. (1978). *The language of change.* New York: Basic Books.
Watzlawick, P., Beavin, J. H., & Jackson, D. D. (1967). *Pragmatics of human communication.* New York: Norton.
Watzlawick, P., Weakland, J. H., & Fisch, R. (1974). *Change: Principles of problem formation and problem resolution.* New York: Norton.
Weade, R., & Ernst, G. (1989, March). *Through the camera's lens: Pictures of classroom life and the search for metaphors to frame them.* Paper presented at the annual meeting of the American Educational Research Association, San Francisco.
Weber, S., & Mitchell, C. (1995). *"That's funny, you don't look like a teacher!"* London: Falmer Press.
Weinstein, C. S. (1989). Teacher education students' preconceptions of teaching. *Journal of Teacher Education, 39,* 53–60.
Wideen, M., Mayer-Smith, J., & Moon, B. (1998). A critical analysis of the research on learning to teach: Making the case for an ecological perspective on inquiry. *Review of Educational Research, 68*(2), 130–178.
Wideen, M. F., Mayer-Smith, J. A., & Moon, B. J. (1993, April). *The research on learning to teach: Prospects and problems.* Paper presented at the annual meeting of the American Educational Research Association, Atlanta.
Wildman, T. M., & Niles, J. A. (1987). Essentials of professional growth. *Educational Leadership, 44*(5), 4–10.
Wilson, J. D. (1990). The selection and professional development of trainers for initial teacher training. *European Journal of Teacher Education, 13*(1/2), 7–24.
Wubbels, T. (1992a). *Leraren tellen* [Teachers count] (Inaugural lecture). Utrecht: Universiteit Utrecht.
Wubbels, T. (1992b). Taking account of student teachers' preconceptions. *Teaching and Teacher Education, 8*(2), 137–149.
Wubbels, T., Créton, H. A., & Holvast, A.J.C.D. (1988). Undesirable classroom situations. *Interchange, 19*(2), 25–40.
Wubbels, T., & Korthagen, F.A.J. (1990). The effects of a pre-service teacher education program for the preparation of reflective teachers. *Journal of Education for Teaching, 16*(1), 29–43.
Wubbels, T., Korthagen, F.A.J., & Brekelmans, M. (1997). Developing theory from practice in teacher education. *Teacher Education Quarterly, 24*(3), 75–90.
Wubbels, T., Korthagen, F., & Broekman, H. (1997). Preparing teachers for realistic mathematics education. *Educational Studies in Mathematics, 32,* 1–28.
Wubbels, T., Korthagen, F., & Dolk, M. (1992, April). *Conceptual change approaches in teacher education: Cognition and action.* Paper presented at the annual meeting of the American Educational Research Association, San Francisco.
Wubbels, T., Korthagen, F., & Tigchelaar, A. (1999). Aansluiten bij dio's: Op zoek naar de plek waar de energie zit [Linking up with student teachers: in search of where the energy is located]. *VELON-Tijdschrift voor lerarenopleiders, 20*(3), 12–18.
Wubbels, T., & Levy, J. (1993). *Do you know what you look like?* London: Falmer Press.
Yinger, R. J. (1986). Examining thought in action: A theoretical and methodological critique of research on interactive teaching. *Teaching and Teacher Education, 2*(3), 263–282.
Yinger, R. J. (1987). Learning the language of practice. *Curriculum Inquiry, 17*(3), 293–318.

Yinger, R. J., & Villar, R. M. (1986, June). *Studies of teachers' thought-in-action: A progress report*. Paper presented at the conference of the International Study Association on Teacher Thinking (ISATT), Leuven, Belgium.

Yorke, D. M. (1985). *Constructing classrooms and curricula: A framework for research*. Paper presented at the conference of the International Study Association for Teacher Thinking (ISATT), Tilburg, The Netherlands.

Zeichner, K. (1987). Preparing reflective teachers: An overview of instructional strategies in preservice teacher education. *International Journal of Educational Research, 11*(5), 565–575.

Zeichner, K. (1993). Action research: Personal renewal and social reconstruction. *Educational Action Research, 1*(2), 199–220.

Zeichner, K. (1995). Reflections of a teacher educator working for social change. In T. Russell & F. Korthagen (Eds.), *Teachers who teach teachers: Reflections on teacher education* (pp. 11–24). London: Falmer Press.

Zeichner, K. (1999). The new scholarship in teacher education. *Educational Researcher, 28*(9), 4–15

Zeichner, K., & Liston, D. (1985). Varieties of discourse in supervisory conferences. *Teaching and Teacher Education, 1*, 155–174.

Zeichner, K. M. (1983). Alternative paradigms of teacher education. *Journal of Teacher Education, 34*(3), 3–9.

Zeichner, K. M., & Gore, J. M. (1990). Teacher socialization. In W. R. Houston (Ed.), *Handbook of research on teacher education* (pp. 329–348). New York: Macmillan.

Zeichner, K. M., & Liston, D. P. (1987). Teaching student teachers to reflect. *Harvard Educational Review, 57*(1), 23–48.

Zeichner, K., & Tabachnik, B. R. (1981). Are the effects of university teacher education washed out by school experiences? *Journal of Teacher Education, 32*, 7–11.

Zeichner, K., & Tabachnick, B.R. (1982). The belief systems of university supervisors in an elementary student teaching program. *Journal of Education for Teaching, 8*, 34–54.

Zeichner, K., Tabachnik, B., & Densmore, K. (1987). Individual, institutional and cultural influences on the development of teacher's craft knowledge. In J. Calderhead (Ed.), *Exploring teachers' thinking* (pp. 21–59). London: Cassell.

Zeigarnik, B. (1927). Das Behalten erledigter und unerledigter Handlungen [The conservation of finished and unfinished actions]. *Psychologische Forschung, 9*, 1–85.

監訳者解説

　本書は，欧米でここ約十年広く読まれ，活用されてきた教師教育改革の実践的な理論書「Linking Practice and Theory - The Pedagogy of Realistic Teacher Education」の翻訳書である。現在，いずれの対人支援専門職教育においても，理論と実践をバランスよくつなぐこと，個人のバックグラウンドを踏まえた実践を探求すること，チームワークの中で個人の特性を生かしてコミュニティ開発していくことなどが共通の課題となっているが，本書はそれらをおさえた上で，主にオランダのユトレヒト大学教師教育研究所 IVLOS において，教師という専門職の養成・研修を研究し，教師教育学の確立を試みた著者らの教師教育実践を基に記述されている。

　ここで，原著出版後9年経過した現在のオランダの教師教育の状況を，アムステルダム自由大学教授 Anja Swennen 氏編著の "Becoming a Teacher Educator Theory and Practice for Teacher Educators"（Springer, 2009）を参考に概説するので，それによって本書の理解を深めていただければと思う。

　オランダでは，小学校教員志望者は5年制の中等学校を卒業したのち進学する4年制の専門職大学（高等専門学校）で教職全般にわたる教育を受け，教員免許および学士を取得する。中学校教員志望者もまた専門職大学に進み，教科に重きを置いた教育を受ける。専門職大学では実習が4分の1を占める。一方，高校教員志望者は従来の伝統的大学で卒後1年間の教育を受け，修士号を取得する。近年は教員養成における大学と学校現場とのパートナーシップが強調されており，実習生の成長に対して大学教員と現場指導教諭が共同責任を負う。そのために大学では現場指導教諭に対して教師教育のためのコースを設けている。

　また，大学の教師教育者の大半は大学と連携して実習指導してきた現場の経験豊富な指導教諭出身者である。現場経験を持たずに修士修了後すぐに教師教育者になるものは少ない。また，教師教育は能力ベース，実践ベース，学生中

監訳者解説

心であるべきと考えられており，教師教育者は自らの教育技術を上げるために時間とエネルギーを注いで教科内容と教科教育学を学んでいる。教師教育は教育学の知識と技術と理解を幅広く包含する複雑な仕事で，学生のニーズに応え，アセスメントと省察の具体的手段を扱える必要があると考えられているのである。また，学生の専門性開発を指導し評価するためにポートフォリオの活用も進められている。一方，教師教育者が研究に携わることはよくあるが，彼らの実践は現場で生かされればよく，必ずしも研究や出版の形で求められるわけではない。

とはいえ教師教育研究の質を向上させ教師教育が知識社会に貢献できるようにすることは大切であると考えられ，オランダ政府は各実習部門における実践家や研究者に資金提供してその取り組みを支援している。さらに，教師教育者のスタンダードも開発され，教師教育者は，単なる教科専門の教授や元学校教師ではない教師教育者としての能力開発に取り組んでいる。

以上のように，オランダの教師教育は，いまや実践と理論をつなぐという意味において先進的な取り組みを進めており，オランダの教師教育者たちは欧州教師教育学会 ATEE やヨーロッパ教師教育政策 TEPE 等においても主導的な役割を果たしている。

振り返って日本の教師教育はどうか？　日本では今もなお教師は一定の尊敬を受け，高いステータスを持ち，その力量は国際的にみても高いと思われる。世界的には，教員不足が大きな課題であるが，日本では教員は憧れの職業の1つである。学校現場の教育力の高さが教員の質の向上を担ってきたと思われるが，しかし現在，現場は多忙で多様な課題を抱えており，従来のような自然なオンザジョブトレーニングに期待することが難しくなっているようだ。このような状況の中で，日本においても教師教育のシステムの再検討，再構築を図らなければならない時期に来ているのではないだろうか？　そのために，たとえば OECD の教育に関する国際調査報告書"Teachers Matter"（「教員の重要性」国立教育政策研究所監訳，2006）など，国際的な規模の研究を参考にしたり，本書にあるような世界各国の多様な実践を参考に検討を進めたりすることが有効

であると監訳者は考えるのである。

　2006年秋，武蔵大学特別研究員としてアムステルダム自由大学客員研究員の身分でオランダ滞在中に，当時大変お世話になった Wim Westerman 氏が理事を務める教師教育高等専門学校教員 IPABO に出入りしていた。その時，現場で推薦されたのが本書である。Korthagen 氏は，現在では，世界各国から講演の要請を受け，大学教員の傍ら個人事務所を開業してさまざまな専門職の教育に関するワークショップを実施しておられる。2010年9月に予定されている日本への招聘が，日本の教員養成にどのような影響をもたらすか楽しみである。

　さて，本書の翻訳は，東京大学大学院教育学研究科の鈴木悠太氏，山辺恵理子氏，今泉友里氏に分担していただいた。教育学のバックグラウンドをもつ3人の丁寧な翻訳を，最終的には英語圏在住経験の長かった山辺氏がまとめてくださって，監訳者として大変安心して本書の出版にこぎつけることができた。衷心より感謝の意を表したい。本書の翻訳にかかわったことは，彼らの教育学研究者としての初期の大切な仕事と位置づけられると信じている。

　なお，原著は14章からなるが，第2章「The Relation Between Theory and Practice: Back to the Classics」，第4章「A Reflection on Reflection」，第8章「Characteristics of Reflective Teachers」，第14章「The Realistic Approach: Its Tenets, Philosophical Background, and Future」は，総頁数の関係で省略せざるをえなかった。したがって，原著と本書の章は対応していない。本書をきっかけに原著にあたってみてほしい。

　最後に，本書の出版にあたっては，学文社の田中千津子社長と編集部落合絵理氏に大変お世話になった。また，本書は，平成21年度武蔵大学研究出版助成を受けている。本書の出版の意義に対するご理解に感謝している。日本の教師教育が，世界の情報を得ながら発展していくために，本書の翻訳が役立つことを心より願っている。

　2010年1月

監訳者　武田　信子

初出一覧

第1章 Parts of this chapter have previously been published in: Korthagen, F. A. J., & Kessels, J. P. A. M.(1999). Linking theory and practice: Changing the pedagogy of teacher education. *Educational Researcher*, 28(4), 4–17.

第2章 Parts of this chapter have previously been published in: Wubbes, T., Korthagen, F. A. J., &Brekelmans, M.(1997). Developing theory from practice in teacher education. *Teacher Education Quarterly*, 24(3), 75–90.

第3章 書き下ろし

第4章 Parts of this chapter have previously been published in: Wubbels, T., & Korthagen, F. A. J.(1990). The effects of a pre-service teacher education program for the preparation of reflective teachers. *Journal of Education for Teaching*, 16(1), 29–43.

第5章 書き下ろし

第6章 Parts of this chapter have been reprinted from: Korthagen, F. A. J.(1992). Techniques for stimulating reflection in teacher education seminars. *Teaching and Teacher Education*, 8(3), 265–274, with permission from Elsevier Science.

第7章 This chapter is a revision of: Korthagen, F.A. J., & Lagerwerf, B.(1996). Reframing the relationship between teacher thinking and teacher behaviour: Levels in learning about teaching. Teachers and Teaching: Theory and Practice, 2(2), 161–190. Some parts of the chapter have been published in: Korthagen, F. A. J., & Kessels, J. P. A. M.(1999). Linking theory and practice; Changing the pedagogy of teacher education. *Educational Researcher*, 28(4), 4–17.

第8章 A part of this chapter is a revision of: Korthagen, F. A. J.(1999). Linking reflection and technical competence in teaching: The logbook as an instrument in teacher education. European Journal of Teacher Education, 22(2/3), 191–207. Reproduced by kind permission of the Association for Teacher Education in Europe. Other parts of the chapter, have been reprinted from: Korthagen, F. A. J.(1993). Two modes of reflection. *Teaching and Teacher Education*, 9(3), 317–326, with permission from Elsevier Science.

第9章 書き下ろし

第10章 書き下ろし

索 引

あ 行

洗い流し　194, 232
安心　56, 64, 67, 83, 287, 289
安心と挑戦のバランス　57, 71, 72
暗黙のゲシュタルト　199, 234
暗黙の知識　228
移行　36, 213
移行に対するショック　13, 36
意思決定モデル　124
1対1型　69, 75, 234
一致原則　83, 289
一般化　139, 142, 201
「今，ここ」　139, 142, 169, 280, 289
意味のある文脈　84
入れ子の構造　60
ALACTモデル　53, 55, 99, 115, 144, 153, 154, 170, 186, 241, 287
絵を描いたり塗ったりすること　262
絵を見せること　263
演繹アプローチ　29
往還モデル　153
大文字の理論　26, 43, 118, 169
オックスフォード・インターンシップ・モデル　84
「同じことの連続」現象　64

か 行

外的志向　102
鏡　02, 282
学習スタイル　203
「拡張した」形式　42
学問知（エピステーメー）　70, 118, 156, 169, 217
鑑識眼　279
感情　69
関心を基礎とするアプローチ　44
技術的合理性パラダイム　31
技術的合理性モデル　11, 35
技術的能力　59
技術―道具アプローチ　95
帰納的アプローチ　55, 164
教育の変革　15, 58
共感　57, 131, 167, 289, 299
教師教育者の専門性開発プログラム　80
教師教育者の専門性の発達　285, 305
教師教育の学校への移行　25
教師教育の教育学　83
教師教育の統合的なアプローチ　27
教師の社会化　12
教師の専門化　9
教師の専門性の発達　47, 66, 168
教職専門開発学校（PSD）　24
協働アプローチ　25
協働的　83
協働的省察　45, 152
協働モデル　25
記録　68
具体化　291, 299
グループ学習　152
経験による学び　52
ゲシュタルト　51, 55, 68, 155, 156, 168, 223
　――形成　197, 198, 214, 219
　――心理学　221, 223, 275
研究・開発・普及（RD&D）モデル　15
現実に対するショック→リアリティショック
行為についての省察　253
行為の中の省察　230, 253
構成主義　26, 30, 46, 221
構造化　78, 79, 152, 155
構造化された知識　193
小文字の理論　26, 43, 118, 156, 166, 169
コンピテンシー　286, 287
　――を基礎にした教師教育　10

333

索　引

さ　行

再構成　261
3段階モデル　213
3人単位の授業実践　38, 40
ジェネラリスト　80
視覚的語彙　281
自主学習　58
事前の構造化　154, 160
実習生の専門性の発達　65, 76, 186
実践知（フロネーシス）　43, 70, 118, 156, 169, 217, 290
実践の言語　45, 277
自発性　280
社会化　23, 25, 52, 276, 283
社会的状況　277
社会的文脈　222
写真　263
主観的な諸理論　219
授業のルーティン　275
主導権　57
受容　289
循環的なプロセス　135, 251, 252
瞬間的授業場面　195
状況に埋め込まれた知識　30, 217
省察　26, 215
省察促進のための質問項目　244, 250
省察的なアプローチ　26
省察的な専門家　43
省察的な相互作用　152
省察的な態度　36, 99, 109
省察的なやり取り　287
省察による学び　56
省察のスキル　59
省察の促進　94, 152
省察への志向　95
焦点化　166
情報処理　47
情報の伝達者　62
自立の学習　294
自立的な最終授業実践（IFTP）　37, 38, 42, 72
心象　192, 223, 228
真正性　134

信頼　135
スキーマ化　197, 198, 201, 203, 219
誠実さ　133, 134, 289
成長し続ける力　58, 291
接続の矢印　184, 295
選択肢　101, 142, 293
先入観　46, 61, 64, 66
潜伏期　111
専門家としての学び　65, 66
専門家としての学びの3原理　66
専門性の発達　21, 43, 52, 57, 76, 278
組織化　79
即興　277

た　行

代替案　278
　　──の錯覚　18
対話式授業　277
段階の格下げ　204, 215
探究志向型　24
知的構造　214
抵抗　64, 67
転移　28, 202, 203
転移問題　30
伝記的変容モデル　277

な　行

内的志向　102
内的・外的志向テスト　104
「長い手」の指導　42, 73
慣らしの方略　98, 117
日誌　101, 240, 243, 246, 259, 301

は　行

始めるための力　58
パートナーシップ　25
場を乗り切る　233, 246
バーン・アウト　111
反教育的倒置　233
ピア・サポート学習　74, 153, 167, 185, 186, 249
比喩　260, 282
非理性的なプロセス　281

334

フロー　280
プロセスへの信頼　58
文脈　98, 222
閉合　229
変革のパラドックス　130
ポートフォリオ　82

ま　行
学びの援助　121
学びの志向　114, 269
学びのスタイル　126
学びの促進者　62
学びのための指導　43
学びのニーズ　67, 124, 140, 141, 156, 169
学びのプロセス　52, 71, 146, 152, 214, 216
学びへのアプローチ　123
学びへの抵抗　135, 141
導かれた再発見　29
ミラーリング　283
向き合わせ　137, 138
明確化　140
メタコミュニケーション　252
メタ省察　146, 245, 249, 288
メタ認知　98
メンタリング　116
目的―手段モデル　26
問題解決の姿勢　58

や　行
誘導された想像　268
ゆっくり慣らしながら進むというアプローチ　113
「良い」理論　216
擁護的理論　236
予期　119
4欄の表　180, 295

ら　行
らせんモデル　299
らせん構造　146
らせん状の成長　83
リアリスティック・アプローチ　3, 18, 29, 31, 44, 76, 83
リアリスティック数学教育　28
リアリティショック　36, 72
理論構築　197, 198, 219
理論と実践の乖離　5, 20, 29, 280
理論と実践の統合　26, 39, 287
レパートリー表　174, 182, 295
レンガの壁　179, 295
ロール・モデル　48, 51
ロールプレイング　160, 165, 166

わ　行
枠組みの組み変え　194, 234

Fred Korthagen　略歴

　ユトレヒト大学名誉教授。教師および教師教育者の専門性開発，教師教育学を専門分野とし，多数の著作が多数の言語に翻訳されている。また，世界各国からの招聘を受けて学会基調講演を行い，ワークショップを開催してきた。その出版物は，アメリカ教育学会（AERA）及び教師教育者学会（ATE）から表彰され，2015年には「教師教育研究における顕著な業績」によりAERAのフェローとなった。国際的活動は「教師の専門性開発と教師教育学」「コアリフレクションとマルチレベルラーニング」の二領域にまたがる。

　日本には，教師教育学研究会等の招聘により，2010年，2014年の2回来日し，2011年，2015年には，オランダで日本の教師教育者を対象としたワークショップも開催した。
（コルトハーヘン氏に関する最新の情報は，http://www.korthagen.nl/ でご覧下さい。）

監訳者紹介

武田信子（たけだ・のぶこ）
東京大学大学院教育学研究科教育心理学専攻博士課程満期退学。
武蔵大学人文学部教授（教職課程）。臨床心理士。
元トロント大学及びアムステルダム自由大学客員研究員。
『教師教育者の専門性開発』（ミーケ・ルーネンバーグ，フレット・コルトハーヘン他編著）武田信子・山辺恵理子監訳，玉川大学出版部，2017
『教員のためのリフレクション・ワークブック　理論と実践の往還』共編，学事出版，2016
『ダイレクト・ソーシャルワーク　ハンドブック―対人支援の理論と技術』（D.H.ヘプワース他著）監訳，明石書店，2015
『子ども家庭福祉の世界』共編，有斐閣アルマ，2015

訳者　今泉　友里　茨城大学教育学部助教
　　　鈴木　悠太　東京工業大学リベラルアーツ研究教育院准教授
　　　山辺恵理子　都留文科大学文学部講師

教師教育学
―理論と実践をつなぐリアリスティック・アプローチ―

2010年2月20日　第一版第一刷発行
2021年8月30日　第一版第七刷発行

編著者　F. コルトハーヘン
監訳者　武　田　信　子
発行者　田　中　千津子
発行所　株式会社　学文社

〒153-0064　東京都目黒区下目黒3-6-1
電話（03）3715-1501㈹　振替 00130-9-98842
http://www.gakubunsha.com

落丁・乱丁本は，本社にてお取り替えします。　◎検印省略
定価は売上カード・カバーに表示してあります。
　　　　　　　　　　　　　　　　印刷／シナノ印刷㈱
ISBN 978-4-7620-2044-5

カナダ発！地域、コミュニティのエンパワメントに

地域が変わる 社会が変わる
実践コミュニティワーク

ビル・リー 著　武田 信子・五味 幸子 訳

2,625円（税込）
ISBN978-4-7620-1477-X
C3036　四六判　360頁

地域の活性化や，市民運動，また行政との対話・協働はどのように行なっていけばよいのか？　コミュニティワークの数々の具体的手法を紹介。活動の準備・開始から終結までを，ビル・リー氏の体験・経験，哲学をちりばめながら詳細に概説した，心に響く実践論。希望のもてる地域・社会づくりのために私たちにできることとは。

地域が変わる 社会が変わる
実践コミュニティワーク　エクササイズ集

ビル・リー＆マイク・バルクウィル 著　武田 信子・五味 幸子 訳

1,680円（税込）
ISBN978-4-7620-1478-8
C3036　四六判　112頁

実践コミュニティワークの姉妹本。誰もが気軽に挑戦できるワークブック。実践に即役立ち，アイディア豊富で楽しく多様なエクササイズを収録。市民運動や地域活動をエンパワメントしていきたい方に最適のワークブック。

プレイワーク
子どもの遊びに関わる大人の自己評価

プレイ・ウェールズ＆ボブ・ヒューズ 著　嶋村 仁志 訳

1,575円（税込）
ISBN978-4-7620-1975-3
C3037　A5判　116頁

子どもの「遊び」に，大人はどう関われるのか。イギリスのプレイ・ワークにおける実践をもとに，子どもとの関係づくりと質の高い環境づくりについて，実践的に理解しやすく紹介する。「子どもの遊びを大人化しない」「子どもを評価しない」ことをベースに，子どもの豊かな遊びを支えるプレイ・ワーカー必読本。